"终身教育与学习型社会研究"丛书

丛书主编：侯怀银

终身教育学新论

侯怀银　宋美霞◎著

科学出版社

北　京

内 容 简 介

党的二十大报告提出，推进教育数字化，建设全民终身学习的学习型社会、学习型大国。立足于国家终身教育发展和学习型社会建设的重大战略，完善及丰富我国终身教育和学习型社会的理论成果成为新时代的必然选择。本书通过对终身教育学的概念、特征等，以及终身教育目标、形态、功能及体系、制度及立法、机构、改革、研究、未来展望等进行论述，以期站在人类社会发展的高度，将终身教育提升到"学"的理论高度进行研究。

本书可供终身教育的研究者、实践工作者、政策制定者等，以及教育基本理论研究者参阅。

图书在版编目（CIP）数据

终身教育学新论/侯怀银，宋美霞著. —北京：科学出版社，2024.3
（ "终身教育与学习型社会研究" 丛书/侯怀银主编）
ISBN 978-7-03-078254-0

Ⅰ. ①终⋯　Ⅱ. ①侯⋯ ②宋⋯　Ⅲ. ①终生教育-教育研究-中国
Ⅳ. ①G729.2

中国国家版本馆 CIP 数据核字（2024）第 059171 号

责任编辑：朱丽娜　崔文燕　张春贺 /责任校对：贾伟娟
责任印制：赵　博 /封面设计：润一文化

科 学 出 版 社 出版

北京东黄城根北街 16 号
邮政编码：100717
http://www.sciencep.com

天津市新科印刷有限公司印刷
科学出版社发行　各地新华书店经销
*

2024 年 3 月第 一 版　开本：720×1000　1/16
2025 年 1 月第二次印刷　印张：17 3/4
字数：300 000

定价：99.00 元
（如有印装质量问题，我社负责调换）

丛书编委会

主编　侯怀银

编委　桑宁霞　丁红玲　贾　旻

　　　　张雪莲　吕　慧

丛 书 序

2019 年 2 月，《中国教育现代化 2035》中提出"构建服务全民的终身学习体系"的教育战略任务。同年 11 月，党的十九届四中全会提出"构建服务全民终身学习的教育体系"的战略规划。构建服务全民终身学习的教育体系是推动中国教育现代化进程的关键一环，关乎未来中国教育的改革、创新和发展。改革开放以来，教育学研究者在终身教育领域开展了广泛研究，在理论引进、传播和本土实践研究中均取得了一定的进展[①]，有关构建服务全民终身学习教育体系的深入研究则有待进一步加强。有鉴于此，本丛书围绕终身教育和学习型社会进行了系统研究。

一、终身教育和学习型社会的研究价值

满足人民群众对美好教育的需求是我国教育事业的重要使命。构建服务全民终身学习教育体系有助于教育改革成果进一步惠及全体人民，充分发挥学校教育和家庭教育、社会教育的合力，推动中国教育现代化目标的实现。构建服务全民终身学习的教育体系需要完备的理论体系做支撑，发挥理论之于实践的指导作用。因此，开展终身教育和学习型社会的研究具有重要的学术价值和应用价值，主要体现在以下几个方面。

（一）独特的学术价值

第一，有助于丰富终身学习理论体系。开展终身教育和学习型社会的研究将

---

① 侯怀银，王晓丹. 2021. 终身教育理论在中国的引进及其影响. 教育科学，37（5）：2-11.

有助于进一步丰富终身学习的理论，进而解决理论研究与实践发展之间的隔阂问题，在终身学习的实践中发挥更大的指导作用。

第二，有助于拓展教育研究新领域。构建服务全民终身学习的教育体系是涵盖全民终身学习的大教育问题，这不仅需要基于宏观、整体视野统筹学校教育、家庭教育和社会教育，融通正规教育和非正规教育，而且需要搭建终身教育的"立交桥"，实现各类教育的横向衔接和纵向沟通。研究者要运用哲学、教育学、社会学、历史学、文化学等多学科思维方法和范式来研究相关问题，进一步推进教育研究领域的拓展。

第三，有助于把握终身教育和学习型社会研究领域的未来指向。构建服务全民终身学习教育体系是终身学习研究领域的前沿问题，对这一问题开展研究有助于进一步明确终身教育和学习型社会的研究方向，研判终身教育和学习型社会建设的未来走向。

（二）突出的应用价值

第一，有助于推进各级各类教育的纵向衔接与横向沟通。构建服务全民终身学习的教育体系，需充分重视并发掘各级各类教育之间的合力，打通各级各类教育之间的联系，就教育体系在全人类面向、全需求导向、全领域指向等方面的重要作用及相互关系展开研究，助力学习型社会建设。

第二，有助于增强教育领域与其他领域的沟通协调。构建服务全民终身学习的教育体系涉及多个领域，有赖于社会各方的共同合作与全力实施。开展终身教育和学习型社会的研究需要关注并形成合力，从而推动高质量教育体系的构建。

第三，有助于推进服务全民终身学习教育体系的保障机制建设。开展终身教育和学习型社会的研究须在对我国现实基础予以理论考量的基础上，找出亟须解决和后续实践可能面临的问题，并最终落脚于保障机制建设，如法律政策保障、社会文化保障、治理体系保障、资源保障、学习制度保障等。

二、已有研究进展

在新时代以教育治理现代化推动人类社会实践背景下，终身教育和学习型社会的研究是一项整体性研究。基于这两个关键词，终身教育和学习型社会的研究已取得以下四个方面的研究进展。

（一）终身学习的研究进展

20 世纪 90 年代，"终身学习"在国际上获得广泛认可。国际终身教育的话语体系中出现了"终身学习"的概念。我国研究者对终身学习展开了系统研究，可以分为对终身学习基本问题的研究和对终身学习促进策略的研究。

第一，终身学习基本问题研究。其一，研究者对终身学习的概念及其与终身教育、学习型社会等相关概念的关系进行了研究。其二，研究者对终身学习思想、终身学习理念和终身学习内涵的历史演变进行了梳理。其三，研究者对终身学习的价值和意义进行了研究，包括对"全民终身学习社会"的价值内涵的探讨①。

第二，终身学习促进策略研究。研究者对终身学习促进策略的研究主要从个体条件和社会保障两方面展开，尤以社会保障为重。就前者而言，研究者主要对个体学习能力进行了研究。就后者而言，研究者对终身学习体系、教育系统改革、终身学习服务主体、终身学习立法、终身学习制度等方面展开了研究，并介绍了不同国家和地区的相关实践情况。②在教育系统改革方面，研究者对开放大学、高校继续教育、社区教育、在线教育等进行了深入细致的研究，探讨了不同类型教育服务全面终身学习的路径。在终身学习制度方面，研究者主要对国家资历框架和学分银行制度进行了研究。

（二）学习型社会的研究进展

自美国赫钦斯（R. M. Hutchins）所著《学习型社会》（*The Learning Society*）于 1968 年出版以来，作为全球新世纪教育改革的发展趋势，学习型社会逐步实现了从理念、理论的研究层面向社会实践层面迈进的转变。已有研究就学习型社会的概念、学习型社会的建设、学习型社会与相关教育活动的关系等方面展开探讨。

第一，学习型社会的概念。有研究者认为国内学界主要从社会发展机制、社会构成、系统论、与其他社会形态的关系四个视角展开界定③；研究者还从社会、个体、个体与社会相结合三个角度④展开研究。国内学界还关注了学习型社会是

① 杨小微. 2013. 中国社会发展之教育基础的价值尺度：全民终身学习的视角. 教育发展研究, 33（11）：1-5.
② 张梅琳, 唐雪梅. 2021. 我国终身学习研究的发展历程与动向分析. 成人教育, 41（12）：8-14.
③ 杨晨, 李娟, 顾凤佳. 2011. 我国"学习社会"研究述评（2008—2011 年）. 教育发展研究, 31（23）：35-41.
④ 朱孔来, 李俊杰. 2011. 国内外对学习型社会研究现状评述及未来展望. 湖南师范大学社会科学学报, 40（6）：93-97.

现实还是理想，是新个体学习形式还是新社会形式，是注重个体自我完善还是人力资源开发，是依靠学校教育改造还是社区教育强化等问题。[①]

第二，学习型社会的建设。有研究者指出，当前面临的最大挑战之一是推进学习型社会建设的方法较少。归纳研究者提出的推进学习型社会建设的途径，大体包括立法先行，建设完备的法律体系；组织奠基，推进学习型组织的建设；价值引领，重建具有普适意义的教育价值观；平台创新，实现学习型社会运行智能化等。[②]

第三，学习型社会与相关教育活动的关系。这方面的研究主要包括三个方面：其一，学习型社会与终身教育的关系。当前我国不同教育形态的繁荣促进了终身教育体系的建设，但在学习型社会视角下，发展终身教育仍面临着人口基数大、人口素质较低、区域教育差异等问题。因此，体系构建应明确教育主体、建立教育责任机制、注重资源整合以及树立创新观念。[③]其二，学习型社会与社区教育的关系。学习型社区作为重要平台和实践依据，对学习型社会建设至关重要。学习型社会的建设应理顺管理体制，形成多方参与的局面；整合教育资源，丰富社区教育内容和教学形式；依托社区学院，发挥社区学院的龙头作用；利用现代信息技术，搭建社区公共数字化平台，推促社区可持续发展。[④]其三，学习型社会与老年教育的关系。老年教育要在办学理念、规模、体制、经费等教育管理方面，教学内容、手段、方法等教育教学要素上，适应学习型社会建设的现实需求，全面深化改革，充分发挥积极作用。[⑤]老年教育在社区场域内存在重要性认识不足、立法保障机制不完备、内容和形式单一、组织管理和资源分布不平衡等问题，应从促进终身教育理念融入、推动终身教育立法保障、丰富教育内容和形式、规范教育管理和整合教育资源等方面推进社区老年教育的发展。[⑥]

---

① 曾文婕，漆晴，宁欢. 2019. 我国“基本形成学习型社会”还有多远——基于我国学习型社会研究（1998—2018年）回顾. 现代远程教育研究，31（3）：57-69.

② 夏海鹰. 2014. 学习型社会建设动力机制探究. 教育研究，35（6）：48-52.

③ 孙怀林. 2017. 论学习型社会下终身教育体系的构建. 继续教育研究，（8）：4-6.

④ 马定计，黄复生. 2008. 学习型社会背景下上海社区教育发展的若干思考. 开放教育研究，（1）：38-41.

⑤ 郭世松. 2015. 学习型社会与老年教育改革——以广西钦州市为例. 继续教育研究，（3）：13-15.

⑥ 刘明永. 2013. 学习型社会背景下社区老年教育探索. 中国成人教育，（9）：6-9.

（三）终身教育的研究进展

整体来看，基于终身教育这一主题，研究者聚焦历史研究、比较研究、理论研究、实践研究、体系的元研究等方面展开了研究。

第一，终身教育的历史研究。一方面，研究世界终身教育发展的历史，主要聚焦于终身教育思想的发展历史和终身教育实践的历史梳理与未来展望。有研究者指出，当代终身教育经历"观念—术语—概念"的变化，在今天呈现体系化发展状态[①]；另一方面，立足重大、关键时间节点，对中国终身教育发展的历史进行研究。如有研究者从政策、理论与实践三个层面对我国改革开放 40 年来终身教育的发展历程进行了回顾。[②]

第二，终身教育的比较研究。比较研究重在探讨不同国家终身教育体系建设的共性、特点和规律，为我国终身教育的发展提供借鉴。已有研究一方面介绍国外终身教育发展情况，另一方面对中外终身教育进行比较。有研究者对美、日、法、韩等国的终身教育进行了推介，并提出了相关建议与参考。[③]有研究者对美、英、法三国终身教育体系进行比较分析，探讨了法律、组织、认证和财政支持系统在终身教育体系构建中的重要作用[④]，阐述了美、英、法、日等发达国家在观念、理论、制度与实践等方面的经验。[⑤]有研究者通过对教师终身教育体系与日本教师研修制度之间的比较，主张构建中国教师终身教育体系，健全教师继续教育法规，发展教育科学理论，促进教师继续教育事业的发展。[⑥]也有研究者聚焦某一国家的终身教育体系建设进行深入分析，如对日本"地方推动"的介绍[⑦]，对韩国终身教育体系建设的梳理等。[⑧]还有研究者对朗格朗（P. Lengrand）、伊里奇（I. Illich）、捷尔比（E. Gelpi）、耶克斯利（B. Yexley）、林德曼（E. Lindeman）等代表人物的终身教育思想进行了比较研究。

第三，终身教育的理论研究。其一，研究者对终身教育思想进行了引进介绍、

---

① 何思颖, 何光全. 2019. 终身教育百年: 从终身教育到终身学习. 现代远程教育研究, （1）: 66-77, 86.
② 吴遵民. 2018. 改革开放 40 年中国终身教育的历史回顾与展望. 复旦教育论坛, 16（6）: 12-19.
③ 李之文, 李秀珍, 孙钰. 2014. 韩国高校终身教育及其对中国的启示. 教育学术月刊, （12）: 32-37.
④ 徐又红. 2008. 我国终身教育体系的构建: 美、英、法终身教育比较的启示. 学术论坛, （3）: 202-205.
⑤ 周西安, 杨丽丽. 2005. 发达国家终身教育体系的构建及启示. 安徽教育学院学报, （4）: 99-102.
⑥ 杨民, 苏丽萍. 2013. 日本小学家校合作的研究及启示. 教育科学, 29（6）: 89-93.
⑦ 杨秋芬. 2007. 浅析日本地方终身教育体系. 河北大学成人教育学院学报, （3）: 8-9.
⑧ 杨芳. 2011. 韩国终身教育体系研究. 继续教育, 25（11）: 61-64.

历史梳理和理论评述，对古今中外的终身教育思想给予全面关注。其二，研究者围绕终身教育与成人教育、终身学习、继续教育等相关概念进行了比较分析。其三，研究者对终身教育理论发展过程中出现的新热点进行研究，如终身学习、学习型社会、终身教育体系等[①]，其中对终身教育体系的关注尤为突出。其四，研究者对终身教育的价值以及终身教育理念下各级各类教育的价值问题进行了研究。

第四，终身教育的实践研究。这方面研究主要关注终身教育立法和体系构建。其中，立法研究主要包括终身教育立法呼吁与基本构想、国际比较与借鉴、地方立法研究、法律与政策研究、对我国传统政治法律文化语境的分析等。体系构建研究主要集中于我国终身教育体系构建策略研究方面。一是依现状问题提出体系构建策略。比较有代表性的观点有"渐进性策略"[②]"终身教育体系构建多主体"[③]等。二是围绕区域终身教育体系的构建展开个案研究，国内以区域为单元在构建终身教育体系方面积累了一些经验。三是终身教育体系构建评价研究。有研究者从过程评价角度开展研究[④]；也有研究者探讨了量化评价指标体系[⑤]。

第五，终身教育体系的元研究。这方面研究主要包括终身教育体系概念、要素、功能、特征等方面的研究和对体系构建的综合反思性研究。一是终身教育体系概念研究。完备的终身教育体系应广涉家庭组织、教育系统和社会机构等多元主体的多方资源整合，进而为所有社会成员提供全人生的教育制度安排[⑥]。在终身教育的思想和原则框架下，完备的终身教育体系应是为社会教育的发展而服务的、面向全民、全人生、全过程的社会化教育体系[⑦]。二是终身教育体系要素研究。研究者从终身教育的形式、方式、内容三个方面[⑧]，纵向和横向两个维度[⑨]，以及目标系统、保障系统、领导系统、运作系统四大系统对终身教育体系的构成要素进行分析[⑩]。三是终身教育体系功能研究。终身教育体系具有教育功能、经

---

① 吴遵民. 2018. 改革开放 40 年中国终身教育的历史回顾与展望. 复旦教育论坛，16（6）：12-19.
② 刘汉辉. 2007. 论终身教育体系：构架、实现方式及功能. 广东社会科学，（4）：178-183.
③ 李新民. 2010. 论构建中国模式的终身教育体系. 南京理工大学学报（社会科学版），23（6）：98-101，120.
④ 郭玉锋. 2005. 终身教育理念与过程性评价的实施. 中国成人教育，（6）：28-29.
⑤ 吴国. 2013. 终身教育体系构建探析——以福建省为例. 福建医科大学学报（社会科学版），14（2）：35-40，65.
⑥ 刘晖，汤晓蒙. 2013. 试论各级各类教育融入终身教育体系的时序. 教育研究，34（9）：89-94，127.
⑦ 陈乃林. 2010. 建设区域性学习型社会的实证研究报告——以江苏为个案. 北京：高等教育出版社，29.
⑧ 庾荣. 2003. 论终身教育体系的构建. 西南交通大学学报（社会科学版），（4）：95-98.
⑨ 刘汉辉. 2007. 论终身教育体系：构架、实现方式及功能. 广东社会科学，（4）：178-183.
⑩ 周西安. 2011. 我国终身教育体系的内容结构与建构原则. 职业技术教育，32（22）：36-39.

济功能、人口功能、社会功能等。此外，也有研究者对终身教育体系在政治、文化、科技、生态等方面的功能进行了研究[①]。四是终身教育体系特征研究。终身教育体系具有统合性、开放性、非功利性特征[②]。也有研究者认为终身教育体系具有多样性、整合性、开放性、个体性等特征[③]。五是终身教育体系构建的综合反思性研究。有研究者从动因、内容、问题与展望三个方面对终身教育体系研究进行了综述，指出这方面的研究呈现出由单一走向多元、由理论走向实践、由宏观转向微观的趋势，在内容上呈现出关注具象化的实践研究、终身教育法律制度研究、开放大学在终身教育体系构建中的作用研究等趋势[④]。有研究者通过书评的形式对终身教育体系相关研究进行了介绍，如对《中国终身教育体系构建改革试点研究（2010—2015）》[⑤]这部著作的评论。也有研究者以具体的时间段为周期，对终身教育体系构建研究进行梳理，如分析 2007—2012 年构建终身教育体系的相关研究成果，探讨我国终身教育体系构建过程中的成功经验及存在问题，并展望了我国终身教育体系的研究方向。

（四）服务全民终身学习教育体系的研究进展

2019 年至今，围绕构建服务全民终身学习教育体系的研究成果日益增多，研究者主要从内涵、构建价值、构建逻辑、路径选择与体制机制等方面进行研究。

第一，关于体系的内涵研究。有研究者从资源、机会与供给导向，能力、素养与自主学习导向，意愿、收益与人力资源导向以及价值、发展与生活方式导向出发对"服务全民终身学习的教育体系"的内涵做了分层分级阐释。[⑥]

第二，关于体系的构建价值研究。构建服务全民终身学习的教育体系是实现教育强国战略的大势之需、实现教育终极使命的治理之要、融通中央长治与个人久安的信念之实。[⑦]

第三，关于体系的构建逻辑研究。有研究者分析了构建服务全民终身学习的

① 刘汉辉. 2007. 论终身教育体系：构架、实现方式及功能. 广东社会科学，（4）：178-183.
② 吴遵民，黄欣，刘雪莲. 2006. 建立和完善终身教育体系的法律制度研究. 继续教育研究，（6）：19-23.
③ 朱猷武. 2006. 论终身教育体系的特点. 中国成人教育，（8）：18-19.
④ 于蕾. 2016. 我国终身教育体系构建研究述评与展望. 继续教育研究，（5）：4-10.
⑤ 徐莉. 2019. 中国终身教育体系构建改革试点研究（2010—2015）. 福州：福建教育出版社.
⑥ 陈廷柱，庞颖. 2021. 分层分级构建服务全民终身学习的教育体系. 终身教育研究，32（6）：3-9.
⑦ 史秋衡，谢玲. 2021. 构建服务全民终身学习的教育体系的价值解读. 北京大学教育评论，19（3）：178-187.

教育体系的政策逻辑①和实践逻辑。②还有研究者分析了构建服务全民终身学习教育体系的基本线索，即"自我导向学习"③。

第四，关于体系的路径选择与体制机制研究。有研究者基于分层分级理念探讨服务全民终身学习教育体系的建设，指出应基于政府责任与立法设计的角度，从中央到地方分级设计管理结构。④也有研究者从"后学校化"视角探讨构建服务全民终身学习的教育体系的路径与机制。⑤此外，有的研究者十分注重各级各类教育，尤其是高等教育在体系构建中发挥的作用。⑥⑦还有研究者认为，基于构建服务全民终身学习的教育体系视角，家庭教育的内涵需要重新审视与重构，体现了"构建服务全民终身学习的教育体系"的要求。⑧

三、终身教育和学习型社会研究的突破空间

通过梳理终身教育和学习型社会的研究进展，我们发现研究者已从不同角度进行了大量研究，按主题可细致划分为终身学习、学习型社会、终身教育、教育体系等研究，每个主题又都延伸出许多领域，而这些领域在这几个主题之间又相互交叉，相互重叠。但是从整体上对终身教育和学习型社会进行系统研究的成果还较少。基于此，我们认为该领域还有以下五个方面有待突破。

（一）历史研究需要进一步重视

在现有研究成果中，尽管有些研究者对终身教育、终身学习等思想的来源进行了追溯，但围绕终身教育和学习型社会的历史研究稍显不足，尤其并未对民国

---

① 陈伟，郑文，吴世勇. 2022. "构建服务全民终身学习的教育体系"的三重逻辑. 华南师范大学学报（社会科学版），（1）：61-71，206.

② 闫志利，韩佩冉. 2020. 构建服务全民终身学习的教育体系：价值取向与实践逻辑. 职业技术教育，41（13）：68-73.

③ 路宝利，张之晔，吴遵民. 2021. 构建服务全民终身学习教育体系的本质思考——基于"自我导向学习"的视角. 中国远程教育，（8）：1-11，39，76.

④ 兰岚. 2021. 构建服务全民终身学习的现代教育体系——政府责任与立法设计. 教育学术月刊，（9）：3-11.

⑤ 路宝利，吴遵民. 2020. 构建服务全民终身学习的教育体系：路径与机制——基于"后学校化"理念的思考. 开放教育研究，26（4）：67-76，101.

⑥ 谢倩芸. 2021. 助推构建服务全民终身学习的教育体系. 中国高等教育，（2）：57-59.

⑦ 贾小鹏. 2020. 高校在构建服务全民终身学习的教育体系中的定位与功能. 中国高等教育，（18）：52-53.

⑧ 程豪，吕珂漪，李家成，等. 2021. 我国家庭教育的内涵反思与时代重构——基于"构建服务全民终身学习的教育体系"的视域. 现代远距离教育，（6）：3-12.

时期的历史经验进行充分挖掘。有鉴于此，我们认为应该在整理史料基础上，充分重视民国时期的历史经验，梳理终身教育和学习型社会在历史长河中的发展与变迁过程，对其进行回顾和反思，并对其未来发展趋势进行预测研究。

（二）比较研究需要进一步拓展

综观已有研究，比较研究多就终身教育、终身学习等领域展开，侧重于对国际经验的介绍，而以"构建服务全民终身学习的教育体系"为主题的比较研究稍显不足。现代终身学习理念源于西方，相关研究成果也较为丰富。因此，在研究构建服务全民终身学习的教育体系过程中，我们须有选择地借鉴西方的经验。比较研究不能只限于介绍和引进，更重要的是批判地继承，反思国际经验之于我国的适用价值。有鉴于此，我们认为应当加强对国际"构建服务全民终身学习的教育体系"的比较和借鉴，以进一步推动我国构建服务全民终身学习的教育体系。

（三）理论研究需要进一步深入

"构建服务全民终身学习的教育体系研究"目前散见于终身学习、学习型社会、终身教育、教育体系等领域中，这反映了当前我国终身教育和学习型社会研究的成熟度还有待提高。一方面，我们需要加大基本理论的研究力度，开展基本概念澄清、历史演变梳理、体系应然架构设计等工作，以科学合理的基本理论体系指导实践，同时基于实践发现理论研究的不足，通过良性互动促进服务全民终身学习教育体系在理论与实践两方面的构建；另一方面，由于该研究主题的特殊性，即该体系的构建涉及社会多方面的主体和资源等，故该问题在理论层面的解决也需要我们拓展研究视角，充分运用历史学、社会学、经济学等相关学科的理论资源，寻找服务全民终身学习教育体系构建的策略。

（四）实践研究需要进一步深化

目前我国已有相关研究成果大多为思辨型理论探索，少数实践研究也是对区域实践和部分要素实践的经验总结，缺乏对当下实践问题的有针对性的研究，这类研究是实践亟须的。构建服务全民终身学习的教育体系和学习型社会在现实中究竟达到什么程度？取得了哪些成就？存在哪些问题？还需要提供什么样的保障和解决措施？这些都是需要引起研究者重视的关键问题。我们亟待密切关注实践需要，发现并解决服务全民终身学习教育体系构建中的重点、难点问题，开展实践性、应用性、具体性研究。这是构建服务全民终身学习教育体系研究领域急需加强和深入的方向。

（五）研究方法需要进一步优化

目前，终身教育和学习型社会的研究在一定程度上还滞后于实践发展，且针对具体实践问题的关注不够。已有研究成果大多运用思辨方法研究概念、性质等基本理论问题，研究方法较为单一，量化研究方法和混合研究方法的运用较少。一方面，鉴于该领域对实践研究的丰富和深化的要求，运用多样的研究方法尤其是量化研究方法是必要的；另一方面，鉴于不同研究方法之间的优势互补，运用多样的研究方法也是增强研究成果科学性和可靠性的必然要求。我们应该注意运用多样化方法开展服务全民终身学习教育体系构建的全方位研究。

四、终身教育和学习型社会研究的路径展望

基于终身教育和学习型社会研究需要有进一步突破的空间，我们应着眼于学术研究本身，将构建服务全民终身学习教育体系的研究作为一项系统工程去综合推进。我们应把构建服务全民终身学习教育体系作为终身教育和学习型社会研究的总体目标，并在此基础上规划研究思路，从已有研究不足入手，厘清研究内容，并把握其中的关键性问题、重点问题和难点问题，在研究过程中以"多学科、宽领域、广视角"为引领，突出研究创新，以高质量原创性研究成果推动中国教育改革与发展。

（一）明确目标，规划研究思路

1. 明确研究的整体目标

第一，明确理论创新方面的预期目标。首先，从实践逻辑出发，基于时空维度对历史经验问题和国际比较问题进行系统梳理，探究体系构建的内部规律。其次，剖析构建服务全民终身学习教育体系"是什么体系""如何构建""怎样落实"等问题，为构建服务全民终身学习教育体系提供理论参考和依据。最后，以理论作为风向标和着力点，审视实践并进行保障机制研究。

第二，明确实践应用方面的预期目标。研究者应遵循国家教育发展战略和教育发展规律，依据需求逻辑和实践逻辑，形成构建服务全民终身学习教育体系的可行性方案及立体化推进路径，为实践发展提供可供参考的理论指南。

第三，明确服务决策方面的预期目标。构建服务全民终身学习教育体系研究的最终落脚点在保障机制研究，研究者应基于国家、社会、地方"三位一体"的角度进行宏观思考，以破解制度性困境，确保构建服务全民终身学习教育体系的有效落实。

2. 规划研究的总体思路

构建服务全民终身学习的教育体系研究思路具有深厚的学理依据与科学性，一方面，我们应坚持以马克思主义哲学为学理依据，坚持联系、整体和发展的观点，遵循逻辑与历史相统一、时间与空间相融合、部分与整体相维系、联系与发展相交互、理论与实践相呼应的原则，立足基本国情进行构建。另一方面，我们应以"基于实践—构建理论—回归实践"为总体思路，以"构建服务全民终身学习的教育体系"为研究对象，基于"是什么体系—如何构建—怎样落实"的逻辑，对构建服务全民终身学习的教育体系进行研究。

（二）厘清内容，把握核心问题

1. 厘清研究的基本内容

以"构建服务全民终身学习的教育体系"为总体研究内容，应致力于解决以往研究尚待加强的方面，围绕历史经验、国际比较、具体构建、现实基础和保障机制五个方面的内容进行系统研究。

第一，中国现代教育体系构建的历史经验研究。从时间角度入手，对中国现代教育体系构建的历史演进、中国现代教育体系的构建及其对全民素质提升的意义、中国现代教育体系构建的启示等方面进行研究。

第二，服务全民终身学习教育体系构建的国际比较研究。从国际比较角度入手，对美国、英国、法国、日本、德国等发达国家以及印度等发展中国家服务全民终身学习教育体系的构建特征、成功经验进行研究，特别是对学分银行、国家资历框架建设等方面给予必要关注。

第三，服务全民终身学习教育体系的具体构建研究。从理论角度入手，对全民终身学习进行深入的学理分析；探索服务全民终身学习教育体系构建的原则、路径、策略；对各级各类教育在服务全民终身学习教育体系构建中的作用进行分析；围绕全民终身学习的需求，探索如何将各级各类教育融合成一个相互联动、相互协调、相互促进的教育体系。

第四，服务全民终身学习教育体系构建的现实基础研究。从实践角度入手，对我国服务全民终身学习教育体系构建的现实背景、典型案例、成功经验、存在的问题等内容进行研究。

第五，服务全民终身学习教育体系构建的保障机制研究。从保障角度入手，着眼于终身教育的立法保障、资源整合以及数字化学习网络等的建设，对其现状、发展规律、存在的问题等内容进行研究。

2. 把握研究需解决的核心问题

第一，把握关键问题，即把握构建服务全民终身学习的教育体系"是什么体系"的问题。从系统把握其核心内涵入手，厘清我们在推进终身学习、建设学习型社会中应当努力的方向，明确如何统筹社会力量，构建一个什么样的教育体系，才能助力于学习型社会的形成。

第二，把握重点问题。围绕服务全民终身学习的教育体系"如何构建"的问题，历史经验有哪些，所处的国际环境如何，基本理论问题有哪些，其现实状况如何，保障机制是什么，这些都是构建服务全民终身学习教育体系亟待解决的重点问题。

第三，把握难点问题，即体系构建"怎样落实"的问题。体系的构建需要国家层面，尤其是在政策层面的有力推动。因此，除了在理论研究方面增强科学性与规范性外，还需要通过实证研究实现"点"与"面"的结合。

（三）拓宽视角，实现研究创新

1. 拓宽研究视角

第一，全民终身学习的视角。我国服务全民终身学习教育体系的构建经历了从"终身教育"向"终身学习"话语体系的转变，具有一定的历史演进背景："终身教育体系"的提出，终身学习理念的孕育；社区教育实验的推展，"终身学习与学习型社会"目标愿景的建立；教育现代化进程的进一步加快，服务全民终身学习教育体系的系统化、制度化建设。

第二，"大教育观"的视角。应围绕"大教育观"视角，以教育学、历史学、哲学、社会学、政治学等多学科视域为依托，兼容多学科理念，整合多学科方法进行研究，使研究成果能够为构建服务全民终身学习的教育体系提供有力支撑。

第三，社会治理创新的视角。构建服务全民终身学习的教育体系研究应基于社会治理的视角，以问题意识和现实意识为指导，坚持逻辑与历史相统一、时间与空间相融合、部分与整体相维系、联系与发展相交互、理论与实践相呼应的原则，立足基本国情，基于教育现代化目标，研究大教育规律，促进终身学习服务主体的多元化和相互合作，助力社会治理。

2. 实现研究的突破创新

第一，力求在研究方法上进行突破创新。构建服务全民终身学习的教育体系研究应突破单一研究方法的局限，综合利用历史法、文献法、比较法、调查法、个案研究法等多种方法的优势，由抽象到具体、由简单到复杂，实现定性研究与定量研究的有机结合。

第二，力求在分析工具上进行突破创新。构建服务全民终身学习的教育体系研究应突破以往研究局限，以教育学、历史学、哲学、社会学、政治学、文化学等多学科的研究范式与基础理论为支撑，进行研究范式的借鉴与创新，从而突破本领域已有研究框架，开展跨学科研究。

第三，力求在文献资料上进行突破创新。注重搜集相关历史史料，尤其是民国时期的史料，进行历史经验的总结，注重搜集国内的典型案例，补充构建服务全民终身学习教育体系的相关口述史料等。同时，要重视国外成功案例的搜集整理，开展比较研究，编制研究索引，形成文献综述，系统梳理研究现状，查缺补漏，进行创新研究，以历史眼光和国际视野，围绕理论与实践的创新开展思辨研究和实证研究，进一步丰富、充实相关文献资料。

第四，力求在话语体系方面进行突破创新。我国服务全民终身学习教育体系的构建经历了从"终身教育"向"终身学习"话语体系的转变。从已有相关成果来看，资料搜集整理较多、深刻的思辨性成果较少，平面描述较多、零散且缺乏系统，未能形成稳定、成熟的话语体系。我们应从当前中国教育发展最迫切需要厘清的重大理论问题切入，尝试建立大教育学的研究范式与话语体系，推进中国特色、中国风格、中国气派教育学的建设，助力中国特色社会主义教育事业的发展。

五、本丛书的出版价值、意义以及研究宗旨

"终身教育与学习型社会研究"丛书具有重要的学术价值和现实意义。

丛书的学术价值体现在：第一，丛书是关于终身教育、终身学习和学习型社会的理论与实践的系列丛书。第二，丛书系统、全面、科学地介绍国内外关于终身教育、终身学习和学习型社会的理论与实践，澄清问题、丰富成果，完善理论体系、总结实践经验。第三，丛书期望为引领终身教育、终身学习和学习型社会研究的新趋向，扩展终身教育、终身学习和学习型社会研究的新视域，重构终身教育、终身学习和学习型社会研究的新体系做出贡献。第四，丛书将为丰富、完善现代教育学体系提供新的理论成果。第五，丛书将为现有的终身教育、终身学习和学习型社会实践提供新的理论支撑和价值引领。

丛书的现实意义体现在：第一，丛书有助于完善终身教育、终身学习与学习型社会理论体系。第二，丛书有助于建立终身教育学等新型学科。第三，丛书有助于整体提高教育学在哲学社会科学中的地位。第四，丛书有助于促进学习型社会的建设，推动服务全民终身学习教育体系的构建和教育现代化的实现，以期为国家治理和社会治理提供教育学的智慧和力量。

本丛书的撰写面向国家重大需求，立足于国家终身教育发展和学习型社会建设的重大战略，旨在完善和丰富我国终身教育和学习型社会的理论成果。在此基础上，丛书系统梳理国内外关于"终身教育与学习型社会"的已有理论研究、实践进展、法律政策，全面分析"终身教育与学习型社会"的新时代背景特征，反思"终身教育与学习型社会"研究的新趋向，力图扩展新视域，重构新体系。

因丛书的5本分卷各有侧重，各领域的发展现状及已有研究基础不同，因而，承担分卷写作任务的作者可以根据实际情况采取相应的撰写方式。

无论采取何种书写形式，作者在撰写时应有如下明确的意识：各分卷研究如果是前人没有或少有涉及的，就要有明确的标杆意识，作者的成果应该体现当代中国学者的最高水平；如果学术界已有先期成果，就要有明确的超越意识，建立新的高度；如果作者曾有过相应成果，就要有明确的创新意识、突破意识，寻找

新的角度,进行新的思考,突破自己,切忌重复、克隆自己。

"终身教育与学习型社会研究"丛书由 5 本著作组成,各著作名称及负责人如下。侯怀银、宋美霞:《终身教育学新论》;侯怀银、王晓丹:《服务全民终身学习:终身教育在中国的探索》;贾旻等:《人类命运共同体背景下国际终身教育的理念与体系》;桑宁霞:《终身学习论》;丁红玲:《小康社会背景下学习型社会的中国图景》。

本丛书得以出版,要感谢每本书的作者,感谢科学出版社教育与心理分社付艳分社长的支持和辛勤工作。由于水平有限,本丛书难免有疏漏,恳请专家和读者批评指正。

侯怀银

2022 年 9 月 6 日

目　录

绪　论

一、终身教育学研究的意义和价值

　　1972 年 3 月，联合国教科文组织教育研究所决定将其国际合作研究方案的重点放在"终身教育"上。该研究所的首要任务之一是系统了解"终身教育"这个相当笼统的术语。终身教育通常被称为"总概念"或"指导原则"，它似乎是对教育的一种重新诠释。在这一原则的指导下，教育被视为一个持续的过程，以许多不同的互补形式发生，让人们超越自己的空间，将彼此及世界相联系，以产生新的可能。终身教育这一理念并非单一的个体、国家或国际机构的灵感，而是世界范围内各个国家、各个机构共同搭建的思想传播渠道，融合了来自不同知识领域、不同活动区域和处于不同发展阶段的国家的研究者及实践者的思想结晶。

　　20 世纪 60 年代以来，国内外已有相当数量的终身教育研究成果，这对促进终身教育理论研究的深化和实践的展开而言大有裨益。然而，在全球范围内形成一个全面一致的终身教育理论之前，还需要以统合的理念、以大的思维框架将现行各级各类教育整合融通，形成服务全民终身学习的教育体系。这实质上是一个将终身教育这个关涉总体的价值性理念转向实体性体系的深化过程，是一个需要政府、专业研究人员和社会力量共同推进的过程，是一个需要从哲学、社会学、心理学等不同学科出发，为涵盖人的一生所有阶段、所有形式的教育寻求理论支柱的过程。

　　1995 年，《中华人民共和国教育法》首次提出"促进各级各类教育协调发展，建立和完善终身教育体系"的教育改革发展目标。[①]2010 年，《国家中长期教育

① 刘雅婧. 2018. "代"＋"理"社区建设及运营研究. 北京：中国财富出版社，96.

改革和发展规划纲要（2010—2020 年）》提出"到 2020 年，基本实现教育现代化，基本形成学习型社会，进入人力资源强国行列"。2019 年，《中国教育现代化 2035》由中共中央和国务院印发，其中明确提出将"建成服务全民终身学习的现代教育体系"作为 2035 年主要发展目标之一。①2021 年，《中华人民共和国国民经济和社会发展第十四个五年规划和 2035 年远景目标纲要》再次强调，要"深化教育改革"②，应积极发挥成人教育和终身教育在构建服务全民终身学习现代教育体系以及建设学习型社会中的作用。

上述文本为我们描绘了一幅高质量建设服务全民终身学习现代教育体系的宏伟蓝图。顶层设计业已成形，在实际开展中如何切中肯綮，这值得我们思考。实际上，终身教育学的产生有其历史必然性和现实可能性。一方面，终身教育学产生的历史必然性表现为其既是应对知识经济时代挑战的迫切需要，又是回应教育学科服务社会发展的内在需求和发展逻辑。另一方面，终身教育学产生的现实可能性表现为如火如荼的终身教育实践活动是其产生的实践基础，丰富多元的终身教育研究成果是其产生的学科基础，相关学科研究成果的补充是其产生的外在条件。③循此，为推动终身教育理论研究的深入开展、加强终身教育思想的宣传普及、推进国家层面的终身教育立法、使终身学习变为民众的自觉行动，我们认为应该尽快构建学科形态的终身教育体系，突破原有以学校教育为主的教育学理论体系，重构终身教育学的新体系。

二、相关研究成果

1965 年，联合国教科文组织召开成人教育促进国际委员会第三次会议，正式提出了现代终身教育的理念，终身教育理念开始在世界范围内广泛传播。许多专家和学者从不同角度对终身教育进行了大量的探索和研究，与终身教育相关的论文、著作、调查报告或意见书等涌现如潮。④其中，在世界范围内产生深远影响的代表性成果主要有经济合作与发展组织的回归教育论、赫钦斯的学习社会化论、联合国教科文组织的《富尔报告》、弗莱雷（P. Freire）和捷尔比（E. Gelpi）等

---

① 中华人民共和国教育部. 中共中央、国务院印发《中国教育现代化 2035》. （2019-02-23）[2023-04-03]. http://www.moe.gov.cn/jyb_xwfb/s6052/moe_838/201902/t20190223_370857.html.

② 中华人民共和国中央人民政府. 中华人民共和国国民经济和社会发展第十四个五年规划和 2035 年远景目标纲要. （2021-03-13）[2023-04-03]. http://www.gov.cn/xinwen/2021-03/13/content_5592681.htm?pc.

③ 叶忠海. 2020. 终身教育学通论. 上海：学林出版社，3-6.

④ 吴遵民. 1999. 现代国际终身教育论. 上海：上海教育出版社，19.

的终身教育思想等。随着世界范围内终身教育实践的丰富和理论的深化，从学科视角对终身教育展开研究的成果也逐渐丰富，为推动研究的进一步深入，以构建服务全民终身学习教育体系、探索中国教育现代化之路，我们有必要对终身教育学研究在我国的历程和进展予以梳理，并就其未来趋势做进一步的展望。

（一）终身教育学研究在中国的历程

在中国知网和万方数据库中，以"主题 or 篇名 or 关键词=终身教育学"为检索式，截至 2023 年 12 月，筛选涉及终身教育学学科建设相关期刊论文 16 篇（表 0-1）。

表 0-1　中国知网中关于"终身教育学"的期刊论文数量年度分布

年份	2002	2003	2011	2016	2017	2020	2021	2022	2023
篇数	5	1	1	1	1	1	4	1	1

在对相关资料进行整理，对已发表学术论文、著作内容进行分析的基础上，我们以学科著作出版及大学学科专业设置为依据，将终身教育学研究的历程划分为以下三个阶段。

1. 第一阶段（20 世纪 90 年代初至 2001 年）

关于"终身教育学"这一概念何时提出的问题，学界尚无定论。《学会生存：教育世界的今天和明天》曾引用弗特（P. Fert）的观点，即弗特在《教育学的盛衰》中认为研究"什么是教育"的科学应称为"终身教育学"而非"教育学"[①]，"终身教育学"在这里首次出现。

从著作出版来看，1991 年辽宁教育出版社出版了乔冰、张德祥著的《终身教育论》，该书虽未直接以"终身教育学"命名，但却具有类似学科著述的体系架构。该书作为"现代教育科学丛书"[②]的其中一部，集中讨论了终身教育理论的产生和发展、终身教育的基本原理、终身教育中的学校教育、终身教育与社会教育、国外终身教育以及终身教育在中国现代化建设中的作用等。此著作可视为对终身教育学学科构建研究的初步尝试。此外，这一时期出版的著作多以"终身教

---

① 联合国教科文组织国际教育发展委员会. 1996. 学会生存：教育世界的今天和明天. 华东师范大学比较教育研究所，译. 北京：教育科学出版社，151.

② "现代教育科学丛书"致力于把国内外出现的新的教育学科、思潮、动向加以综合，分门别类，以展现现代教育科学的概貌。

育"命名,多讨论终身教育的基本理论和国内外终身教育的实践,尚未直接以"终身教育学"为研究对象展开专门化、系统化的研究。这说明在终身教育学研究的起步时期,学界关注的重点仍停留在终身教育的理论和实践层面,对终身教育学具有一定的建构意识,但未能形成系统的终身教育学科理论体系。

基于以上研究,我们认为,在20世纪90年代初终身教育学这门新兴学科的创立仍处于奠基阶段。这一阶段的研究主要围绕国内外终身教育的理论和实践展开,成果较少,但其中涉及的问题为终身教育学学科理论体系的构建提供了思路。

2. 第二阶段(2002—2018年)

"新兴学科自创建起,便应利用好各种有利条件,积极寻求并把握机会,谋求自身发展,否则将使自己面临困境。"[1]经历了20世纪的奠基,21世纪的终身教育学研究开始了真正的探索性尝试。

从学术论文的发表来看,2002年,山西大学成人教育学院季森岭发表5篇以"终身教育学"为主题词的论文,这5篇论文分别为《应该尽快构建终身教育学》[2]《社会的支持与终身教育学的构建》[3]《终身教育科学研究与终身教育学的构建》[4]《终身教育学在教育科学体系中的地位和作用》[5]《也谈"终身教育"的内涵》[6]。其中,《应该尽快构建终身教育学》一文系统阐明了我国在构建终身教育学方面已具备的理论基础和实践成果,提倡尽快构建终身教育学,以推进终身教育理论研究的深入和终身教育思想的普及[7]。这标志着终身教育学构想被首次明确提出。2003年,陈宜安研究员发表《学科创建并非"神话"——福建师范大学成人(继续)教育学院学科建设的探索》[8]一文,对福建师范大学在终身教育学科建设方面的探索历程进行了介绍。2004年后鲜见以"终身教育学"为研究主题的论文发表。2011—2018年,出现了3篇以"终身教育学"为篇名的学术

① 侯怀银,王耀伟. 2018. 研究生教育学学科的研究:历程、进展和趋势. 研究生教育研究,(6):23-29.

② 季森岭. 2002. 应该尽快构建终身教育学. 山西大学师范学院学报,14(2):69-70.

③ 季森岭,南海. 2002. 社会的支持与终身教育学的构建. 内蒙古电大学刊,(6):4-5.

④ 季森岭. 2002. 终身教育科学研究与终身教育学的构建. 山西教育学院学报,(4):48-50.

⑤ 季森岭. 2002. 终身教育学在教育科学体系中的地位和作用. 江苏大学学报(高教研究版),(3):46-48.

⑥ 季森岭. 2002. 也谈"终身教育"的内涵. 太原师范专科学校学报,(2):43-44.

⑦ 季森岭. 2002. 应该尽快构建终身教育学. 山西大学师范学院学报,(2):69-70.

⑧ 陈宜安. 2003. 学科创建并非"神话"——福建师范大学成人(继续)教育学院学科建设的探索. 中国成人教育,(9):54-57.

论文，分别为《日本终身教育学视野下的异文化接触》①《构建终身教育学框架的若干基本问题》②《以文化自信思想定力加快推进中国特色终身教育学科建设》③。研究者在他们的论文中探讨了终身教育学产生的历史必然性、终身教育学基本理念的构建、终身教育学框架的基本成分、终身教育学的基本原理以及与相邻学科的关系等，为终身教育学的建设研究做出了贡献。

从学术著作的出版来看，季森岭主编的《终身教育概论》（中国社会科学出版社，2002 年版）和杨瑞峰编著的《终身教育概论》（黑龙江教育出版社，2003年版）未直接使用"终身教育学"之名，但却有对终身教育学的直接研究。其中，季森岭主编的《终身教育概论》讨论了终身教育与终身学习、终身教育理论的形成与实践的进展、终身教育与人生和社会、终身教育与相关教育、终身教育体系的建立、学习型社会与学习型组织的构建和终身教育学的构建等，首次以著作的形式将"终身教育学的构建"作为一章进行单独讨论，这可以视作对终身教育学学科体系构建研究的进一步尝试。

从学术团体及会议来看，2007 年，中国教育发展战略学会终身教育工作委员会成立大会暨终身教育学术报告会在北京成功召开，为推进终身教育的研究和实践提供了平台。

由上可见，在 21 世纪初有研究者真正开始进行终身教育学的学科创建研究工作，但在经历了 2002 年的兴起之后，终身教育学在十余年间一直沉寂，除何明清（1 篇）、叶忠海（2 篇）发表了 3 篇关于终身教育学的论文之外，未见标志性的学科研究成果出现。这在一定程度上反映了当时上至国家、下至研究机构，仍着眼于国内外终身教育理论和实践的介绍，对终身教育学的探索则浅尝辄止。这既与时代背景和外部环境有关，又与研究队伍及研究载体的建设有关，还与研究者个人的研究兴趣及思维方式等有关。这一阶段，终身教育学缓慢前进，步履维艰。

3. 第三阶段（2020 年至今）

终身教育学的沉寂持续至 2019 年，自 2020 年起，终身教育学研究走上稳步前进之路。

从论文发表来说，这一阶段主要有 7 篇以"终身教育学"为主题的学术论文，

① 何明清. 2011. 日本终身教育学视野下的异文化接触. 成人教育，31（2）：36-38.
② 叶忠海. 2016. 构建终身教育学框架的若干基本问题. 江苏开放大学学报，27（2）：4-7.
③ 叶忠海. 2017. 以文化自信思想定力加快推进中国特色终身教育学科建设. 终身教育研究，28（6）：36-38.

分别是《终身教育动态运行研究》[①]《新时代呼唤终身教育学》[②]《中国践行终身教育的本土化之路》[③]《终身教育理论在中国的引进及其影响》[④]《继往开来 打开终身教育研究新窗口——评〈终身教育学通论〉》[⑤]《关于"全球伦理的终身教育"的思考》[⑥]《终身教育研究应融入中国现行教育研究体系》[⑦]。其中，侯怀银和王晓丹所撰写的《新时代呼唤终身教育学》一文对终身教育学构建的必要性、亟待解决的问题和构建的思路做了系统化研究，积极推动了终身教育学的构建。

从学术著作来看，林良章的著作《终身教育学：理论与实践》（中国轻工业出版社，2019 年版）和叶忠海所著《终身教育学通论》（学林出版社，2020 年版）出版，这两本书的尝试为构建终身教育学学科体系做出了积极的努力，包括对终身教育学的理论建构、体系建构、专业建设、终身教育的基本理论和实践探索等展开研究，实现了终身教育学学科专著的新突破。

从学术会议来看，2020 年，以"'十四五'期间终身教育研究的发展与推进"为主题的浦江终身教育论坛召开，与会专家和学者重申加快终身教育学学科建设的步伐的强烈意愿，并就终身教育学的相关理论问题展开了深入的讨论。[⑧]

整体来看，近几年来，终身教育学的学科研究内容不断深入、研究视野日益扩展、研究成果逐渐增多，开始了从"学"的层面研究终身教育，推动着终身教育学学科的建设。

（二）终身教育学研究在中国的进展

1. 终身教育学产生的现实基础

终身教育学作为一门独立的现代学科，为区别于其他学科，需首先阐明学科产生的必要性和可能性问题。终身教育学产生的现实基础包括多个方面。首先，有研究者认为，现代社会的快速发展和知识经济的兴起使得人们不得不学习和更

---

① 叶忠海. 2020. 终身教育动态运行研究. 终身教育研究，31（4）：19-22.

② 侯怀银，王晓丹. 2021. 新时代呼唤终身教育学. 高等教育研究，42（1）：60-67.

③ 吴遵民，李政涛. 2021. 中国践行终身教育的本土化之路. 终身教育研究，32（1）：12-19.

④ 侯怀银，王晓丹. 2021. 终身教育理论在中国的引进及其影响. 教育科学，37（5）：2-11.

⑤ 马俊丽. 2021. 继往开来 打开终身教育研究新窗口——评《终身教育学通论》. 北京宣武红旗业余大学学报，（4）：67-72.

⑥ 路宝利，吴遵民. 2022. 关于"全球伦理的终身教育"的思考. 中国远程教育，（7）：39-49.

⑦ 侯怀银. 2023. 终身教育研究应融入中国现行教育研究体系. 两岸终身教育，26（1）：1-10.

⑧ 吴遵民，刘雨婷. 2020. "十四五"期间终身教育研究的发展与推进——浦江终身教育论坛云会议纪要. 终身教育研究，31（5）：83.

新自己的知识与技能，终身教育学的产生既是对知识社会呼唤的回应，又是顺应教育学科服务社会发展的内在需求，也是教育科学发展的内在逻辑，这是由学科自身研究对象的特殊矛盾性决定的。①其次，有研究者认为，终身教育学的提出源自解决学校教育问题的需要，传统的学校教育难以满足现代社会对人才素质的需求，因此需要提供更多样化和灵活性更强的学习方式与途径。②再次，有研究者认为随着人口老龄化问题的日益突出，终身教育学也成为解决老年人再就业和养老问题的一种途径。③最后，有学者指出，建立终身教育学是一项复杂的系统工程，需要专家和学者的共同努力，同时也需要社会各界的广泛支持。其中，专家、学者应致力于理论研究与实践成果的总结和提炼，即着力构建终身教育学的基本理论框架；社会的支持应包括政府的立法支持、学校教育、科技、理论和人才支持和民众观念层面的支持。④

2. 终身教育学产生的理论基础

新学科的建立通常需要借鉴其他学科的理论，以作为自己学科建构的理论基础。终身教育学作为一门综合学科，需要借鉴多个学科的理论进行建构。对于终身教育学产生的理论基础，有研究者认为终身教育学的理论基础包括哲学、社会学、心理学和人才学。⑤有研究者认为除上述基础学科之外，还涉及教育学、生命科学、伦理学、人类学、生理学、系统科学、文化学、传播学、管理学、学习科学等。⑥哲学研究的是人类思维和存在的本质，它为终身教育学的研究提供了哲学基础和人类思维的分析工具；社会学研究社会的各个方面，包括社会结构、社会关系、社会组织、社会变革等，它为终身教育学的研究提供了社会背景和社会因素的分析工具；心理学研究人类的心理和行为，包括认知、情感、行为、人格、发展等，它为终身教育学的研究提供了心理机制和心理因素分析工具；人才学是研究人力资源的学科，包括人力资源的管理、培养、评价等，它为终身教育学的研究提供了人力资源管理和开发的视角与方法；教育学研究教育的各个方面，包括教育原理、教育方法、教育制度、教育评价等，它为终身教育学的研究提供了教育理论和教育实践的基础与方法；生命科学研究生命现象和生命体系，包括

---

① 叶忠海. 2020. 终身教育学通论. 上海：学林出版社，3-4.
② 林良章. 2019. 终身教育学：理论与实践. 北京：中国轻工业出版社，38.
③ 杜鹏，吴赐霖. 2022. 中国老年教育的新定位、多元功能与实现路径. 中国人民大学教育学刊，(5)：130-142.
④ 季森岭，南海. 2002. 社会的支持与终身教育学的构建. 内蒙古电大学刊，(6)：4-5.
⑤ 叶忠海. 2020. 终身教育学通论. 上海：学林出版社，17-32.
⑥ 林良章. 2019. 终身教育学：理论与实践. 北京：中国轻工业出版社，61-63.

生物学、医学、生态学等，它为终身教育学的研究提供了生命科学背景和生命现象的分析工具；伦理学研究道德和价值的问题，包括个人伦理、社会伦理、全球伦理等，它为终身教育学的研究提供了道德和价值的分析与评价工具；人类学研究人类文化和社会的各个方面，包括文化、语言、习俗、社会制度等，它为终身教育学的研究提供了文化和社会的分析工具；等等。

3. 终身教育学的基本理论

（1）终身教育学的概念

终身教育是指在个体一生不断学习和发展的过程中，不再以特定的年龄作为教育阶段划分的标志，而强调人的终身全面发展和不断更新知识与技能的需求。在国内，研究者对终身教育学的概念研究还相对较少，已有研究主要形成了以下三种观点：

第一，"科学体系说"。这种观点把终身教育学作为一门科学体系，强调研究教育终身现象，揭示教育终身运行规律的作用。它强调终身教育的连续性和系统性，认为终身教育学需要建立一套完整的概念框架和理论体系。[1]

第二，"新教育学说"。这种观点从改革传统教育学的角度提出终身教育学是"培训人的科学"，强调终身教育的重要性和必要性，认为终身教育学重新定义了教育和学习的概念，打破了传统教育学的局限性和僵化性，注重个体的自我发展和自我实现。[2]

第三，"实践科学说"。这种观点基于日本终身教育学理论，认为终身教育学具备作为实践科学的基本特质。它重视学习性行为，强调个体不断学习和提高技能的需求，注重实践和经验的积累，并在此基础上不断反思和调整教育实践。[3]

综上所述，终身教育学是一门系统的学科，它研究的不仅仅是教育的过程和方法，更囊括了人获得全面发展的理论和实践。不同的研究者对于终身教育学的理解和观点存在差异，但都强调了终身教育学研究对个体和社会发展的重要性。

（2）终身教育学的研究对象

一门学科形成的最主要标志是有特定的研究对象。建设终身教育学，也需明确其研究对象。对终身教育学研究对象的研究主要形成了以下五种观点：

---

① 叶忠海. 2016. 构建终身教育学框架的若干基本问题. 江苏开放大学学报，27（2）：4-7.

② 李长伟，辛治洋. 2004. 终身教育与新教育学的浮现. 西南师范大学学报（人文社会科学版），30（6）：31-35.

③ 何明清. 2011. 日本终身教育学视野下的异文化接触. 成人教育，31（2）：36-38.

第一，"终身教育现象、规律说"。这种观点认为，终身教育学是研究终身教育现象及其规律的一门学科，并把终身学习和学习型组织作为终身教育学的具体研究对象。①

第二，"教育的'终身'现象说"。这种观点认为，教育的"终身"现象，即人一生的"全程性教育现象"，终身教育学的研究对象应当扩大到人一生所接受的所有教育现象，即教育的"终身"现象。②

第三，"'人'与'自学'说"。这种观点基于对传统教育学研究对象的批判，认为终身教育背景下的新教育学应当是研究"人"与"自学"的学科，而非对"物"与"教育"进行研究。③

第四，"异文化接触行为说"。这种观点认为，异文化接触行为包括兴趣、娱乐、休闲等被传统教育视为异质的行为，这应当是终身教育学的重要研究对象。④

第五，"'具体的人'说"。有研究者认为，教育学的核心问题是"人"的认识问题，终身教育背景下的教育学研究对象应当由"抽象的人"向"具体的人"转变，从而构建新时代教育学。⑤

（3）终身教育学的学科定位与性质

终身教育学的学科定位和性质是一个复杂的问题，不同的学者从不同的角度提出了各自独特的见解。根据已有的研究，这些学者主要从以下方面展开探讨：

第一，"主体、主导说"。有研究者认为，终身教育是21世纪的教育主题，是对教育实践与理论体系的重大变革，并在当下学习型社会中具有重要意义。因此，在教育科学体系中，终身教育学应该占据主体和主导地位。⑥

第二，"一级学科说"。有研究者提出建立终身教育学一级学科的设想，在终身教育与国民教育的分类归属方面，认为终身教育体系包含国民教育体系。⑦

第三，"独立学科说"。这种观点将终身教育学定位为一门独立的学科。教育学与终身教育学的关系是研究基础与研究发展间的关系。在终身教育学与成人教育学、老年教育学等学科的关系方面，前者包含后者，后者归属于前者，体现

① 林良章. 2019. 终身教育学：理论与实践. 北京：中国轻工业出版社，43-47.
② 叶忠海. 2016. 构建终身教育学框架的若干基本问题. 江苏开放大学学报，27（2）：4-7.
③ 李长伟，辛治洋. 2004. 终身教育与新教育学的浮现. 西南师范大学学报（人文社会科学版），30（6）：31-35.
④ 何明清. 2011. 日本终身教育学视野下的异文化接触. 成人教育，31（2）：36-38.
⑤ 叶澜. 2003. 教育创新呼唤"具体个人"意识. 素质教育大参考，（4）：6-7.
⑥ 季森岭. 2002. 终身教育学在教育科学体系中的地位和作用. 江苏大学学报（高教研究版），（3）：46-48.
⑦ 侯怀银，王晓丹. 2021. 新时代呼唤终身教育学. 高等教育研究，42（1）：60-67.

为整体与部分的关系。①

第四，"三种假设说"。有研究者提出三种假设：一是把终身教育学作为亚一级学科来考虑；二是把终身教育学作为二级学科来定位；三是把终身教育学作为亚一级学科或二级学科来看待。②

关于终身教育学的学科性质，不同研究者从不同的视角提出不同的观点。但总体来说，研究者认为终身教育学是一门综合性的、跨学科性的学科，其研究对象包括人的终身学习、教育与培训等，旨在为个人的终身学习提供支持和指导，为社会的发展提供人力资源保障。从研究理论、研究方法和研究规范等方面考察，终身教育学主要属于教育学学科，其理论建构和研究方法有着明显的教育学特色。从终身教育学的产生和发展来看，终身教育学是一门基础学科，承担着理论建构工作，包括终身学习理论、教育科学、成人教育等方面的研究。从学科专业角度来说，终身教育学是一门应用学科，旨在将终身教育理念落实到实践中，通过实践活动推动终身教育的实现与发展。从终身教育学的研究对象与目的来说，终身教育学是一门复合性学科，涉及教育学、心理学、社会学、经济学等多个学科领域，其研究目的在于保障个人的终身受教育权利和职业发展，同时促进社会的可持续发展。因此，终身教育学的学科性质十分复杂，既有基础性理论研究，也有应用性实践探索，需要不同领域的学者和专家共同合作，为终身学习与教育的发展提供支持和保障。③

（4）终身教育学的学科体系

已有研究者出版关于终身教育和终身教育学方面的著作并发表了相关论文，其中关于终身教育学学科体系建设的讨论主要体现出如下两种思路：一是"理论模型建构思路"，有研究者认为，建构终身教育学的学科体系应先对理论模型的要点进行分析，主要包括终身教育、终身学习、学习型组织、文化、和谐社会、幸福人生、创新、素质、生命意义等要点。④二是"学科群框架建构思路"，有研究者根据我国社会变革和发展的需求，以及学科自身发展的内在逻辑，全面规划了终身教育学学科体系的建设流程，将终身教育学框架划分为五个部分，即终身教育学导论、终身教育理念论、终身教育体系论、终身教育阶段论和终身教育

---

① 叶忠海.2016. 构建终身教育学框架的若干基本问题. 江苏开放大学学报，27（2）：4-7.
② 林良章.2019. 终身教育学：理论与实践. 北京：中国轻工业出版社，47.
③ 侯怀银，王晓丹.2021. 新时代呼唤终身教育学. 高等教育研究，42（1）：60-67.
④ 林良章.2019. 终身教育学：理论与实践. 北京：中国轻工业出版社，57-61

展望论，并对每个部分进行了细致的内容划分。①

（5）终身教育学的研究方法

研究方法对终身教育理论研究、学科的理论高度以及学科身份等方面都有重要的影响。针对这一问题，研究者从多个角度出发，包括哲学层面、系统科学层面、一般学科层面和具体科学方法层面，对终身教育学的研究方法进行了深入探讨，指出教育学的研究方法同样适用于终身教育学。此外，研究者强调，在借鉴其他学科方法的同时，终身教育学应该把握自身特色，采用"方法群落"的方式来研究终身教育。②

三、本书的研究内容和研究方法

（一）研究内容

本书具体研究如下九个方面的内容：

第一，终身教育学概述。主要包括"终身教育学的概念及特征""终身教育学的研究对象、学科定位及学科性质""终身教育学的学科基础及体系""终身教育学研究方法论及研究方法"四节内容，旨在对终身教育学的基本问题展开系统思考。

第二，终身教育的目标。主要包括"终身教育目标的界定""终身教育的终极目标——学习型社会""终身教育终极目标的实现"三节内容，旨在使终身教育理念落地，勾勒终身教育的未来图景。

第三，终身教育的形态。主要包括终身教育视野下的"学校教育"、"家庭教育"和"社会教育"三节内容，旨在描绘不同场域的终身教育形态，凸显终身教育的新面貌。

第四，终身教育的功能及体系。主要包括"终身教育的功能及分类""终身教育功能的实现""终身教育体系的内涵及构建""终身教育体系衔接的范围、前提和载体""终身教育体系衔接的案例——江苏"五节内容，旨在挖掘终身教育的价值，为充分发挥终身教育的功能寻求解决方案，从理论层面畅想如何将现行教育纳入到终身教育体系之中，形成全民终身教育体系的大格局。

第五，终身教育制度及立法。主要包括"终身教育制度确立的意义""终身

---

① 叶忠海. 2016. 构建终身教育学框架的若干基本问题. 江苏开放大学学报，27（2）：4-7.
② 林良章. 2019. 终身教育学：理论与实践. 北京：中国轻工业出版社，48-52.

教育制度的具体确立""终身教育立法的依据""终身教育立法的实践"四节内容，旨在从制度层面使终身教育的实施科学化、规范化、可行化，从理论和实践两个层面论证终身教育立法的合理性和可行性。

第六，终身教育机构。主要包括"终身教育机构概述""终身教育机构的组成""终身教育机构的变革"三节内容，旨在从终身教育实体机构探究出发，为推进终身教育的实施提供决策平台。

第七，终身教育改革。主要包括"终身教育改革概述""终身教育改革的动力""终身教育改革的组织"三节内容，旨在通过终身教育改革的回溯，深入探讨改革的动力，推进今后终身教育的改革与发展。

第八，终身教育研究。主要包括"终身教育研究的概念、特征、分类及功能"和"终身教育研究的程序""终身教育研究的主要方法"三节内容，旨在从学理层面剖析终身教育研究的基本理论，规范终身教育研究的操作程序。

第九，终身教育面临的问题、发展趋势及对终身教育学的展望。主要包括"终身教育在全球所面临的问题""终身教育的发展趋势"和"终身教育学的展望"三节内容，旨在把握当前全球终身教育的现实挑战，明确终身教育未来的发展方向，展望终身教育学的未来趋势。

（二）研究方法

本书研究主要采用历史研究法、文献研究法、比较研究法、经验总结法、专家咨询法等。

1. 历史研究法

历史研究法是通过对现存史料信息进行描述、分析和解释，以帮助解决现实问题并预测未来发展趋势的研究方法。本书基于国内外终身教育相关史料的搜集和整理，结合不同时期的历史条件，对终身教育学涉及的基本概念、理论和规律等进行追根溯源，目的在于呈现全球范围内终身教育理论与实践的发展历程，并揭示终身教育的内在逻辑和客观规律。

2. 文献研究法

文献研究法，也称文献法，是一种通过研究文献来获取调查资料的方法，以全面、系统地掌握调查研究问题为目的。本书对国内外终身教育、终身教育学的已有研究成果进行了检索、查阅和研究，借助 CiteSpace 和 Bicomb 等量化分析软件对所掌握资料进行了量化分析，以全面了解国内外相关研究的现状，汲取其中的经验，分析其中存在的问题。

3. 比较研究法

比较研究法，也称比较法，是通过对不同事物间的同异关系进行对照和比较，揭示事物内在联系和本质特征的一种研究方法。本书通过对国内外终身教育理论与实践的全面比较和综合分析，深入挖掘终身教育的本质、内涵、特征等，探讨终身教育的实践路径和发展趋势，为终身教育学的体系建构提供宝贵的经验和参考。

4. 经验总结法

经验总结法是通过对具体实践活动的归纳和分析，将实践中的经验和规律系统化、理论化，从而提升为一种经验的方法。本书通过对地方终身教育制度确立、立法实践的归纳与分析，探究其成功的原因、不足之处、优化改进的方向，进而形成有益的终身教育制度、立法经验，为其他地区的终身教育工作提供参考和借鉴。

5. 专家咨询法

专家咨询法是通过组织相关领域的专家，运用专业知识和经验对研究对象的现状和整体发展趋势进行综合评价的方法，常见的方法有德尔菲法、集体商议法、圆桌会议法等。在本书写作过程中，我们邀请了不同学科领域的专家学者，就终身教育学的重要问题进行咨询，汇集了各界的思想和智慧，探讨了新的理论框架和研究主题，以便为终身教育学的发展提供新的思路和方向。

第一章 终身教育学概述

概念作为一种思想，是客观事物的反映，概念的清晰与否直接影响我们认识客观事物的正确性。[1] "终身教育学"是教育学科体系中的一个基本概念。开展终身教育学学科体系建设，一项重要的任务就是梳理已有的概念，澄明其内涵、特征及意义，回溯"终身教育学"概念的产生和发展过程，辨析终身教育学与相关概念的联系和区别，这既是认识和理解终身教育学本身的需要，又是解决具体研究中存在的概念混乱、概念模糊、概念误用、虚假概念等问题的需要。[2]

第一节 终身教育学的概念及特征

终身教育学的概念及其特征是深入建构终身教育学的起点。在本节中，我们将对"终身教育学"概念的产生、不同界定、内涵及外延、其与相关概念的联系及区别、其具备的独特特征展开讨论。通过对终身教育学的概念和特征等的深入了解，我们可以更好地把握终身教育学的本质及其重要性。这一概念和特征的解析将为后续章节提供有力的理论基础，帮助我们更深入地探讨终身教育学的各个方面。

一、"终身教育学"概念的产生

关于"终身教育学"这一概念是如何产生的问题，学界尚无定论。季森岭认为，终身教育学的目的在于推动终身教育理论研究深入开展、加强终身教育思想

---

① 金岳霖，汪奠基，沈有鼎，等.1978.形式逻辑简明读本.3版.北京：中国青年出版社，7-9.
② 石中英.2009.教育学研究中的概念分析.北京师范大学学报（社会科学版），（3）：29-38.

的宣传普及、使终身学习成为广大群众的自觉行动。①叶忠海认为，终身教育学的产生有其历史必然性，一是应对知识社会给人类的思维方式、生产方式、学习方式和生活方式等带来的挑战；二是满足跻身于"教育科学发展内在逻辑"与"教育改革和发展方向"交叉之下的"当采学科"的客观条件；三是以教育的"终身"现象为研究对象的研究亟待开展。②两种观点皆有其合理性，均说明在知识经济时代，教育已不再是少数人的特权或特定年龄的活动，而是向着社会和个人终身学习的方向发展。③我们需要一门代替传统学校教育学的崭新学科，突破长期以来存在的"教育即学校教育""教育学即学校教育学"的桎梏，这一突破的标志是构建一门终身教育学，研究横向层面的家庭、学校和社会三个领域，以及纵向层面人的一生中的不同阶段的教育现象和规律，以促进终身教育工作科学化，实现人的终身全面发展。

二、对终身教育学的不同界定

目前，学界对于作为学科的终身教育学研究较少，关于"终身教育学"的概念界定，学界鲜有涉及。细致梳理后发现，为数不多的相关研究主要是从以下三方面说明终身教育学这一概念的。

第一，"科学体系说"。这种观点把终身教育学作为一门科学体系，认为终身教育学是研究和揭示教育终身现象和运行规律的科学体系。④

第二，"新教育学说"。这种观点从改革传统教育学的角度提出终身教育学是"培训人的科学"。研究者发现传统教育学存在的问题后，认为终身教育是新教育学出现的契机。在终身教育的背景下，新教育学的关注点转向了人而非物，注重个体的自主学习而非被动接受教育。⑤

第三，"实践科学说"。有研究者以日本终身教育学为研究对象，认为终身教育学与"以学校中心""以孩子为中心""近代教育价值"相对，重视学习性行为，具备作为实践科学的基本特质。⑥

---

① 季森岭. 2002. 应该尽快构建终身教育学. 山西大学师范学院学报，14（2）：69-70.

② 叶忠海. 2016. 构建终身教育学框架的若干基本问题. 江苏开放大学学报，27（2）：4-7.

③ 联合国教科文组织国际教育发展委员会. 1996. 学会生存：教育世界的今天和明天. 华东师范大学比较教育研究所，译. 北京：教育科学出版社，200.

④ 叶忠海. 2016. 构建终身教育学框架的若干基本问题. 江苏开放大学学报，27（2）：4-7.

⑤ 李长伟，辛治洋. 2004. 终身教育与新教育学的浮现. 西南师范大学学报（人文社会科学版），30（6）：31-35.

⑥ 何明清. 2011. 日本终身教育学视野下的异文化接触. 成人教育，31（2）：36-38.

上述观点有从演绎教育学的概念出发，认为终身教育学是研究终身教育现象及规律的科学的；有从与传统教育学比较的角度，认为终身教育学是一门更为关注"人"的学科的；有从培养学习行为的角度，提出终身教育学是一门关注学习的实践科学的。这些观点都为我们思考终身教育学的学科内涵奠定了一定的基础。但终身教育学要有学科的样子就意味着应有严密的概念体系。概念明确是指清晰明确地界定概念的内涵和外延。[①]也就是说，既明确了概念所指的是哪些事物，又明确了这些事物具备哪些特有的属性。

三、终身教育学的内涵及外延

概念是人为的结果。基于不同的实践要求，人类从不同方面来认识事物，就对同一事物形成了不同的概念。这些概念从不同的角度对同一类事物所特有属性的表现进行了归纳总结。[②]我们认为，终身教育学是围绕终身教育进行的，以终身教育的理论与实践为研究对象，综合运用多学科的知识、多领域的资源，揭示终身教育的基本规律，以达成培养人的终身学习力、促进人的全面发展、增强人生幸福体验与推动社会和谐进步目的的一门学科。

（一）终身教育学的内涵

定义是揭示概念内涵的逻辑方法。[③]如果提供定义后，人们仍然无法认识和了解终身教育学，那么就说明这些定义并未揭示出终身教育学的真正内涵。

我们认为可以从如下三方面理解终身教育学的内涵：

第一，终身教育学以终身教育的基本理论与现实实践为研究对象，揭示终身教育的基本规律。已有界定多将终身教育的现象、问题视为终身教育学的研究对象，我们在这里借用终身教育的基本理论与现实实践，意在表明终身教育学的研究不仅关注终身教育的现象和问题，而且关注终身教育的基本理论层面，如终身教育的目的、功能、内容、形式、制度、政策和法律等。终身教育规律是蕴藏在终身教育理论与实践之中发挥决定与支配作用的、内在的、本质的、必然的关系。终身教育学研究应揭示终身教育规律，即揭示终身教育系统中各要素之间的本质联系。[④]

---

① 金岳霖. 1962. 形式逻辑简明读本. 北京：中国青年出版社，7-8.

② 金岳霖. 2006. 形式逻辑. 2 版. 北京：人民出版社，23.

③ 侯怀银，刘泽. 2018. "教育规律"解析. 大学教育科学，（4）：4-9，122.

④ 侯怀银，刘泽. 2018. "教育规律"解析. 大学教育科学，（4）：4-9，122.

第二，终身教育学需运用多学科的知识和多领域的资源。终身教育是一个涵盖人的一生中的所有阶段、多种教育形式和模式的综合性概念，对终身教育的研究既需要哲学、心理学、社会学、历史学和生态学等多学科知识的融入，又需要得到包括教育政策制定者和规划者、行政人员和课程制定者、研究人员、教师教育工作者和大众传播媒介工作者等多领域人力资源的支持。

第三，终身教育学的最终目的是培养人的终身学习力、促进人的全面发展、增强人生幸福体验与推动社会和谐进步。终身教育是贯穿个人一生的教育过程，旨在促进个人和社会的全面发展，也可以理解为它是一种综合而统一的理念，包括正规的、非正规的和非正式的教育，以便使个体在人生的不同阶段和不同领域获得尽可能充分的发展，其既与个人成长有关，也与社会进步有关。终身教育与终身学习力、生命意义和社会变革的关系是终身教育学研究的核心议题。

（二）终身教育学的外延

外延涵盖了某个概念所代表的思维对象的数量或者范围。在终身教育学中，"外延"概念的适用范围非常广泛。

从场域来划分，包括学校场域的终身教育、家庭场域的终身教育和社会场域的终身教育；从对象来划分，包括婴幼儿群体的终身教育、青少年群体的终身教育、成年群体的终身教育和老年群体的终身教育；从地域来划分，包括国内终身教育和国外终身教育；从时期来划分，包括古代的终身教育、近代的终身教育和现代的终身教育；从学科来划分，包括终身教育心理学、终身教育社会学、终身教育伦理学、终身教育管理学、终身教育政策学等未来可能出现的交叉学科。

除此之外，我们还可以从教育的时间范围来理解终身教育学的外延。首先，终身教育强调教育不再局限于青少年时期，而是涵盖人的整个生命周期。从儿童早期教育到成人继续教育，甚至到老年人的教育活动，都可以纳入终身教育的范畴。这表明从婴儿到坟墓的教育现象及规律都是终身教育学的研究范畴。其次，从学习的方式与场所来看，终身教育尊重个体的学习需求和学习方式的差异化。除了传统的学校教育，终身教育还包括各种形式的非正式教育，如社区教育、职业培训和在线学习等。学习场所也可以是学校、企事业单位和家庭等。这表明包括学校教育在内的多元化教育现象及规律是终身教育学的研究范畴。再次，从学习的目标和内容来看，终身教育学还涉及对学习目标和内容的研究。其中，学习目标强调个体全面发展和自我实现，包括提高专业技能、培养职业素养、提升创新能力和激发个人兴趣等。学习内容可以是学科知识、技术技能、社会文化和美育等各个方面。最后，从学习者的特点来看，终身教育强调不同年龄、社会角色和背景的人都可以是学习者，学生、职场人士、家庭主妇、退休人员等都可以不断地进行学习和进修。这表明全民教育是终身教育学研究的重要范畴。

四、终身教育学与相关概念的联系及区别

为了明确"终身教育学"的概念，我们有必要进一步解析终身教育学与相关概念的联系和区别。

（一）终身教育学与成人教育学

"成人教育学"是一个外来词。在欧美国家，它被广泛定义为研究成人教育过程和技术的学科。我国学者对"成人教育学"的定义具有多元性，但最为广泛接受的观点是将它视为教育学的一个分支学科，是研究成年人教育和学习的科学和艺术，并形成了一套理论体系。[①]这两种认识的共同点在于，都认为成人教育学是面向成年人的科学，能够指导他们的学习。

成人教育学与终身教育学的联系在于：第一，它们应该都属于教育学的二级学科。第二，终身教育学的发展源自成人教育学。第三，终身教育学与成人教育学的研究中均包含成人群体的教育。但是，它们的区别也很明显。第一，在基本概念上，终身教育学基于一个人的全生命过程，而成人教育学主要是从成年人群体角度来界定的。第二，在研究对象上，终身教育学的研究对象是终身教育，而成人教育学则关注成人教育。第三，在研究范畴上，终身教育学面向所有年龄群体的终身教育理论和实践，成人教育学则只面向成人群体的教育理论和实践。第四，在研究目的上，终身教育学旨在培养所有人的终身学习能力，促进全面发展，成人教育学则旨在指导成年人的学习和发展。

（二）终身教育学与老年教育学

老年教育学是一门研究老年人教育现象和问题的学科，其综合运用多学科知识和资源，揭示老年教育规律，以实现追寻生命意义和构建和谐社会的目的。[②]

老年教育学与终身教育学的联系在于：从层次上看，它们应为教育学一级学科下的两个二级学科，并且都包含老年群体的教育。老年教育学与终身教育学的

---

① 郑淮，马林，李海燕. 2015. 成人教育基础理论. 广州：中山大学出版社，57.
② 侯怀银，张慧萍. 2022. 新时代老年教育学学科建设的若干关键问题. 现代远程教育研究，34（2）：47-56.

区别在于：第一，在研究对象上，老年教育学从老年群体的角度出发，以老年教育为研究对象，而终身教育学则从人的全生命过程出发，以终身教育为研究对象。第二，在研究范畴上，终身教育学面向所有年龄群体的终身教育理论和实践，而老年教育学则仅面向老年群体的老年教育理论和实践。第三，在研究目的上，终身教育学旨在培养所有人的终身学习力，促进人的全面发展，而老年教育学则旨在探讨老年教育的规律性，指导老年群体的学习和发展。

（三）终身教育学与社区教育学

社区教育学是以社区为研究场域，以社区内的教育实践活动为研究对象，探究社区教育的现象、规律和问题等，旨在揭示、指导整体的社区实践活动的一门学科。①

社区教育学与终身教育学的联系在于：二者均为教育学一级学科下的二级学科；社区教育作为终身教育的重要实施载体，也是终身教育学研究的重要组成部分。社区教育学与终身教育学的区别在于：从研究对象和性质来看，终身教育学的研究对象是终身教育，具有人本性、整体性、综合性和跨学科性等特点，而社区教育学的研究对象是社区教育，具有区域性、历史性和社会性等特点。从研究内容来看，终身教育学的研究内容是整个社会的终身教育的理论、问题和实践，而社区教育学的研究内容是特定区域的社区教育现象、问题和实践。

（四）终身教育学与终身教育

终身教育是指一个人在生命周期中不断学习和提高自身技能的过程，其目标是提高人们的知识、技能和理解能力，从而提高他们的生活质量和就业竞争力。这种教育可以通过正规教育、非正规教育和自我学习等方式进行，包括但不限于在校学习、职业培训、社区教育和在线学习等。相比之下，终身教育学是研究终身教育现象的学科。它试图理解和解释人们为什么需要继续学习，以及如何最有效地进行学习，注重研究教学方法、学习动机、学习效果的评估等问题。此外，终身教育学也致力于推动公共政策的制定，以支持和鼓励终身学习。

终身教育学与终身教育的联系在于：终身教育和终身教育学之间的关系可以看作实践和理论的关系。终身教育是实践，是个人和社会在教育上的具体活动；而终身教育学则是理论，是对这种实践的观察、分析和解释。终身教育学与终身

---

① 侯怀银，王耀伟. 2022. 社区教育学建设与社区治理. 武汉大学学报（哲学社会科学版），75（1）：16-26.

教育的区别在于：终身教育是一种应用和实践，而终身教育学则是研究这种应用和实践的学科。

五、终身教育学的特征

为了更准确地认识终身教育学，我们需要进一步揭示终身教育学所蕴含的特征。我们认为终身教育学的特征主要包括以下六点：

（一）坚持以人为本的价值理念

一是终身教育学充分体现了"人是目的"[①]的思想，明确了终身教育的出发点和落脚点在于人，看到了终身教育在促进人的社会化、专业化、个性化和完善化等方面的独特价值，坚持以人的终身而全面的发展作为最终价值取向。

二是终身教育学充分体现了"人是主体"[②]的思想，明确了终身教育发展的根本动力。在具体推进终身教育的过程中，充分体现着人的主体性，发挥着人的主体作用，尊重了人作为主体的需要。

三是终身教育学充分体现了"人作为尺度"[③]的思想，明确了衡量终身教育成效的根本标尺是"民众"，基本标尺在于民众的知晓度、认同度、参与度和满意度等。

四是终身教育学充分体现了"人是过程"[④]的思想，明确了发展终身教育的基本要求，即开展终身教育，不仅要为人生某阶段发展服务，而且要为人的终身发展服务。

（二）兼具整体性与现实性

终身教育学是将人的终身教育视为基本问题，并将人与社会在终身教育范围内的相互作用视为一个动态过程进行整体分析。这个过程将人与社会在终身教育中所涉及的各个方面视为整体系统内部相互联系和相互作用的组成部分。因此，我们在研究人的终身教育的某一部分时，同时要关注人与社会的关系及其对终身教育产生的影响。只有从人与社会相互作用的变动整体出发考量，深入了解终身教育，才能得出科学的结论。

---

① 叶忠海. 2011. 学习型城市建设研究. 上海：同济大学出版社，141.
② 叶忠海. 2011. 现代成人教育学研究. 上海：同济大学出版社，41.
③ 叶忠海. 2014. 老年教育学通论. 上海：同济大学出版社，124.
④ 叶忠海. 2011. 社区教育学研究. 上海：同济大学出版社，30.

终身教育学是回应时代要求而产生的学科之一，与其他学科相比，它是与人类现实生活联系得最为密切的学科之一。终身教育学的现实性表现在其研究和解决问题的立足点通常是在教育领域，探讨当前社会中影响人的全面发展和社会良性运行的突出问题，这些问题往往是迫切需要解决的，如失业与再就业问题、人口老龄化问题和社会治安问题等。研究和解决这些问题必然要涉及终身教育的各个方面。终身教育学的现实性特点表现为其对现实问题极具敏感性，终身教育学鲜活的生命力就在于直面现实社会问题，从教育层面为现实问题的解决提供方案。

（三）坚持理论研究与应用研究并重

研究是指人们为了解决某个问题而进行的有系统的探究和实验，研究可分为理论研究和应用研究两类。理论研究的主要目的是探索新的理论观点和模型，推动学科发展和知识进步；应用研究则是为了解决实际问题和满足社会需求，将理论知识应用到实际情况中，实现理论与实践的有机结合。[1]在终身教育学的学科建设中，在开展终身教育基本理论研究时，研究者表现出了强烈的实践导向性。这是因为终身教育学所研究的对象是人的终身发展和学习，涉及人的生活和实践，需要与社会实际需求紧密结合。研究者特别关注构建终身教育体系、建设学习型社会等问题，努力为这些问题提供可行的路径和策略。因此，终身教育学的研究不仅需要理论基础，也需要实践的支持。它不仅关注学科理论的推进，更注重实际问题的解决。终身教育学的发展需要理论研究和应用研究的相互支撑、相互促进，只有这样才能够不断推动学科发展，为终身学习者提供更好的学习环境和学习机会。

（四）注重透过研究对象揭示终身教育的规律

规律研究是终身教育学中不可或缺的基础研究，它旨在透过研究对象，探究终身教育的运行规律和终身教育学的形成机理，以便更好地认识和理解终身教育学的本质和特征。在此基础上，可以加快建构和完善终身教育学学科的理论体系。终身教育规律与终身教育系统密不可分，它们是部分与整体的关系。终身教育系统主要由终身教育理论和终身教育实践两部分组成，其中终身教育理论包括终身教育的概念、特征、体系、本质、目的、功能和实施等[2]，终身教育实践则包括

---

① [英]夏洛特·克里德，等.2008.远程教育的研究与评估.何克勇，译.北京：中央广播电视大学出版社，3.
② 吴遵民.2019.终身教育研究手册.上海：上海教育出版社，442.

具体的终身教育教学实践和终身教育平台搭建等。这两部分相互关联、相互促进，构成了一个完整的终身教育系统。需要注意的是，终身教育规律不同于自然规律或经济规律，它并非一种自然现象，而是由人的主体性决定的，其目的在于揭示终身教育理论与实践背后的本质，以期更广泛地普及终身教育理念，推动终身教育实践。[①]因此，终身教育规律研究的重要性不言而喻，它是终身教育学发展的根本任务。只有深入研究终身教育规律，才能更好地推进终身教育学的发展，为建设学习型社会做出贡献。

（五）重视跨学科视角与多元研究方法

终身教育学是一门开放性学科，其开放性表现在研究视角和研究方法两个方面。就研究视角而言，终身教育学不再局限于教育学或成人教育学，而是吸收、借鉴、综合哲学、社会学、历史学和心理学等其他学科的研究成果，采用多学科的研究视角解决终身教育中的现实问题，以此促进新知识的产生并提供问题解决的新思路。就研究方法而言，终身教育学作为一门以现代学科理论为基础构建的学科，具有开放性，在研究方法的选择和使用上不局限于某一类型的研究方法，也不纠结于形成自身独特的研究方法体系。目前，终身教育研究中广泛应用定性研究方法，如文献研究、思辨研究、案例研究、社会调查和比较研究等，以及定量分析方法，如统计分析和模型构建等，以解决各类终身教育研究问题，并为终身教育学学科建设提供了方法论支撑。这种开放的研究模式被证明对充实终身教育理论和解决实际终身教育问题具有正向作用。

（六）学科理论基础坚实而宽阔

终身教育学科作为一门研究涵盖不同阶段、不同场域的终身教育的学科，具有全面、综合和广泛的特点，其学科理论基础深厚，不同学科视角为研究终身教育提供了多维分析思路。例如，从哲学视角所涉及的人格问题深化了终身教育学"以人为本"的思想理念；从历史学视角考察的"人的精神积淀"，从心理学视角探究心理的内在发展，为终身教育学寻求培养人的终身学习力、促进人的全面发展提供了理论观照；在社会学基础上考察人与社会的关系，为终身教育学研究如何使人通过终身教育更好地适应社会奠定了理论基础。此外，不同学科还对影响社会关系、个人调整、动机水平、价值体系、生存环境和生产方式等的因素做出

---

① 叶忠海. 2006. 21 世纪初中国社区教育发展研究. 青岛：中国海洋大学出版社，162.

相关研究，有助于深化对终身教育学中人与人、人与社会、教育和其他系统等的关系研究。

第二节　终身教育学的研究对象、学科定位及学科性质

终身教育学是一个新兴的学科领域，对其研究对象、学科定位及学科性质的探讨，可以帮助我们更好地理解它在教育学学科体系中的地位和影响。通过对这些关键问题的探讨，我们可以深入了解终身教育学作为跨学科领域存在的本质，以及它在应对不断变化的教育挑战方面所发挥的作用。

一、终身教育学的研究对象

毛泽东在《矛盾论》中指出，科学研究的区分，就是根据研究对象所具有的特殊矛盾和特殊本质，区分为不同的研究领域。[①]明确研究对象是终身教育学的关键任务，对研究对象的清晰认识是学科成熟的重要标志。[②]尽管某个对象可能被多个学科研究，但这些学科研究肯定是从不同的角度或层面来探究同一对象的。[③]所以，对于某一学科而言，研究对象一定是唯一的和动态发展的。对于终身教育学的研究对象，学界形成了如下两种代表性的观点：

叶忠海认为，终身教育学的研究对象是终身教育现象所具有的特殊矛盾性，即将教育的"终身"现象作为特殊矛盾性加以研究。终身教育学的目标是揭示终身教育规律，推动终身教育科学化，促进人的终身全面发展。[④]

林良章认为，终身教育学应以研究人的一生的终身学习和学习型社会的形成为研究对象。从个体层面来看，研究对象是人的一生，从生命视角，探讨人的生命力、学习力和潜力等问题。从社会层面来看，主要以学习型组织建设为出发点，探讨文化力、组织力、人际力和宣传力等问题。[⑤]

结合前文提到的相关研究，我们认为终身教育学的研究对象包括终身教育的基本理论和现实实践。终身教育的基本理论是指抽象的基本理念、价值和思路的

① 毛泽东.1991.毛泽东选集（第1卷）.北京：人民出版社，309.
② 王战军，杨旭婷.2018.研究生教育学的概念、内涵与特征.西北工业大学学报（社会科学版），38（2）：31-38.
③ 李泉.2019.汉语作为第二语言教学的学科理论研究.北京：商务印书馆，119.
④ 叶忠海.2020.终身教育学通论.上海：学林出版社，4，7.
⑤ 林良章.2019.终身教育学：理论与实践.北京：中国轻工业出版社，45-47.

集合体，也是指导终身教育现实实践的抽象体，如终身教育的研究内容包括其意义、内容、范畴和目的，以及有关终身教育战略的建议等。而终身教育的现实实践则是指推进终身教育从价值性理念到实体性体系的系列行动，包括终身教育立法、终身教育政策制定、终身教育机构的创设、终身教育改革和终身教育学专业的建设等。

二、终身教育学的学科定位

学科定位是界定学科与其他学科之间差异的标志性表述。[①]确定终身教育学的学科定位时，我们需要考虑学科的归属和级别两个问题。

一方面，学科归属涉及终身教育学的分类问题。在日本，社会教育已被纳入终身教育的范畴，该国已在终身教育框架下设立了社会教育、继续教育、成人教育和职业技能教育等课程。因此，我们可以借鉴这个思路，将原有的成人教育学科提升为终身教育学，同时在终身教育学科体系中设立成人教育专业、社区教育专业和老年教育专业等分支学科。[②]经过升格，终身教育学将研究终身教育的基本理论和现实实践，并归属于教育学学科。

另一方面，学科级别涉及终身教育学的位置问题。在教育学一级学科下，设有 10 个二级学科，但终身教育学尚未被纳入教育学二级学科目录。在终身教育体系和大教育学体系的构建目标下，终身教育学可在将成人教育学融合的基础上，以教育学二级学科的身份存在和发展。

三、终身教育学的学科性质

学科性质是学科内在本质特征的规定性，任何一门学科都有自己独特的学科性质。[③]目前学界对学科性质的讨论主要从基础与应用角度展开，一般学科可分为基础学科、应用学科、基础应用学科和应用基础学科。[④]终身教育学首先是作为一门基础学科存在的，从终身教育的产生来看，它最初是以理念方式出现在人们的视野中。从终身教育的实践来看，终身教育最终要实现人的终身学习的目标，就必然要把终身教育理论落实到终身教育的实践活动中。因此，终身教育学既具

---

① [美]艾·里斯，[美]杰克·特劳特. 2017. 定位：争夺用户心智的战争. 邓德隆，火华强，译. 北京：机械工业出版社，13.

② 吴遵民，李政涛. 2021. 中国践行终身教育的本土化之路. 终身教育研究，32（1）：12-19.

③ 王仕民. 2015. 思想政治教育心理学概论. 广州：中山大学出版社，13.

④ 林良章. 2019. 终身教育学：理论与实践. 北京：中国轻工业出版社，47-48.

有基础理论学科的特征，又具有实践应用学科的特性，更有作为一门独立学科的独特性所在，还与社会学、心理学等学科交叉，须对众多学科进行融合、整合和综合，整体来讲它是一门综合性、交叉性学科。

在明确终身教育学的性质之后，在后续的研究中，我们还应回应如下两个问题：一是在肯定终身教育学的基础性与应用性的同时，如何明确终身教育学研究内容的定位；二是如何基于终身教育学的基础性与应用性，推动终身教育基本理论研究的深化和终身教育实践经验的推广。

第三节　终身教育学的学科基础及体系

在戴夫（R. H. Dave）编写的《终身教育的基础：一些方法论方面的问题》（*Foundations of Lifelong Education：Some Methodological Aspects*）[①]一书中，对终身教育的方法论基础进行了探讨，在这里我们借鉴其中的部分思想，着重探讨终身教育学的哲学、心理学、社会学、历史学和经济学基础。需要指出的是，没有哪一种理论是完美无缺的，我们在这里只对理论中有借鉴价值的部分展开讨论。

一、终身教育学的学科基础

（一）终身教育学的哲学基础

1. 马克思主义哲学与终身教育学

作为科学的理论武器,马克思主义的世界观和方法论深刻影响着终身教育学。

第一，辩证唯物主义和历史唯物主义是终身教育学的立论基础。其基本立场和观点是存在决定意识，意识是对存在的主观能动的反映；社会存在决定社会意识，社会意识是对社会存在的主观能动的反映。正如《终身教育引论》所言，对于所有的人来说，生存从来就意味着要接受一连串的挑战。[②]终身教育学的出现正是对社会发展与教育要求关系变化的能动反映,适应了当前社会生产力的发展，有利于解决现代人生存危机。

第二，普遍联系观和动态发展观是终身教育学的理论基石。普遍联系和动态

---

① Dave R H. 1976. Foundations of Lifelong Education: Some Methodological Aspects. Oxford: Pergamon Press, 15-55.

② [法]保尔·朗格朗. 1985. 终身教育引论. 周南照，陈清树，译. 北京：中国对外翻译出版公司，21.

发展是马克思主义哲学最基本的观点，也是构成终身教育学的理论基石。从普遍联系的观点来看，终身教育学用系统的观点看待教育，将教育提升至终身教育，囊括教育的各个方面、各种范围和各个阶段，也包括"教育发展过程中的各个点与连续的各个阶段之间的紧密而有机的内在联系"①，实现了教育在历时性与共时性上的联系和统一。从动态发展的观点来看，运动是物质存在的基本形式，终身教育学是在个人与社会动态发展基础上形成的一门新兴学科。高度发达的社会生产力、稳定的政治环境和丰富多元的社会文化，在为教育发展创造良好外部环境的同时也牵动着教育的"神经"；人在适应社会基础上的动态发展也在改变着教育需求，从摇篮到坟墓的教育必然是动态发展的教育。

第三，实践论是终身教育学的理论原点。马克思主义哲学强调"认识—实践—再认识—再实践"，终身教育学的产生经历了研究者对个人与社会发展的认识—实践—再认识和再实践的过程。现代终身教育的发展离不开生产方式的变革，无论是发达国家还是发展中国家，扫盲与保障义务教育，以及发展家庭教育、成人教育和校外教育等终身教育实践都是终身教育走向学科化发展的必经之路。

2. 人本论与终身教育学

人本论是一种寻找道德根源的理论，其源于对人性的探究。这一理论可被划分为感性主义人本论和理性主义人本论两种形式。②感性主义人本论是一种寻找道德根源的理论，其认为道德源于人的自然本性。霍布斯（J. Hobbs）是感性主义人本论的代表人物之一，他认为人们的道德观念取决于外部事物对人的感官产生的快乐或痛苦的刺激③；洛克（J. Locke）继承和发展了霍布斯的观点，认为"所谓善与恶，只是快乐或痛苦自身"④；爱尔维修（C. A. Helvétius）在洛克的基础上认为人类具有逃避痛苦、追求快乐的本能和欲望，这是推动世界文明进步的动力，也是道德产生的根源所在⑤；费尔巴哈（L. A. Feuerbach）提出"我欲故我在"的命题⑥；穆勒（J. Mueller）认为，"幸福"一词包含追寻快乐和避免痛苦的含

① [法]保罗·朗格让. 1988. 终身教育引论. 滕星，滕复，王箭，译. 北京：华夏出版社，16.
② 曾钊新，李建华. 2017. 道德心理学. 北京：商务印书馆，28.
③ 李薇. 2018. 试论霍布斯的情感学说与近代情感主义伦理学的理论关联. 世界哲学，（5）：153-159.
④ [英]洛克. 1959. 人类理解论. 关文运，译. 北京：商务印书馆，243.
⑤ 赵丽欣，李冰. 2013. 公共利益是判断利益是否具有合理性的标准——论爱尔维修利益观中的个人利益与公共利益. 学术界，（11）：188-193，311.
⑥ 舒永生. 2003. 论费尔巴哈"我欲故我在"的本体论证明. 贵州社会科学，（4）：43-46.

义，而"不幸福"则指的是承受痛苦和失去快乐。[①]

理性主义人本论将人的本质归结为理解，并由此提出道德准则。柏拉图将人的灵魂分为情欲、意志和理性三个部分；亚里士多德则强调人的行为应该基于理性原则，人应该过理性的生活；霍尔巴赫（B. Holbach）则认为，一个有理性的事物应该能够凭借经验选择最可靠的方法来达到所设定的目标。[②]康德认为"我们把有理性者称为人"[③]。

人是终身教育的出发点和落脚点，理解人的本性是我们发现终身教育发展动力的必要条件。人有趋乐避痛和趋利避害的本能，人对幸福的最直接的感受是拥抱快乐、避免痛苦的情感体验。终身教育以促进人的全面发展、增进人生幸福体验为旨归，深刻理解人性将为终身教育研究提供重要的理论指导。

3. 异化论与终身教育学

"人的异化"指的是自然、社会和人际关系对人类本质的改变和扭曲[④]。西方马克思主义者试图通过对多个问题的分析，如个人存在及其理性和非理性的根据，个人、科学技术和外部世界的关系及其属人意义，以及外部世界和科学技术对人的选择、革命和创造世界的主观原则或准则等未来远景的影响[⑤]，来唤醒和重建人的主体性，强调人的选择和主体能动性对改造世界的伟大意义。

从异化理论的角度出发，实现终身教育的必要条件便是克服异化。第一层原因在于只有在既不敌对又不冷漠的环境中，人才能作为他的物种的真正代表而存在。第二层原因在于现代文明所创造的环境是由物质的东西所代表的，它们以不同的方式吸引着人们。人们被越来越多的物质包围，其生活方式代表了一种现代形式的异化，即生活的指导原则往往为"追求效率"的标准所支配，人们对未来的期望则被效用和权力所限制，人逐渐变为"单向度的人"。第三层原因在于文化应该是人人都能掌握的，但也应是"困难的"，文化必须符合个人的需求，但同时必须处于一个足够构成挑战的水平，以便引起人们的好奇心和克服困难的欲望。因此，人们只有克服人的异化、物的异化和文化的异化，才能找到自己的生活方式。这样也才能引起人们对世界和教育的兴趣，使其形成持久的终身教育动机。

---

① [英]约翰·穆勒. 1957. 功用主义. 唐钺，译. 北京：商务印书馆，7.

② 曾钊新，李建华. 2017. 道德心理学. 北京：商务印书馆，30.

③ [德]康德. 1957. 道德形上学探本. 唐钺重，译. 北京：商务印书馆，43.

④ 李轶芳. 2018. 过程哲学与当代交往教学重构. 西安：西安交通大学出版社，27.

⑤ 韩庆祥. 1996. 哲学的现代形态——人学. 哈尔滨：黑龙江教育出版社，303.

（二）终身教育学的心理学基础

1. 人的发展理论与终身教育学

人的发展是一个系统、连续的过程，从受精卵形成开始，一直持续到死亡。在这个过程中，个体经历了生理、认知和社会心理等各个方面的变化。

从个体的认知发展和社会心理发展来看，个体的心理在注意、知觉、学习、思维和记忆等方面不断发生变化。对于人的认知，瑞士心理学家皮亚杰（J. Piaget）最先提出认知发展理论，该理论认为人类的认知发展可以分为感知运动阶段、前运算阶段、具体运算阶段和形式运算阶段。每个阶段都具有独特的认知特征，而认知发展的本质在于适应，是个体在与环境的互动中实现意义建构的过程。苏联心理学家维果茨基（L. Vygotsky）从种系和个体发展的角度出发，探究了心理发展的实质，并提出了"文化历史发展理论"，关注人类社会文化对人的心理发展所起的作用，揭示了在教育和环境的双重作用下，人的心理由低级机能逐渐向高级机能转化的过程。[①]

人类的生理、认知和心理发展体现出一定的规律性，这些规律不仅决定着学习的水平和速度，而且制约着教学的内容和方法，对于终身教育也提出了相应的要求。第一，个体的发展是终身性的，发展是连续性与阶段性的统一过程，这要求我们要构建起纵向衔接、横向沟通的一体化终身教育体系。第二，个体的发展是具有可塑性的，经历了一个由简单到复杂、由低级到高级、由不完善到完善的过程，这要求终身教育应循序渐进、为不同年龄段的群体提供适合其发展特点的教育。第三，发展具有个体内部和个体间的差异性，差异伴随年龄的增长日益显著，这要求终身教育要因需施教、因材施教，体现针对性、强化性和实效性。

2. 学习理论与终身教育学

20世纪以来，行为主义学习理论、认知主义学习理论、人本主义学习理论和建构主义学习理论等对我们深入研究学习如何发生和教学如何开展具有重要的意义。以桑代克（E. L. Thorndike）和华生（J. B. Watson）为代表的行为主义理论家把学习视作试误的过程，关注对学习环境的外在控制和强化作用。以托尔曼（E. C. Tolman）和杜威（J. Dewey）为代表的认知主义理论家认为，学习是一个不断顿悟的过程，其结果表现为认知结构的改变，他们强调在学习中动机、理解和创造性思维等因素的作用。以马斯洛（A. H. Maslow）和罗杰斯（C. R. Rogers）为

---

① 舒晓丽，李莉，吴静珊. 2021. 学生发展与学习心理. 广州：华南理工大学出版社，65.

代表的人本主义理论家主张关心人的尊严，尊重人的主观意愿、情感、需要和价值观，使人发挥自己的潜能，最终达到自我实现的目的。以皮亚杰、维果茨基、斯滕伯格（R. J. Sternberg）为代表的建构主义理论者认为，学习是学习者通过将新经验与已有的知识经验相结合，不断丰富和改进自己的知识经验，主动构建知识的过程。

学习理论表明个体在未成年期、成年期和老年期不同阶级具有不同的学习心理和能力。对终身教育学的发展而言，我们应当思考个体发展的规律，根据处于不同阶段的教育者制定不同的教育目标，并使用不同的教育内容、教育模式和教育方法，我们应在遵循此规律的基础上实现将不同阶段的教育纵向衔接、将同一阶段的教育横向沟通的目标。

（三）终身教育学的社会学基础

1. 人际关系理论与终身教育学

在社会学中，人际关系被视为社会力量的载体。米德（G. H. Mead）的象征性互动符号理论主要关注人与人之间的互动或交往，并在微观层面上进行研究，深度分析沟通时语言、手势、文字、符号等的具体含义，以此揭示人际关系。无论是宏观层面上的人际关系研究，还是微观层面上的交往互动研究，均揭示了人与人之间关系的本质和交往原则。《教育——财富蕴藏其中》一书中指出，"学会共同生活，以便与他人一道参加人的所有活动并在这些活动中进行合作"[①]。社会学的人际关系理论对人际关系规律的把握和揭示，对于推动终身教育实践的开展、丰富终身教育理论、实现终身教育的育人目标等都具有重要的价值，成为终身教育学建构的重要理论基础。

2. 结构化理论与终身教育学

吉登斯（A. Giddens）的结构化理论融合了多种理论，如语言哲学、现象学、本土方法论、现代解释学、马克思主义和后现代主义等。该理论反对传统理论中的个人与社会、微观与宏观、主观与客观等二元对立概念，并提出了"结构二重性"概念，即社会结构是由具有能动作用的人在互动中建构的，同时，这种结构又影响行动者的互动，人是改造或再造社会结构过程的媒介。[②]在《社会的建

---

① 联合国教科文组织. 2014. 教育——财富蕴藏其中. 联合国教科文组织总部中文科，译. 北京：教育科学出版社，49.

② 姚何煜，黄建. 2019. 社会学概论. 成都：电子科技大学出版社，13.

构：结构化理论大纲》（*The Constitution of Society*：*Outline of the Theory of Structuration*）中，吉登斯认为，社会系统中的规则和资源是结构的组成部分，它们不断地卷入社会再生产过程中，这些结构对人的行动起着制约作用，但也为人们提供了行动的可能性。[①]因此，结构可以被看作一种双重作用的力量。在终身教育的具体内容中应渗透规则意识和资源意识，将现行的教育整合为一个互联互通的整体性结构，使全民自觉遵从规则，实现终身受教育。

3. 理性选择理论与终身教育学

科尔曼（J. Kelman）提出的理性选择理论是一种社会理论，其目标是进行理论综合。这个理论借鉴了经济学中的"理性选择"概念，认为一个行动发生的可能性是与行动者期望从多种可能的结果中获得的效用或利益相关的。也就是说，行动是否发生取决于其对行动者价值或利益的最大化程度。在现代社会中，人们的理性行动不仅包括追求经济效益，还包括文化、情感和政治等多种目的。终身教育的理想能否实现与全民是否有终身学习的选择息息相关，如何让受教育者看到终身教育对于自身的价值和意义，将终身学习作为理性选择，培养其终身的学习动机，是终身教育研究领域应持续关注的话题。

（四）终身教育学的历史学基础

历史比任何其他学科更有助于将人文主义的本质具体化。通过传播人文主义的观点，它可以促进生成与终身教育相适应的条件，而这种观点对于建立一个以教育为导向的社会是至关重要的。历史学对终身教育学的贡献主要表现在以下几个方面：

第一，关于教育的历史可以为我们明智而现实地规划未来的教育提供深刻的见解和教训。历史已经提到了几乎所有文明中隐含的终身教育思想。因此，我们可以从对过去的信仰和实践的深刻理解中获益。

第二，历史涉及人们在思想与情感、理性与非理性、信仰与冲动、智慧与非智慧等具体情况下的活动，有助于我们深刻理解人性，同时欣赏人的巨大潜力和感知不可避免的局限性。在终身教育体系中的学习者需要了解人性的复杂性和人类制度的运作方式，以便使自己适应人类和社会环境的迅速变化。

第三，历史研究对个人的成长过程以及社会的总体健康和启蒙都有重要的贡

---

① Giddens A. 1986. The Constitution of Society: Outline of the Theory of Structuration. Berkeley: University of California Press, 1-28.

献。历史研究有很大的潜力可以纠正年轻人的一些严重错误，如自我中心、偏狭、缺乏想象力和理解力、过分关注当下、心态不平衡、因经验不足而产生的错误确信以及对自己的当务之急和需求的执念。它能使人们生动地认识到时空的差异和多样性，使人们认识到不同文明和不同文化的融合。如果通识教育的基础能激发想象力、提升思维能力、开阔视野，并开始引起普遍认同，那么终身学习的基本动机就真正形成了。过去的知识和历史的教训可以深化人类对其他领域的探索。

第四，历史作为一种思维模式和行动指南。终身教育将不再局限于目前将知识正式划分为若干学科的做法。它将越来越多地依赖解决实际问题，理解复杂和不断变化的局势，以及创造与终身需要和优先事项有关的新思想和新关系。学习者将从经验中学习，但学习的方式和方法将是有意识的、动态的和系统的，而不是被动的和零星的。对于这种解决问题式的学习，与历史作为一种思维模式和思考方式是密切相关的。

第五，要理解问题，看透问题的复杂性，就必须用历史的方法、用时间和空间的真实视角来看待事物。所有的生活都是流动的，过去、现在和未来都反映在每一刻的经历中。为了真正理解，我们必须把问题放在它们的历史背景中来看待。正确和充分地认识本源，照亮现实、预测未来，为我们的选择和决策呈现了多样化的趋势和多种可能性。这样一来，历史就更像是一种指导行动和生活经验的思维模式，而不是一门定义明确的人文学科。只有这样，它才能在终身教育学研究中得到更好的应用。

第六，历史之所以有意义和价值，是因为它成为一种个人经验。历史学家通过综合客观真理、理性分析、想象感知以及对历史的感觉和看法而获得的经验接近人文主义的本质，并提供了一种终身学习的方式，对建设以"未来的终身教育"为导向的社会作出了重大贡献，历史与终身教育的关联是永恒的。

（五）终身教育学的经济学基础

1. 人力资本理论与终身教育学

以舒尔茨（T. W. Schultz）和贝克尔（G. S. Becker）为代表的人力资本理论家认为，人力资本是劳动者所具有的知识、技能和能力，这些能力体现在工作表现上，是生产增长的主要因素，并且具有经济价值。换言之，人力资本是凝聚在劳动者身上的一种资本。[①]人力资本相较于一般的物质资本而言，具有独特性：

① [美]西奥多·W. 舒尔茨. 1990. 论人力资本投资. 吴珠华，等译. 北京：北京经济学院出版社，1-18.

一是人力资本物化于人体，不能买卖，仅能租赁，并以生产劳动的形式表现出来；二是人力资本的形成与其成效的发挥和人的生命周期紧密相连，具有时效性和个体差异性；三是由于人具有社会性，人力资本不仅作为一种经济资源，还可以作为一种社会资源存在，且通常对推动经济增长的作用大于物质资本。[1]在人力资本理论中，教育投资是核心内容，教育投资作为提升人口质量的重要方式，在人类社会发展过程中受到越来越广泛的重视，终身教育本身就是一种投资。

2. 筛选假设理论与终身教育学

以斯宾塞（A. M. Spence）和索洛（R. M. Solow）为代表的筛选假设理论对人力资本理论作出了批判，认为教育的作用主要不在于以投资的形式提高人的认知水平，而是以某些"信号""标识"为标准对人进行筛选。其中，"信号"包括种族、性别和家庭背景等先天性的因素，"标识"指代教育程度、婚姻状况和个人经历等后天性形成的因素。为了不被社会发展的洪流淘汰，每个人都必须通过终身教育不断提升自我，接受"筛选"考验。终身教育拯救了那些被学校和社会"筛选"掉的群体，给予他们第二次学习的机会，让教育不再只有唯一标准，让人们拥有更多发展的可能。

（六）终身教育学的系统科学基础

终身教育学的系统科学基础是指它在理论和实践上采用了系统科学的原则和方法。系统科学是一种研究和理解复杂系统的方法论，强调整体性、相互作用和动态变化。终身教育学的系统科学基础使其能够更好地理解和引导个体的学习和发展。它提供了一种综合的框架，帮助个体在不同的学习阶段和背景下进行有效的学习规划和决策。通过应用系统科学的原则和方法，终身教育学可以更好地适应快速变化的社会和经济环境，促进个体的全面发展。以下是与终身教育学的系统科学基础有关的重要概念。

1. 系统论与终身教育学

终身教育学借鉴了系统论的思想，将个体与环境、学习与发展、个体内部各个要素之间的关系看作一个复杂的系统。系统论强调整体性和相互作用，帮助我们理解个体学习与发展的多样性和复杂性。

---

[1] 李治. 2019. 我国高等教育财政投入问题研究. 石家庄：河北科学技术出版社，35.

2. 生命周期理论与终身教育学

生命周期理论认为，个体的学习和发展是一个持续的过程，包括从出生到死亡整个过程。终身教育学借助生命周期理论，关注个体在不同阶段的学习需求和发展任务，并提供相应的学习机会和支持。

3. 学习科学与终身教育学

学习科学研究学习的过程和机制，包括学习者的认知过程、记忆、问题解决和决策等。终身教育学借鉴学习科学的研究成果，探讨如何提高个体的学习效果和改进学习策略，以便使其更好地适应不断变化的社会和职业要求。

二、终身教育学的三大体系

要建设终身教育学，就必须建立终身教育学的学科体系、学术体系和话语体系，这是学科建设必经的途径。建设学科体系应在协同推进终身教育学三大体系的过程中进行。在此之前，理解三大体系的内涵及其相互关系是必要的。终身教育学学科体系是指由各类学科组成的整体结构系统，其中狭义的学科体系专注于以学科内容为基础所构成的结构系统；终身教育学学术体系则是以终身教育问题为导向开展学术研究活动而形成的学术成果系统；终身教育学的话语体系是指在交流行为中用于表达学术成果的语言表达系统，该体系为交流提供了框架，以便将学术成果转化为言语，并在学术界和其他领域中传播。这三大体系相互联系、相互联结，共同作用于终身教育学的学科发展。学科体系是学术体系和话语体系的基础，学术体系是学科体系和话语体系的重点，话语体系则是学科体系和学术体系的纽带。没有单独成立的某个体系，每个体系的完善、成熟都需要依赖其他两大体系的共同作用。因此，终身教育学学科发展需要夯实基础、抓住重点、把握关键。

（一）终身教育学的学科体系

一门学科的学术性、科学性和规范性以及未来发展的程度，取决于该学科体系的完善程度。因此，完善的学科体系能够提高学科的质量和发展水平，使其更好地服务于社会和人类进步的需要，因此它是衡量学科成熟度的一个重要标准。[1]学科的发展是一个不断变化的过程，而学科体系只是相对存在的，没有固定的模

---

① 薛天祥. 2001. 科学方法论与《研究生教育学》理论体系探究. 教育研究，（6）：27-31.

式。因此，在终身教育学中，需要结合研究问题，逐步建立一个层次清晰的学科体系。①

1. 服务实践需求，推动终身教育学分支学科建设

完善终身教育学分支学科体系，不仅是新时代社会变革与发展的要求，也是学科自身发展的内在逻辑必然。分支学科系统的完善需要将终身教育学所涉及的全部方向和领域都纳入其中。根据不同的研究对象和领域，我们可以将终身教育学划分为三类分支学科：第一类是由终身教育学内部分化而来的专门学科，如终身教育学原理、终身教育课程论和终身教育史论等；第二类是以终身教育学与其他学科在方法、理论等层面交叉形成的交叉学科，如终身教育哲学、终身教育法学、终身教育心理学、终身教育社会学和终身教育管理学等；第三类是由终身教育学自身研究所形成的元学科，如终身教育学史和元终身教育学等。然而，各个分支学科的发展存在纵向进程不均等、横向联系和综合缺乏的问题，这些问题都需要我们去解决。在纵向层面，我们需要重视发展缓慢的分支学科，特别是终身教育的空白领域，以实践为导向，以学术创新为引领，开展对薄弱学科的研究，从平台载体和人才队伍等方面进行分支学科建设，以丰富终身教育学的学科体系。在横向层面，终身教育学各分支学科的建设者应正确认识分支学科间的关系，以学术研究作为学科间沟通的桥梁，开展各分支学科的交流合作，共同推动终身教育学的建设工作。解决分支学科发展不平衡问题需要关注到终身教育学元学科。这类学科是推动终身教育学走向成熟的重要学科。终身教育学元学科是一类对自身进行研究的学科，旨在揭示学科之为学科的规定性，同时推动建立终身教育学的学科体系，使之更加成熟、自主和自觉。为此，需要对终身教育学的研究对象、学科性质、范畴和功能等方面进行长期深入的研究，以更好地理解和应用终身教育学的相关理论和实践。

2. 探寻自身学科逻辑，推动成熟化的终身教育学学科内容的形成

为了推动终身教育学的成熟发展并使其得到认可，我们需要探寻其学科逻辑，确保其学科内容清晰、学科体系明确。每门学科都有其范畴明确、边界清晰的知识内容，这些内容推动了人类社会的演进。因此，我们需要处理其与成人教育学、老年教育学、传统教育学学科体系的关系，以确保终身教育学具有独特性的学科

---

① 王战军，杨旭婷. 2018. 研究生教育学的概念、内涵与特征. 西北工业大学学报（社会科学版），（2）：31-38.

内容，并使之逐渐成熟。

一方面，需要从学科内容上明确终身教育学与成人教育学、老年教育学和传统教育学的区别。成人教育学、老年教育学和传统教育学的学科体系涵盖存在论、本质论、价值论、主体论、活动论和质量论等方面，分别研究成人教育问题、老年教育问题和学校教育问题。通过前文的概念分析，我们可以了解到终身教育学与这三个学科之间的联系和区别。为避免不同学科内容范畴模糊或重合，必须将教育学学科内容与成人教育学、老年教育学和传统教育学进行严格区分，特别是要突出终身教育学在终身教育体系构建、学习型社会构建、终身教育科研、终身教育人才培养、终身教育学位制度和终身教育质量评估等方面的独特的学科内容。

另一方面，推进终身教育学的学科内容生产与更新。与成人教育学、老年教育学、传统教育学学科体系划分明确边界的终身教育学，其学科内容尚处于讨论与建构阶段，距理论成熟与形成完善的学科体系仍有较大距离，如作为学科内容呈现载体的"终身教育学"系列教材，其内容主要聚焦终身教育的理论与实践开展，仅有林良章、叶忠海的《终身教育学：理论与实践》《终身教育学通论》将终身教育的概念、功能、目的、内容和途径等基本理论进行了呈现。关于终身教育学学科体系建设的文章中，叶忠海的《以文化自信思想定力加快推进中国特色终身教育学科建设》一文为建设具有自身学科特点的终身教育学学科体系提供了有益支持。这启示我们在后续应加大对终身教育学学科体系的深入讨论，力求切中肯綮。

3. 完善学科建制，推动终身教育学学科体系规范化建设

无论是在广义还是在狭义的范畴内，终身教育学学科体系的建设都需要在科学合理的制度框架内进行，而不应由建设者随意发挥。因此，对学科建制的完善将推动终身教育学学科体系规范化建设。具体来说，需要进行以下工作：

第一，促进终身教育的组织机构建设是学科发展不可或缺的一环。学术组织和研究机构是学科创立和发展的核心力量。目前，一些省（区、市）已成立了终身教育学会，部分高校也设立了终身教育研究中心或院，这些组织机构在推动终身教育学学科体系建设方面起到了积极作用，但仍须进一步加强。因此，我们需要在中央、地方和高校层面建立完善的三级终身教育学组织机构。这些组织机构既应涵盖所有将终身教育学作为研究对象的机构，也应包括将终身教育学分支学科和学科内容作为研究对象的机构，两者同等重要。

第二，加强终身教育学人才培养工作。人才培养是推动终身教育学学科体系

建设的重要环节，需要在终身教育学研究队伍逐渐充实的基础上，通过自主设置二级学科和交叉学科，逐步建立全国范围内的终身教育学学位点。同时，应更加注重推进终身教育学专业建设，包括专业方向和特色、学术骨干和带头人、人才培养和课程教学、科学研究和学术交流、平台支撑和学科文化等方面，以改善学科专业设置稀缺的现状。此外，应结合基础性研究方向和特色研究方向，建设可持续发展的人才队伍，促进终身教育学学科体系的完善和成熟。

第三，加强终身教育学教材体系建设。教材体系是展示终身教育学学科体系的重要载体。学科体系与教材体系紧密关联，终身教育学的学科分类形成了相应的教材体系，如"终身教育史""终身教育法学"等。缺乏完备的教材体系，将影响人才培养效果，无法有效支撑终身教育学学科体系建设。终身教育学的学科体系与教材体系相一致。缺乏教材体系将导致终身教育学学科体系建设失去价值和意义。鉴于学科体系与教材体系的联系，我们应当加强终身教育学教材体系建设，进行教材内容研究和教材改革创新，以此推动终身教育学学科体系的建设。

（二）终身教育学的学术体系

学科的创建和发展既需要探索研究领域的基本问题和规律，也需要注重研究学科的理论体系和体系结构。[①]终身教育学学术体系是以研究终身教育问题为导向的学术研究活动而形成的一套学术成果体系。它包括终身教育学的学术命题、学术观点、学术思想、学术理论以及学术研究活动（如学术平台和资源、学术氛围、学术研究方法）等要素。其中，高质量、原创性学术理论的不断形成、反思与发展是学术体系建设的核心。这些学术理论源于终身教育实践，实践推动着理论的形成，使学术体系建设更为扎实，理论与实践缺一不可。面对新时代终身教育改革发展的新问题和新任务，需要加快理论研究与实践的融合。建设终身教育学学术体系时，要密切结合理论与实践，关注中国终身教育事业发展所面临的重要问题，以满足现实需求为主要导向，以演绎与归纳相结合为思维方式，以吸收应用教育学之外的各学科成果为建设路径，以形成学术共同体为主要形式，并采取多主体、多途径、多方式开展建设工作。

第一，聚焦终身教育学的重要问题，形成具有深远影响的学术成果。为此，研究者需要开展终身教育学的理论研究，建立终身教育学的学术体系，推动终身

---

① 赵沁平. 2014. 开拓、创新、求真，科学构建研究生教育学学科体系. 研究生教育研究，（6）：1-3.

教育学的发展，时刻关注终身教育领域的重大问题，包括新时代背景下的终身教育体系构建、终身教育法规制定和终身教育人才培养等。在社会变革中，研究者要关注时代问题，通过学术研究回答和解决这些问题，以实现终身教育学学术体系的创新和完善，建设高质量的终身教育学，推动终身教育改革不断取得新的成就。研究者在学科发展时应坚守双重价值规范，将发展的重心放在科学系统自身发展逻辑和社会需求交汇的核心地带，在聚焦重要问题的基础上，结合演绎和归纳，展开学术研究。一方面，研究者应该坚持合理演绎，以确保其逻辑性，推动终身教育学学术理论的发展。教育学的学术理论具有一般性和通识性的特点，终身教育的特点包括高深度知识创新、操作性强、受教育者自主性强和社会服务性强等方面，现有的教育学理论对终身教育的阐释还不够充分。因此，研究者需要在现有研究的基础上，进行合理演绎，摆脱简单的理论移植，使终身教育在理论逻辑自洽下得以有效运行，这是研究者需要深入研究的方面。另一方面，研究者需要确立问题意识，从终身教育实践出发进行科学归纳，总结终身教育实践活动的成果，将之升华为可操作性的理论，以实现终身教育学对社会需求的满足。无论是终身教育专业设置、人才培养，还是终身教育质量评估，均有内在的、共性的运行逻辑，研究者需要掌握终身教育的一般规律，积累终身教育的实践经验并加以应用，随后通过总结、升华、理论化，并进行实践来检验成效，以便于推广和丰富终身教育学的学术体系，最终建立终身教育学学科。

第二，拓宽学术视野，追寻各学科的终身教育理论基础。终身教育理论深植于多学科，从学科范畴来看，哲学、心理学、社会学、历史学和人类学等领域都为终身教育学的发展提供了理论支撑。从学科性质上来看，许多学科以人为中心，关注人类的生存与社会的发展。目前的终身教育研究主要将终身教育作为研究对象，探讨其一般功能、目的和内容等。然而，不同学科具有不同的特点，需要结合不同学科形成不同的学术理论，以指导终身教育实践。终身教育学是一个关注整个终身教育体系的学科，建设其学术体系不仅需要研究教育学学科下的终身教育问题，还需要研究其他学科下的终身教育问题。研究者应该拓宽学术视野，突破教育学学科的限制，从不同学科中吸取营养，促进终身教育领域的发展，获取实践经验，并为终身教育学的学术理论奠定基础。研究者不仅要依靠终身教育学的著作、教材和论文，而且要意识到跨学科研究的重要性，除了吸收人文社会成果外，还应该吸收自然科学的成果，应用数理统计、模型建构和人工智能等方法来整合终身教育知识，分析终身教育实践，丰富学术理论。在跨学科研究中，要找准各学科研究方法的切入点，不应该一刀切地应用所有的学科理论，如哲学和历史学的理论对终身教育学的指导侧重点不同，需要根据研究问题来灵活运用。

第三，号召多方主体参与，共同构建终身教育学学术共同体。为了强化理论实践融合，需要建设终身教育学学术体系，并依靠理论工作者、管理者和实践者等多角色主体形成合力，承担起终身教育学建设责任，积极开展学术研究活动。只有这样，才能形成高质量、原创性的学术理论成果，投身终身教育实践，建设终身教育学学术共同体。终身教育学学科建设者应该从以下三个方面努力建设终身教育学学术体系：

一是多角色主体参与，同时结合实际情况开展行动研究，不仅需要理论工作者的参与，还需要终身教育领域的管理者和实践者一起参与。这些角色主体包括高校终身教育的各学科教师、决策者和执行者，以及国家行政机关、企业事业单位、社会团体和街道社区等社会实践载体中的工作者。他们不仅是管理者和实践者，还是理论研究的工作者和学科建设者、行动者。广大终身教育学的学科建设者和行动者应该积极开展行动研究，通过直面并解决终身教育学学科建设和终身教育实践具体问题来理解终身教育学，发掘新思路，提出新观点，形成新理论。这不仅可以为终身教育学学科建设注入活力，还能提高自我反思能力。在国家大力发展终身教育的形势下，终身教育学的学科建设者和行动者应该结合自身实际，以大学、中学、小学、家庭和社区为载体开展行动研究，进行教育实验，创新终身教育形式与内容，发现终身教育问题，探索终身教育规律，深化终身教育实践。同时，高校应该加大力量投入，以建设工程为依托，以项目课题为抓手，开展终身教育学的学术研究活动，培养终身教育人才。

二是加强终身教育师的实践研究。终身教育师是实践的重要群体。不同学科、不同研究方向、不同类型的导师参与终身教育师的培养全过程，对终身教育师的实践研究会形成独特的体验和心得。导师在指导终身教育师期间，应创新教育形式，因材施教，通过对终身教育实践与体验进行反思，从而产生个性化的终身教育学理论。国内外导师的交流沟通有助于共生型师生关系的建立和终身教育师培养成效的提高。

三是重视终身教育师的自我体验和反馈。终身教育师是终身教育的主体，其学习、科研、生活和工作都是终身教育实践的一部分，应成为终身教育学学术理论探索的来源。终身教育师应自觉成为终身教育学学术体系建设的一份子，通过对自身科研生活的反思和实践的反馈，成为推动终身教育发展的行动者，进而推动自我教育进程。

（三）终身教育学的话语体系

终身教育学话语体系是其学术成果的表述和表达系统,其要素包括言说者(如研究者和实践者等)、言说内容(如概念、范畴、表述等)和言说形式(如文字语言、声音语言、图像语言、视频语言等)。不同国家间的终身教育实践存在差异,因此催生了不同的终身教育理论,其中中国的终身教育学独具特色。从大教育学视野看,每个教育领域都应形成独特的教育学中国话语。建设终身教育学话语体系的目的是通过言说中国特色的终身教育学,阐释概念、范畴和表述,传播终身教育学表述来争取中国话语权。争取话语权的目的是构建中国的话语体系,使话语表述被广泛接受和认同。为此,我们要总结国内和国外的终身教育经验,适度借鉴国外,同时不断自主创新、坚定文化自信,言说好中国的终身教育学,并通过概念、范畴和表述的阐释去争取国际认知和认同,最终建设终身教育学话语体系。

第一,在适度借鉴与自主创建的统一中建设终身教育学话语体系。对国外终身教育经验进行比较研究,分析国外得以占据国际终身教育话语主导权的原因,以此来镜鉴国内,作好研究成果的比较、对照、批判、吸收和升华,这对建设中国语境下的终身教育学话语体系是一项必要的工作。在此基础上,全面了解中国终身教育领域的理论和实践现状问题以及经验,以寻求自主创建话语体系的路径,这是更为必要的工作。"他山之石,可以攻玉。"对于一门初步发展起来的学科来说,借鉴是有益于学科建设的。西方发达国家历经长期发展,知识生产与传播的延续性较强,使得学科分类和制度建设方面更加完善。在借鉴西方发达国家终身教育领域理论和实践的成果经验中要注意批判性地引进,只有适合国情需要,才会有所成效,形成系统理论,搞全盘照搬、拿来主义是不切实际的。同时,发展中国家终身教育领域理论和实践的成果经验也是值得我们借鉴的。解放思想,实事求是,这是我们作好国际比较和研究借鉴的原则,只有在此基础上才能去言说具有中国风格和特色的终身教育学学术理论和终身教育实践成果。

第二,目前的终身教育学建设与19世纪末20世纪初的教育学引进有着截然不同的背景和目的。尽管我们可以借鉴西方的经验,但是盲目推崇和移植并不可取。在建设中国特色的终身教育学体系中,过度崇尚西方话语是不恰当的。根据国际比较研究成果,早就有研究者将国外终身教育领域的学术成果(以英美为主)引进国内,这种引进趋势在21世纪变得更加明显。但是,与21世纪之前仅介绍国外情况不同,当代的成果引进侧重为我国所用,这表明我国研究者已经形成了终身教育学学术理论本土创建的意识。研究者达成的共识是要在中国语境下建立终身教育学的话语体系，为此，不论是终身教育学的学术理论还是实践，都应该具有中国特色。引进和借鉴只是形式，真正的核心是自主创新。正确处理借鉴和自主创新的关系，坚定文化自信，争取国际认知和认同，是建设中国特色终身教育学话语体系的基础。

第三，基于文化自信的前提，建设具有中国特色的终身教育学话语体系。有些学者指出，在那些终身教育发达的国家中，终身教育并没有成为教育研究的重要方面，也没有形成一个独立的研究领域。而在中国，终身教育已成为重要的研究领域，取得了显著成就，终身教育学也随着终身教育事业改革的发展而迅速兴起。在当前背景下，我们认识到，中国已经明确提出要建设教育强国，推进终身教育学的本土化建设，这不仅是中国自身发展的需要，也是国际历史发展进程对中国的呼唤。我们需要思考如何强化终身教育学的本土特色，将中国的声音传递给国际社会，并在国际范围内争取中国终身教育学的话语权。

第四，在争取国际认知和认同的过程中建设终身教育学的话语体系。争取国际认知和认同是建设终身教育学话语体系的重要环节，其中国际认知体现了国际社会对中国终身教育学的了解和认识，国际认同则是国际社会对中国终身教育学的认可和支持。建设终身教育学话语体系的目的是推进终身教育学的学科建设，促进中国终身教育学经验和方案在国际上的传播和推广，为人类命运共同体作出贡献。为了争取国际认知和认同，我国教育研究者需要推进终身教育学标志性概念的提炼，创建易于为国际社会理解和接受的新概念、新范畴和新表述，让中国终身教育学的理念和经验更容易被传播和接受，增强中国终身教育学的国际影响力。

第四节　终身教育学研究方法论及研究方法

终身教育学的研究方法是研究者探索这一跨学科领域的关键，它涵盖广泛的主题和问题，需要多样化的研究工具和形式来深入研究和分析。在本节中，我们将探讨终身教育学研究的方法论和终身教育学的具体研究方法。通过对终身教育学研究方法的深入讨论，我们将能够更好地理解如何应用科学方法来深入研究和推动终身教育学的发展。

一、终身教育学研究方法论

学科的形成和发展需要特定的研究方法。如果将终身教育学定义为教育学的一个分支，那么教育学的研究方法也可以适用于终身教育学的研究。在《教育研究方法论初探》一书中，叶澜教授指出，教育研究方法论是一个复合概念，对该概念的理解至少有三种方式：一是"教育研究—方法—论"；二是"教育—研究方法—论"；三是"教育研究—方法论"①。人们对"方法论"的解释大致可以分为三类：哲学层面、系统科学（横断科学）层面和专门科学层面。在哲学层面上，教育学在研究对象上与哲学有直接的关联。要研究教育这一活动，必须全面了解教育的性质，首先要了解作为教育活动要素的教师和学生，以及作为教育内容和方法要素的文化、科学和技术，只有在此基础上，借助哲学的理论知识，才能更深入地认识教育的本质。②哲学为教育学提供了一般的思想方法指导，包括认识对象、研究方法、研究路线和策略，而非具体的研究模式。在系统科学（横断科学）层面上，系统论、控制论、信息论、耗散结构论和协同论等相关理论为教育学提供了全新的视角，重新构建了研究问题和对象观。这些理论为研究教育内部结构提供了整体上的新思维范式，为分析教育与环境关系提供了"结构-功能"新思维模式，为研究教育系统变革提供了新的思维路线，为多学科综合研究复杂对象提供了方法范例，同时也为用系统观点认识教育提供了新的观念。在专门科学层面上，自然科学、社会科学和科学学的学科群对于认识和研究教育的性质具有深刻的方法论意义。③因此，终身教育学的研究受到哲学、系统科学（横断科学）和专门科学相关研究方法的影响。

二、终身教育学的具体研究方法

终身教育学的研究方法多种多样，这里将介绍几种常见的方法，其中包括综合分析法、比较研究法、历史研究法、调查研究法和系统研究法。

（一）综合分析法

综合分析法，是人文与社会科学的一种基本研究方法。该研究方法指的是集多种研究要素于一体，整体研究某个研究对象，或综合运用多个学科的研究成果和方法集中对某个研究对象进行研究，其逻辑程序是"综合—分析—综合"。基于终身教育学具有整体性、综合性的学科特性，从"相关分析、多元分析和总体

---

① 叶澜. 2014. 教育研究方法论初探. 上海：上海教育出版社, 2.
② 叶澜. 2014. 教育研究方法论初探. 上海：上海教育出版社, 1-10.
③ 叶澜. 2014. 教育研究方法论初探. 上海：上海教育出版社, 1-13, 130-136, 186-214, 228.

分析"①出发的综合分析法是该学科的主要研究方法之一。通过相关分析的思路，我们以"耦合分析、制约分析、多维相关与结构分析"②的方式，对终身教育系统各要素之间、要素与系统之间、系统与环境之间的相关关系予以揭示。通过多元分析的思路，我们对终身教育问题或要素进行多向、多边、多层次、多参照系等推理，形成解决问题的多种方案。通过总体分析的思路，我们从理论层面对终身教育问题、要素和环节进行"简繁递进、主从制约、总体结构"③等的分析。如前文所述，我们可以综合运用哲学、社会学、心理学、历史学等学科的研究成果和方法，集中进行终身教育学的研究。

（二）比较研究法

比较研究法是一种通过对事物同异关系进行对照、比较来揭示事物本质的思维过程和方法。④该方法具有对比性、合作性、多维性等特点。比较研究法通常运用于个案比较、文化脉络比较、跨国比较、多国比较、历史比较等领域。该方法根据属性数量，可分为单项比较和综合比较；根据时空区别，可分为横向比较和纵向比较；根据目标指向，可分为求同比较和求异比较；根据比较的性质，可分为定性比较和定量比较。⑤在终身教育学的具体研究中采用比较研究法，研究范围广泛，有助于了解不同国家和地区的终身教育理论和实践发展的基本状况，明确不同国别和地域终身教育制度的异同和优劣，有助于推进我国终身教育的系统研究。但是需注意比较研究一定要选取有可比性的比较对象，深刻把握实质性的比较内容，避免陷入形式化的"为比较而比较"的陷阱。

（三）历史研究法

"任何一项研究，不能割断历史，要在考察历史中分析客观事物发展的规律性。"⑥终身教育学的研究也不例外。历史研究法，将事物视作一个历经产生、发展、灭亡或转化等的过程，在对这一过程的研究中把握事物的过去和未来。对于终身教育学而言，通过对终身教育史料的分析，把握国内外终身教育发展的脉

---

① 郭元祥. 2019. 教育逻辑学. 北京：人民教育出版社，186.
② 郭元祥. 2019. 教育逻辑学. 北京：人民教育出版社，187-191.
③ 郭元祥. 2019. 教育逻辑学. 北京：人民教育出版社，191-193.
④ 李毅，等. 2019. 管理研究方法. 北京：经济日报出版社，238.
⑤ 李毅，等. 2019. 管理研究方法. 北京：经济日报出版社，240-243.
⑥ 叶忠海. 2011. 现代成人教育学研究. 上海：同济大学出版社，26.

络及规律，就是终身教育学中历史研究法的运用。历史研究法的优点在于通过回溯历史，以尽可能准确、生动、形象地描述客观事物发展的过程。其缺点在于历史发展常常是跳跃式的，如果跟随历史进行研究，不仅会注意许多无关紧要的材料，而且可能经常打断研究的思考进程。[①]

（四）调查研究法

所有的结论都是建立在调查的基础之上的，终身教育学的研究也不例外。要深入研究终身教育实际问题，需要进行详细的调查研究。通过对终身教育进行全面和专题调查，将所获得的材料进行概率统计，以此得出有关的结论，这种方法被称为调查研究法，其中包括征询法。征询法根据研究问题的需要，设计征询样本并分发给相关对象进行回答，在回收征询表之后，进行统计研究，以得出结果。要应用征询法进行研究，关键在于征询样本的科学设计，应体现研究目的的针对性和操作的简易性。一般调查项目不宜过多，目的要明确，针对性要强，避免列出一些难以回答、模糊不清的问题。为了方便回答，一些问题可以让调查对象勾选，而不是填写大量文字。[②]

（五）系统研究法

所谓系统研究法是指一种将对象置于系统中考察的方法。其具体方法是从系统的观点出发，综合地、精确地考察对象，以科学地认识对象，并达到最佳化地处理问题的目的。从系统角度看，终身教育学也是一个系统。因此，在终身教育学研究时，我们也应将其视为一个系统进行研究。在研究终身教育发展时，不仅需要研究其内部要素之间的关系，还需要研究其与外部环境之间的关系，此外还需要考虑社会和经济发展的需要，以及内外部条件的可能性，提出终身教育发展的最优目标。[③]

① 邢贲思，周汉民. 1992. 人生知识大辞典. 北京：中国青年出版社，172.
② 叶忠海. 2011. 现代成人教育学研究. 上海：同济大学出版社，26.
③ 叶忠海. 2011. 现代成人教育学研究. 上海：同济大学出版社，27.

第二章 终身教育的目标

终身教育是一种旨在贯穿整个生命周期、持续推动知识、技能和价值观发展的教育理念。终身教育的目标指的是以怎样的理念和何种目的开展终身教育活动，这与推进终身教育的基本方针和基础理论有关。终身教育的基本目标是培养具备深刻的生命内涵、积极向上的态度，以及强烈社会使命感的合格公民，而非追求功利目的。[①]其目标突破传统学习的时间和空间限制，致力于构建一个学习型社会，使每一个体都能够不断适应快速变化的社会环境。终身教育强调学习不仅仅是为了获得学历，更是为了培养具有创新思维和全面发展的个体。在这个理念中，学习成为一种持续的生活方式，为个人提供自我提升和职业发展的机会。本章将深入探讨终身教育的目标，旨在揭示其在推动社会进步和个体成长方面的关键作用。

第一节 终身教育目标的界定

界定终身教育的目标是为了确保教育体系在满足不断变化的社会和个体需求时具有明确的方向与愿景。在这一节中，我们将深入探讨终身教育目标的内涵和分类，探索终身教育目标的制定是如何为不同人群提供教育机会，以便他们在不同的生活阶段和职业领域中实现个人成长和社会融入的。通过对终身教育目标的深入讨论，我们能够更好地理解其对于个体和社会的重要性，以及如何将这些目标转化为实际行动，以推动终身教育的发展和创新。

---

① 叶澜，王枬. 2021. 教师发展：在成己成人中创造教育新世界——专访华东师范大学叶澜教授. 教师教育学报，8（3）：1-11.

一、终身教育目标的内涵

终身教育的目标是为个体提供持续学习和发展的机会,促进个人的全面成长,以适应快速变化的社会需要。具体来说,终身教育目标具有如下内涵:

第一,终身教育培养个体的自主学习意识和能力。终身教育旨在培养个体具备主动学习的能力,包括信息获取、分析思考、问题解决和创新能力等,使其能够持续学习和适应知识更新的需求。

第二,终身教育促进知识和技能的更新与拓展。终身教育致力于为个体提供知识和技能的更新与拓展的机会,使其能够跟上社会和职业发展的步伐,适应新的需求和挑战。

第三,终身教育促进个体职业发展并提升个体的就业竞争力。终身教育的目标之一是帮助个体促进职业发展和提升就业竞争力。通过学习新的知识和技能,个体能够提升自己在就业市场上的竞争力,增加就业机会和职业晋升的可能性。

第四,终身教育培养跨学科和综合分析的能力。终身教育注重培养个体的跨学科和综合分析能力,使其能够整合不同领域的知识和技能,应对复杂的问题和挑战,具备综合分析和解决问题的能力。

第五,终身教育促进个人兴趣和价值的实现。终身教育鼓励个体追求个人兴趣和价值实现。通过学习,个体可以深入发展自己感兴趣的领域,发掘自己的潜能,实现自己的抱负。

第六,终身教育提升个体的社会参与能力和公民素质。终身教育旨在提升个体的社会参与能力和公民素质,使其了解社会、积极参与社会事务,具备公民责任感。

总之,终身教育的目标是通过持续学习和发展,使个体具备适应变化的能力,实现个人成长、职业发展和社会参与,以促进个体和社会的可持续发展。

二、终身教育目标的分类

关于终身教育的目标,国内大体分为两个派别,即经济学派别和教育学派别。经济学派的学者认为,终身教育的目标是提高人们的能力和技术素质,以期将人口大国转变为人力资源大国,促进经济发展和提升个人生活质量。教育学派的学者则认为,终身教育的目标是非功利性的,旨在通过教育来完善人格和人性,致力于培养那些真正具备深刻生命内涵、积极向上且富有社会使命感的公民。①在国际上，学者围绕终身教育的目标提出了不同的观点，如帮助个人实现"完满的发展"、实现"解放、自我实现、自我完成"的理想、谋求社会和谐发展、维持并提升生活品质等。②我们必须清楚终身教育的真正目标，而不应将其看作"万能良药"，因为终身教育不等同于职业教育或继续教育，其目标应为非功利性的。

　　以上观点各有可取之处，我们需要进行辩证思考。终身教育本质上是一种理念陈述，而非科学证明过程，它包括关于教育目标的信念、相关原则和所培养人员类型的确立。③考虑到我国目前正处于社会主义初级阶段，有必要将人力资源开发作为短期目标纳入教育纲要，强调功利性教育的必要性。然而，这并不是终身教育的远期目标，更不意味着对终身教育未来发展方向的明确规定。④近年来，联合国教科文组织提出了建设"学习型社会"的倡议，这显示了国际社会正在倡导转变人们的学习观念，即以提升人们内在精神品质为基础，以实现学习型社会的目标，这反映了终身教育未来的发展趋势。⑤

　　终身教育的核心目标在于构建学习型社会，而向学习社会化的转变是总的发展趋势。学习型社会意味着普遍形成社会范围内的全民学习意识。终身教育所追求的核心目标是建立学习型社会，这一目标的实现将深刻改变我们的社会结构和文化格局。学习型社会并非仅仅关乎个体的学习，更意味着在整个社会范围内形成全民学习的普遍意识。在学习型社会中，学习不再被视为特定阶段或特定群体的专属领域，而是融入了日常生活的方方面面。⑥全民学习意识的培育是推动这一转变的基石。每个人都被激发和鼓励以持续的、主动的方式参与学习，而这种学习并非仅限于传统的学校环境。学习从书本知识升华到更广泛的知识获取和技能培养，变得更加贴近实际需求。学习社会化的核心理念是将学习融入社会各个层面，从家庭到工作场所，从社区到国家。这种社会化不仅仅关注知识的传递，更注重培养学习的习惯和能力。在学习型社会中，每个人都视学习为一种持续的、

---

① 吴遵民. 2009. 发展终身教育的目标与若干实践问题. 教育发展研究，29（9）：38-39.

② Cropley A J. 1977. Lifelong education and psychology[M]//Cropley A J. Lifelong Education. Amsterdam: Elsevier: 39-40.

③ Cropley A J. 1977. Lifelong education and psychology[M]//Cropley A J. Lifelong Education. Amsterdam: Elsevier: 48.

④ 吴遵民. 2009. 发展终身教育的目标与若干实践问题. 教育发展研究，29（9）：38-39.

⑤ 贺宏志. 2003. 论我国终身教育体系建设的基本目标. 首都师范大学学报（社会科学版），（6）：110-114.

⑥ 联合国教科文组织国际教育发展委员会. 1996. 学会生存：教育世界的今天和明天. 华东师范大学比较教育研究所，译. 北京：教育科学出版社，202-203.

积极的生活方式，而社会也为此提供了丰富多彩的学习机会和有力的支持体系。总体而言，终身教育的核心目标——构建学习型社会，所带来的学习社会化转变，将引领我们建立更加灵活、开放且充满活力的社会。这种转变不仅将对个体的成长发展产生深远影响，还将塑造一种更具竞争力和适应性的社会格局。

终身教育展现出强大的生命力，其蓬勃发展的特质超越了国界、社会形态和民族文化的局限。这一教育理念的生命力源于其灵活性和普适性，能够适应不同国家、社会体制和文化传统。在全球化的时代，终身教育成为一种跨越国际边界的教育理念，其核心理念在于个体在不同阶段都能持续学习和发展。这一概念的自由度和包容性使得终身教育能够跨越不同国家和文化的界限，为个体提供更广泛的学习机会，使其在不同社会环境中都能够实现自身的教育目标。不同国家和地区对终身教育的理解和实践可能存在差异，但其核心思想却在全球范围内得到了广泛认同。这种认同促使终身教育的发展不再受到国界的限制，而是为全球个体提供共同的学习平台。这也使得终身教育逐渐成为国际合作和交流的纽带，促进了不同文化间的相互理解与融合。终身教育的生命力还表现在其对社会变革和科技发展的高度适应性上。在不同社会形态和文化背景下，终身教育能够灵活调整，紧密结合当地的实际需求和面临的挑战，从而更好地服务社会的发展和个体的成长。总体而言，终身教育的强大生命力在于其具有超越国界、社会形态和文化差异的能力，为全球个体提供了更广泛、更丰富的学习路径，推动了全球范围内的知识共享和文化互鉴。在这种社会形态中，人们对于世界性的问题也日益关注。[①]

第二节　终身教育的终极目标——学习型社会

终身教育的培养目标首先是使人具备与他人交流、合作和共同生活的知识与能力，形成全球视野，从而使"人"成为具有全球意识和跨文化交际能力的"世界公民"，善于从全球的角度思考与解决问题，最终由个体推动群体，形成学习型社会。[②]本节就学习型社会的提出、内涵、特征、属性和标志展开讨论，力求全面阐释终身教育的终极目标。

① 贺宏志. 2003. 论我国终身教育体系建设的基本目标. 首都师范大学学报（社会科学版），（6）：110-114.
② Nikolitsa-Winter C, Mauch W, Maalouf P. 2019. Addressing global citizenship education in adult learning and education (Summary Report). Hamburg: UNESCO Institute for Lifelong Learning, 1-20.

一、学习型社会的提出

"学习型社会"概念的发展历史可以通过其理论框架形成和演进的时间顺序来追溯。随着终身教育理论框架的不断完善，学习型社会的理念也在不断丰富，学习组织形式也从基于国家的教育机构向更加分散的组织转变。20世纪60年代末，赫钦斯认为，鉴于国家的不断变化，特别是商业组织的不断变化，教育机构不可能跟上社会发展新形势，甚至不可能被期望跟上，因而提出了"学习社会"的构想，提倡建立一个以发展"至善人性"为目的的学习型社会，设计了一个未来学习型社会的理想制度框架，即建立服务于人格成长、生命完善而非人力训练、物质取向的，超越学校教育、教育机构社会化、正规和正式教育的，且与非正规、非正式教育相互融通的，教育无边界和模糊化的社会。赫钦斯认为，在这个社会中，每个人都有机会通过兼职教育来学习和发展自己，因为社会的组织就是为了提供这样的机会。①

此后，诸多学者就学习型社会的概念展开了讨论，如学者胡森（T. Husén）提出建立这种社会的可能性，认为计算机革命将使每个人都能够获取信息并进行学习。②伊里奇（I. Illich）则假设了一个可以去学校化的时代，警告人们不要被囚禁在一个全球化的教室里，因为用人组织要求我们要不断的学习。③博希尔（R. Boshier）认为，"学习型社会"的概念源于第三势力（心理学）对传统教育的普遍觉醒，伊里奇（I. Illich）、赖默（E. Reimer）、古德曼（P. Goodman）和弗莱雷（P. Freire）等教育激进分子的著作，以及与不断发展的技术相关的经济和社会变革所带来的前所未有的变革。④相比之下，范德泽（H. Zee）试图通过对现有学习形式的检验来阐述他关于学习型社会的观点，他论证了学习的发展过程，并提出不同机构可以为学习型社会建设作出各自独特的贡献。⑤此外，胡森和兰森（S. Ranson）强调，学习具有某种"流动性"（即没有起点或终点），存在于正式系统之外，这似乎反映了组织和系统所要求的知识自由流动的自由市场模

---

① [美]罗伯特·赫钦斯. 2017. 学习型社会. 林曾，李德雄，蒋亚丽，等译. 北京：社会科学文献出版社，139-156；张创伟. 2019. 美好的社会与至善的教育：重温赫钦斯学习型社会思想. 开放学习研究，24（2）：46-52，62；郑秀慧，王晨. 2015. 赫钦斯的"理解"教育观与学习型社会建构. 清华大学教育研究，36（3）：76-81.

② Husén T. 1974. Talent Equality and Meritocracy: Availability and Utilization of Talent. The Hague: Nijhoff, 2-6.

③ Illich I. 1971. Education without school: How it can be done. New York Review of Books, 15(12): 25-31.

④ Boshier R. 1980. Towards a learning society: New Zealand adult education in transition. Vancouver: Learningpress, 2-3.

⑤ van der Zee H. 1991. The learning society. International Journal of Lifelong Education, 10(3): 213-230.

式。①这将这一框架推进到更为现代的层面，我们可以观察到人们对学习型社会的需求是对更广泛全球化问题的响应。这意味着相对富裕的国家越来越依赖高新知识产业，而不再主要依赖传统制造业，因此这些制造业现在通常会外包给发展中国家。如今，各国更需要拥有具备强大适应能力的劳动力，尤其是考虑到新技术的迅速发展和推进，掌握知识和技术的劳动力俨然成为知识经济时代的中流砥柱。

在前述讨论中，"学习型社会"的概念已经像其他产品一样，在全球范围内得到了推广。它通过学习和教育来解决全球发展、贫困和恐怖等问题。美国、英国、日本等发达国家率先响应，致力于学习型社会的研究和实践。国际社会的积极行动使得学习型社会实现了从理念到理论、从理论到实践、从空想到现实的转变。在中国，学习型社会在 20 世纪 90 年代末逐渐兴起，并成为未来国家人力资源开发和社会可持续发展的战略目标。在我国，学习型社会在政策倡导和实践层面也得到大力推展。特别是 21 世纪以来，随着信息技术在交互式交流和相关学习中的应用，全球对经济竞争力和社会凝聚力的要求不断增强，对学习型社会建设的意识也日益增强。通过建设学习型社会，人们希望确保经济和社会的可持续发展。如今，学习型社会理念已广泛传播，在全球范围内得到普及。许多国家和地区将学习型社会纳入经济社会发展战略，并将其作为 21 世纪教育发展的宏伟目标。它们积极推进学习型城市建设、构建终身教育体系与学习服务体系，并搭建终身学习服务平台。此外，它们还推进终身学习制度化和终身学习文化的营造，实现学习型社会愿景。这一趋势在全球范围内持续发展，成为各国教育发展的共同特点。

二、学习型社会的内涵

第一，学习型社会是经济合作与发展组织和联合国教科文组织倡导的一种教育理念，它将教育定位为一个国家经济发展的关键，并认为学习应超越正规学习（基于传统教育机构，如大学等），扩展到非正规学习，以支持知识经济。在学习型社会中，实际的学习过程应是一种活动，而不是一个固定场域。也就是说，它也可以发生在正规教育机构之外，因此是分散的和放松管制的。学习型社会的背景也更加广泛，它利用各种系统的要素来促进个人的终身学习能力的提升。如果

---

① Edwards R, Ranson S, Strain M. 2002. Reflexivity: Towards a theory of lifelong learning. International Journal of Lifelong Education, 21(6): 525-536.

说终身学习是关乎个人终其一生的学习，那么在学习型社会，个体就可以实现终身学习。学习型社会将个体终身学习推广到社会化层面。目前，科学技术快速发展，我们正在将个人的共享学习经验作为正式和非正式学习的重要资源，通过强大的教育网络推广到全球。

第二，学习型社会也可以理解为由教育者和学生组成的学习型团体或组织，这一团体或组织是一个由主要关注学习的人组成的群体，他们将学习作为整个人生的主要指导原则，团体中的学员有机会参与到彼此的学习活动中。这一理解基于杜威的教育实践理论。学习型团体和组织不仅促进了积极的、以学生为中心的学习，而且为综合跨学科教育提供了一个自然模式，促进学生在学术研究、人际交往和团队合作等方面取得更好的成就。

第三，学习型社会还可以被定义为一种环境，在这种环境中，无论是个人还是集体，在社会的各个领域，多元化的行为者从持续化和程序化的角度为共享知识的构建作出贡献。[1]这样的贡献既包括致力于积极的公民意识和平等机会创造的持续研究，又包括提供学习机会，教育成年人应对时代变革和公民身份的挑战，以及从终身学习的角度不断更新知识与技能。例如，英国经济和社会研究理事会（Economic and Social Research Council，ESRC）学习型社会研究项目主任科菲尔德（F. Coffield）等将学习型社会描述为"所有公民都能获得高质量的通识教育、适当的职业培训和工作，同时持续参与终身教育和培训，积极参与批判性对话和行动，旨在提升整个社区居民的生活质量和水平"[2]。

综上，赫钦斯认为，超越功利性的终身教育的最终目标是构建一个学习型社会。该观点表明，仅仅为成年男女提供定期的成人教育是不够的，还应该以学习者的成长和人格的塑造为目标，并在此基础上制定相应制度。通过推动这个制度，促进目标的达成，从而构建一个价值观不断完善的发展型社会。[3]一方面，我国的劳动力资源比较丰富，如在 20 世纪 50—70 年代的"终身工作"常规文化中长大的一代人，他们在接受学校教育过程中几乎无法获得额外技能。他们不仅知识技能不够高，而且往往缺乏通过学习的力量来拓宽视野的机会，他们被困在日常工作中，导致他们无法抓住新的就业机遇，甚至有些人无法立足于知识经济时代。而学习型社会能够打造一个全面的后教育、培训体系，使得每个人都有适当的机

---

① da Mata Farias B, Cazetta V. 2021. Sociedade da aprendizagem, instituto nacional de cinema educativo (INCE) e TV escola: governamento dos sujeitos via curtas-metragens de animação. Revista Brasileira De Educação, 26.

② Coffield F, Gofton L. 1994. Drugs and Young People. London: Institute for Public Policy Research, 1.

③ Eisner E. 1985. Learning and Teaching the Ways of Knowing. Chicago: University of Chicago Press, 2-20.

会进行终身学习。学习型社会是一个理想的社会，其核心是以学习者为中心，建立在终身学习和终身教育体系之上。这种社会助推形成学习型组织，使每一个体都能够持续进行终身学习。与此同时，建立学习型社会是现代教育推进和深化过程中的一种新理念，也是终身教育的最终目标和信仰。在学习型社会中，个人可以通过不断学习和接受教育来提升自己，以适应不断变化的社会和经济环境。这种社会注重人的全面发展，激发每个人的学习兴趣和潜能，使每个人都能够充分参与社会生活并实现个人价值。

三、学习型社会的特征

终身教育作为构建学习型社会的基石，呼唤着每个社会成员持续不断地进行学习。《学会生存：教育世界的今天和明天》对学习型社会的教育特点进行了全面描述。深入了解和认真探索学习型社会的基本特征是推动其发展的必要条件。[①]具体而言，学习型社会的特征表现为以下六点：

第一，终身学习和全民学习是学习型社会的显著特征。在工业时代的阶段性教育模式将逐渐被从出生到终老的教育体系所取代时，学习型社会已然成为可以实现"人人学习、处处学习、时时学习、事事学习"[②]的新社会形态。在中国，党的二十大报告强调"建设全民终身学习的学习型社会、学习型大国"[③]。全民学习和终身学习已经成为主流词汇。"终身学习"的概念超越了传统的学历观念，强调在个体一生中始终保持对新知识的追求和吸收。这不仅要求个体在求学期间努力学习，更需要在工作和生活中持续不断地更新自己的技能和知识。全民学习则将学习置于社会层面，要求整个社会都关注并参与到学习的过程中，这不再是少数人的特权，而是每个社会成员的权利和责任。这种全面普及的学习观念推动着社会形成更加积极的学习文化，促进知识的共享和传递，从而使得整个社会更具创造力和竞争力。终身学习和全民学习的显著特征推动着社会由传统的"教育为了就业"向"学习为了自我发展"转变。这不仅有助于个体更好地适应社会的发展需求，还推动了社会整体知识结构的更新和升级。终身学习和全民学习因其广泛而深刻的影响，已成为学习型社会的独特标志，为构建更加灵活、开放、创

① 魏志耕. 2006. 终身教育新论. 长沙：湖南人民出版社，287-291.

② 蒋红. 2014. 促进人人、时时、处处的泛在学习——上海开放大学服务学习型城市建设的实践探索. 开放教育研究，20（4）：24-30.

③ 习近平：高举中国特色社会主义伟大旗帜　为全面建设社会主义现代化国家而团结奋斗——在中国共产党第二十次全国代表大会上的报告. https://www.gov.cn/xinwen/2022-10/25/content_5721685.htm，2022-10-25.

新的社会奠定了坚实的基础。

第二，学制的重要性逐渐被边缘化，焦点转向了建立方便学习者随时学习的学制和学习环境。传统的学制强调一定时间段内完成学业，新的学制理念强调灵活性和个性化，注重学习者的自主选择和掌握学习的主动权，这不仅有利于发挥学习者的潜能，还能够更好地适应不同行业和领域的知识更新速度。同时，营造随时学习的环境也成为学制转变的重要组成部分。传统的学习环境往往受限于地点和时间，而学习型社会的要求是随时随地都能够进行学习。这种转变凸显了学制和学习环境的服务性质，其目标是为学习者提供更为灵活、多样化的学习选择。通过适应性的学制和开放式的学习环境，学习者将能够更好地迎接未来社会的挑战，实现个体发展和社会进步的良性互动。

第三，学习不再仅仅是一种享受和消费的体验，更是个体自我实现的关键过程。传统观念中，学习常常被视为一种义务或者为了获得特定的职业技能而进行的努力。然而，学习型社会的理念强调学习的内在价值，将其视为个体不断发展和完善的工具。《学会生存：教育世界的今天和明天》一书强调，未来的学校应当以自主学习为目标，使受教育者成为自我教育的主体。这意味着学生需积极参与个人的教育过程，将他人的教育经验融入并转化为自我教育的动力。[①]在这一新的理念下，学习被赋予更广泛的含义，包括对人生意义的探索、对自我潜能的挖掘以及对社会责任的认知。学习不再被限定在教室和课程中，而是成为个体全面发展的媒介。通过学习，个体能够更深刻地理解自己的兴趣、价值观和职业目标，从而实现自我认知和自我实现的有机结合。此外，学习型社会倡导的学习方式强调个体的主动性和参与性，强调主动培养批判性思维、解决问题的能力和创新意识。这种学习方式使学习过程更富有深度和内涵，不仅丰富了个体的精神世界，也为社会创新和发展注入了源源不断的活力。

第四，教育的个体化和学习回归家庭是学习型社会的重要发展趋势之一。在这一趋势中，教育逐渐演变为个体需求的定制服务，更加关注个体的兴趣、特长和发展方向。同时，学习过程不再局限于传统的学校环境，而是更强调家庭环境的影响。家庭成为一个重要的学习场所，促使成员之间相互分享知识、经验，有利于形成更为个性化的学习经验。这不仅是对过去农业社会时期教育模式的一种回应，更是在现代科技的推动下对传统工业时代教育模式的创新和改变。这一趋势旨在打破时间和空间的限制，为个体提供更为灵活、个性化的学习体验，促进

---

① 胡志金. 2015. 信息时代的终身学习策略. 北京：中央广播电视大学出版社，25-26.

学习社会的全面发展。在学习型社会的构建过程中，创造良好的学习环境不仅是一项责任，还是一项战略性的举措。这一责任体现在提供广泛的学习资源和更多的机会，以满足不同学习者的需求。良好的学习环境应当促进个体的全面发展，培养创新能力和批判性思维，并激发学习者对知识的渴望和追求。通过将学习置于个体需求的中心，学习型社会将创造一个更具包容性、灵活性和创新性的学习生态系统。

第五，学习型社会的建设需要学校教育和社会教育协同发展。虽然有一些人主张废除学校教育，认为其过时僵化，或者提倡采用无校园、无师资、无纸张等新型教学方式，但这些观点可能与客观规律相悖。学校作为主要的知识和技能传授机构，在青少年阶段仍至关重要。在学习型社会中，信息量巨大，而学校作为系统化传授知识和培养基本技能的场所，有助于帮助学生建立起对广博知识的整体认知。然而，学校教育不应被局限于传统模式，而应更加灵活和贴近学生需求。倡导学校与社会教育的协同发展，可以通过更加开放的学科设置、实践性教学模式和社会实践项目的引入来实现。这样的创新将有助于填补学校教育与社会需求之间的鸿沟，使学生更好地满足学习型社会的要求。同时，社会教育在学习型社会中也发挥着独特的作用。社会教育不再限于课堂，而是涵盖更广泛的社会资源和更多的学习机会。社会教育可以通过各类培训、工作坊、实践项目等，为个体提供更为灵活和实用的知识和技能。社会教育的协同发展可以弥补学校教育的不足，形成一体化的学习生态系统，以更好地满足学生的多元学习需求。

第六，在学习型社会中，师生关系经历根本性的变革。传统的师生模式强调教师为知识的传授者，学生则是被动接受的对象。然而，在学习型社会中，这种单向传授的模式逐渐演变为一种更加互动和平等的师生关系。在新型的师生关系中，教师不再仅仅是知识的传授者，更是学生学习路上的引导者和合作伙伴。教师应激发学生的兴趣，引导他们主动探索知识，并提供适当的资源和其他支持。在这种关系中，教师更加注重个体差异，鼓励学生发挥自身潜能，培养创新思维和问题解决的能力。与此同时，学生在新型师生关系中也扮演更为积极的角色。他们不再仅仅是知识的接收者，更可以能动地参与学习过程，提出问题、分享观点，乃至与教师共同构建知识。这种互动性的师生关系有助于激发学生的学习热情，增强他们的学习动力。这一根本性的师生关系变革在学习型社会的构建中起着重要作用。建立更为平等和互动的师生关系，可以更好地促进知识的共享和交流，培养学生的批判性思维和团队协作能力，进而更好地适应复杂多变的社会环境，同时有助于营造更加开放、平等和有益于学生全面发展的教育环境。

四、学习型社会的属性

学习型社会的属性不仅内含学习型社会未来发展的方向，也是构建一个适应变革和创新的现代社会的基础。具体而言，学习型社会具有以下四大属性：

第一，未来性。学习型社会对科学技术的进步呈现高度依赖趋势，这种情况不仅在学习型社会理念盛行的发达国家存在，也在正在倡导学习型社会的发展中国家存在。全球经济在向知识经济转变的过程中，学习型社会呈现出互联网推动教育发展，超越传统学校界限、跨越国界的趋势。

第二，社会性。学习型社会的建设不仅仅可以通过终身学习的倡导，促进国家的经济增长，提高公民的民主参与能力和参与效果，而且有助于推动全球范围内的教育变革，通过教育的力量创造一个更加和谐、进步的社会。

第三，发展性。在学习型社会，我们不仅要认识到终身学习在促进社会发展中的作用，而且要使其能够适应变化，并灵活地满足具体的个人需求。因为，教育将只是学习市场中又一种信息提供的手段，个体接受教育中有价值的部分将是对自身学习能力的认知，而不是自己过去所学的东西。

第四，市场性。像全球市场上的许多产品一样，在学习型社会中，教育也将成为一种商品，学生或学习过程的参与者将成为消费者，能够挑选他们想要的教育类型，以满足自己的兴趣偏好。技术的进步将使学生能够在全球范围内获得学习资源和机会，教育也将成为可定制化的产品。

五、学习型社会的标志

学习型社会的形成需要一些标志来凸显，我们可以通过以下四个方面来衡量学习型社会是否成形。

第一，完善的现代国民教育体系。一个完善的现代国民教育体系应该包括学校教育、职业教育和成人教育等多种教育制度。[①]这些制度应该是有机联系的，可以形成一个开放、充满生机和活力的系统。国家教育考试制度和学位制度等也应该是这一完整体系的一部分。这样的教育体系应该可以提供多种多样的学习机会和形式，以满足全体国民的学习需求。同时，该体系应该不断创新，以适应时

---

① 贺宏志. 2003. 论我国终身教育体系建设的基本目标. 首都师范大学学报（社会科学版），（6）：110-114.

代的发展，只有这样才能真正成为具有活力和有发展未来的教育体系，确保每一个学习者都能够充分发挥自己的潜力，成为一个有知识、有技能和有担当的人。

第二，学习已经成为人们生活和发展的方式，无论谁都有学习的愿望和需求。在学习的过程中，学习者应当成为学习的主导者，具备自主学习的能力。这意味着他们需要掌握自我管理、自我激励和自我评估的技能，制定个人的学习计划和目标，并通过不断思考、实践和反思来提升学习能力。此外，学习者还应善于利用各种资源，如图书馆、互联网和社交媒体等，积极地获取和分享知识和信息。一旦学习者成为学习的主导者，具备自主学习的能力，他们将更加自信、自觉和自律，不再被动接收信息，而是能够更好地发挥自己的创造能力和创新能力，实现个人价值和全面发展。

第三，教育与社会的紧密结合是学习型社会的一个重要标志。教育不应该被视为一种孤立的活动，而应该与社会的各个领域和层面相融合，为社会的整体发展服务。教育设施和教学资源不仅应该向学生和学者开放，也应该向全社会开放，让更多人受益于教育资源。与此同时，社会的各企业行业、各种组织也应该与教育相结合，形成学习型组织，为员工和社会成员提供学习和成长的机会。这种紧密结合的教育体系，可以更好地满足社会各个领域的需求，促进社会的发展和进步。

第四，学习、教育与人的全面发展统一。在学习和教育的过程中，不仅知识的获取和技能的掌握显得较为重要，更重要的是人的全面发展。学习和教育应该能够促进人的身心、情感、智力等方面的全面发展，使人能够在各个方面得到提高和提升，更加充实、健康、幸福的生活。同时，人们的现有的教育水平和发展水平也应该成为教育的起点与依据，通过对人们的现状和需求的了解，制订更加科学和合理的教育计划与方法，帮助人们更好地实现自己的梦想。此外，学习和教育还应该与社会和环境相适应、相协调，关注和尊重每个人的特点，为每个人提供平等的学习机会和资源，实现个体和社会的和谐发展。

第三节 终身教育终极目标的实现

终身教育目标的实现是指个体在不同生活阶段和职业领域中实现个人成长和社会融入的重要任务。这一过程不仅涉及教育体系的灵活性和适应性，还需要个体的积极参与和努力。在本节中，我们将探讨终身教育目标实现的背景、途径和保障机制。通过对终身教育目标的实现的深入研究，我们将能够更好地理解如何建立可持续的终身教育体系，使每个人都能够不断提高自己的技能和增长知识，以适应不断变化的社会环境。

一、终身教育终极目标实现的背景

"社会变化的节奏加快到了前所未有的速度。"[①]这包括经济、文化、技术和人口趋势的变化。例如，大多数发达国家正在从工业化时代迈入后工业化或知识经济时代[②]，现在工作中所需要的技能或知识往往比以往变化得更加频繁。

就文化领域而言，社会正朝着消费文化[③]或生活文化转变；在信息技术方面，由于技术具有跨越边界和颠覆领土的能力，边界的概念本身，如民族国家的边界或城市结构的物理边界已经变得模糊了。[④]技术的去空间化，为人类创造了超越时空的新的聚集形式[⑤]；在人口趋势方面，人口结构在社会中各年龄组的比例和分布等也在发生变化。我们甚至可以用"指数增长"这一术语来表示社会变化的时间跨度缩短的趋势。正如怀特海（H. R. Whitehead）所说，"在过去，重大变化的时间跨度比一个人的生命周期要长得多……今天，这个时间跨度比人类的生命周期要短得多"[⑥]。因此，我们得出这样的结论，即我们的时代以变化为基本特征。

对变化加速的感知绝不是当前时代所独有的，这种加速在过去的不同时期也被感知过。过去的人，对他们来说，过去就是他们的"今天"，当回望更遥远的过去时，他们也会感受到同样的加速，对他们来说，过去代表着"过去"。对于任何一代人来说，时代似乎总是在迅速变化，而变化的时间跨度似乎在缩短。声称当代的变化是前所未有的，不能简单地指"数量增长"；相反，它指的是影响人类的一种质的转变。

我们认为，把学习型社会的出现作为对世界变化的回应的主要原因是，这样

① Böhme G, Stehr N. 1986. The Knowledge Society: The Growing Impact of Scientific Knowledge on Social Relations. Dordrecht: Springer, 17.

② Bryson J, Daniels P, Henry N, et al. 2000. Knowledge, Space, Economy. London: Routledge, 16.

③ Fox R E. 1991. Proceedings of the American psychological association, incorporated, for the year 1990: Minutes of the annual meeting of the council of representatives. American Psychologist, 46(7): 689-726.

④ Morley D, Robins K. 1995. Spaces of Identity: Global Media, Electronic Landscapes, and Cultural Boundaries, London: Routledge, 105-124.

⑤ Maffesoli M. 1996. The contemplation of the world: Figures of community style. Minneapolis: University of Minnesota Press, 2-5.

⑥ Whitehead H R. 1933. A substance inhibiting bacterial growth, produced by certain strains of lactic streptococci. The Biochemical Journal, 27(6): 1793-1800.

的社会强调学习的工具性。也就是说，它有助于人们完成某些任务，以跟上时代变化的潮流。与学习型社会相关的大多数任务要么具有经济吸引力，要么具有政治吸引力。从经济学的角度来看，变化的方向决定了人们如何采取经济行动。人们认为需要通过竞争学习来了解变化，这一观点主要基于经济原因，而竞争学习所强调的是鼓励劳动者不断更新劳动所需的知识与技能。[①] 相比之下，从政治学的角度来看，人们应该学会引导社会朝着我们想要的方向变革，以促进社会融合，而不是让变革压倒我们。人们应该看到，越来越重视经济竞争力的学习型社会使得学习"经济化"[②]，具有社会凝聚力的学习型社会可能专注于学习的"社会化"。这两种迫切需求有力地边缘化了学习的其他可能目的。对个人发展的学习探索在学习型社会的论述中似乎没有什么地位，即使这个话题被提起，话语也往往受制于经济进步或公民意识的培养。个人本身似乎也在学习型社会的名义下被工具化了。[③]

21世纪初，我国对终身教育结构体系的总体目标进行了调整，以应对不断变化的世界。要实现终身教育的最终目标，就需要政府和全社会共同努力，通过对总体教育结构体系的调整、改革和创新，建立一个多样化、多功能和立体化的现代教育结构体系。首先，终身教育的目标在于满足不同阶段、不同背景、不同需求的人群的学习需求。为实现这一目标，我们需要构建一个灵活多样的教育结构，包括但不限于基础教育、职业教育、成人教育、在线教育等形式。这种多功能性的结构体系能够更好地适应社会发展的多元化需求。其次，现代终身教育结构体系应该注重个体发展的全面性。不同阶段的学习者有着不同的兴趣、特长和学习需求，因此，教育结构体系需要为个体提供多样性的学科和领域选择。这包括STEM[④]领域以及人文、社科、艺术等多元学科，确保每个学习者都能找到适合自己发展的路径。再次，教育结构体系还需要加强与产业和社会需求的对接。通过深化产业与教育的合作，确保教育结构体系能够培养适应未来职业需求的人才。这不仅涉及传统的学科知识，还包括创新能力、团队协作、跨领域思维等方面的培养。最后，建立立体化的现代教育结构体系还需要引入新的教育技术和创新教

---

① Evans K, Hodkinson P, Evans K. 2002. Working to Learn: Transforming Learning in the Workplace. London: Routledge, 1-10.

② MacRae S, Maguire M, Ball S. 1997. Whose 'learning' society? A tentative deconstruction. Journal of Education Policy, 12(6): 499-509.

③ Tight M. 1995. Education, work and adult life: A literature review. Research Papers in Education, 10(3): 383-400.

④ STEM 是科学（science）、技术（technology）、工程（engineering）、数学（mathematics）四门学科英文首字母的缩写。

育模式。这包括利用先进的信息技术手段，推动在线教育、远程教育的发展，打破时空限制，提供更加灵活和便捷的学习方式。同时，创新教育模式，如项目化学习、实践性学习等，可以更好地激发学习者的兴趣，培养和提高其实际应用的能力。

二、终身教育终极目标实现的途径

自从终身教育和学习型社会的理念被提出，世界各国普遍对其作出积极回应，这两大理念的受欢迎程度不仅体现在国际社会的广泛认可上，还体现在得到各国政府、教育机构、企业界和社会组织的强烈支持上。如何使理念成为现实，需要我们从理性认识、政府行为、社会行为、教育系统和个人层面，探索终身教育目标实现的可能路径。①

（一）理性认识层面

在构建学习型社会的过程中，终身学习、终身教育、教育社会化以及学习与生产一体化等关键理念共同构成了一个全面而有机的框架，引导社会对学习和教育形成全新认知。这种观念的变革成为社会进步和发展的引擎，为个体提供更多元、灵活和可持续的学习路径，为社会创新和适应变革奠定了坚实的基础。

第一，在推动学习型社会的建设中，终身学习理念至关重要。在传统观念中，学习常常被局限在有限的时间和空间内，终身学习理念则强调学习是一个贯穿整个生命的过程。这种理念使个体更加注重持续学习，不再局限于学校生活，而是将学习融入日常生活的各个方面。

第二，终身教育的理念强调教育机构要提供更为灵活、多样化的学习机会，以满足不同阶段个体的学习需求。这种理念挑战了传统的教育模式，强调个性化、实用性和灵活性，为学生提供更广泛的选择和更具个性化的学习路径。

第三，教育社会化的理念强调教育不仅仅是学校的责任，而是社会的共同责任。这一理念鼓励家庭、企业、社会组织等多方面的参与，共同促进个体的全面发展，通过将教育融入社会各个层面，形成一个共同肩负教育责任的社会格局。

第四，学习与生产一体化的理念强调学习不仅仅是为了获取知识，更是为了更好地满足生产和社会需求。这种理念促使学习与实际工作、生产紧密结合，培养具备实际应用能力的学习者，为社会的可持续发展提供有力支持。

---

① 崔铭香，曾青云. 2005. 终身教育终极目标的实现——论我国学习化社会的构建. 继续教育研究，（2）: 24-27.

（二）政府行为层面

在构建学习型社会的进程中，政府扮演着促进者、引导者和保障者的角色，需要积极担负起建设学习型社会的责任，全面转型为学习型政府，成为具备民主、廉政、高效、竞争力和吸引力的政府。政府的职能涵盖认真贯彻科教兴国和可持续发展战略、制定并实施学习型社会的规划等多个方面，通过积极履行如下职责，推动社会朝着更加知识化、开放化、包容化的方向迈进。

第一，政府在建设学习型社会的过程中致力于认真贯彻科教兴国和可持续发展战略。这包括对科学、技术、教育等领域的重点支持和投入，以推动整个社会的知识水平提升和科技创新。政府通过优化资源配置、加大科研投入等方式，助力社会形成良好的学习环境。

第二，政府制定并实施学习型社会的规划，为社会提供宏观指导。这包括明确学习型社会的发展目标、路径和阶段性计划，促使各个层面的社会组织和机构在共同奋斗中实现整体发展。政府通过规范制定政策、推动教育改革等方式，引导社会朝着学习型社会的方向前进。

第三，政府致力于构建和完善终身教育体系，确保为全体公民提供终身且公平的教育机会。政府要通过各种手段，包括提供多层次、多样化的学习机会，提高学习资源的普及度，降低学习的社会门槛，使每个公民都能享有平等的学习机会。

第四，政府提供必要的资源和资金，以保障人民终身学习的权利。通过制定相关的财政预算，政府确保教育领域的经费充足，为学习型社会的建设提供坚实的财政支持。这包括拨款给学校、教育机构，提供奖学金、助学金等资金援助，以解决对学习资源的需求。

第五，政府通过法律和行政手段积极推进学习型社会的建设，确保其顺利发展。政府要依法规范各类教育活动，加强对学习机构的监管，维护学习者的合法权益。通过法规和政策的制定，政府为学习型社会提供制度保障，推动相关改革的深入进行。

（三）社会行为层面

建设学习型社会需要采取多种有效措施：

一方面，建立学习型组织、机构和场所是构建学习型社会的战略性举措。学习型组织作为学习型社会的基石，具有促进个体和组织发展的重要作用。这种组织强调全员学习、持续探究和创新，并要求成员将学习融入日常工作中，实现自我发展与组织创新的良性循环。学习型组织能够创造自我并具有积极拓展未来的能量,因此能为社会创新和发展注入源源不断的活力。在构建学习型社会的过程中,学习型组织被视为关键因素,因为它们有助于形成积极的学习氛围,推动知识的共享和创新的发生。这一理念需要在家庭、学校、企业、社区以及民间团体等层面得到广泛推广。这些领域迫切需要积极倡导并建立学习型组织,将其视为构建学习型社会的基础单元。同时,应该考虑设立适应各地区需求的多样化学习组织,以满足不同社群的学习需求。这可以通过建立各种形式的学习机构,如社区学习中心、企业内部培训机构、家庭学习小组等,以提供多样化的学习场所和机会。这些组织可以定期组织学科讲座、技能培训、知识分享等活动,促进成员之间的交流与合作,为学习型社会建设提供有力支持。

另一方面,建立公平竞争的社会用人机制是推动学习型社会建设的重要举措。在这一举措的实施中,着重于确保在职场上个体的学习成果和能力得到公正评价,以促进更多人积极参与终身学习并将其应用到实际工作中。为实现公平竞争,需要消除传统用人模式中可能存在的人情、关系和经验等非理性因素对招聘决策的影响。这可以通过建立制度化的"岗前"和"职后"考核来实现,此外还可以将培训和再教育与福利待遇和职位晋升相结合。通过这种方式,个体不仅可以得到在职期间的培训支持,还可以在职业发展的不同阶段得到评估和提升的机会,确保了用人机制的公正性。在公平竞争的基础上,社会用人机制还应鼓励企业为表现出色的员工给予光荣称号、立功表彰、嘉奖等奖励,以激发更多人的学习积极性。这样的机制不仅有助于个体的职业发展,也能为整个社会培养更多高素质的从业者,进而推动社会各企业行业的不断进步。

（四）教育系统层面

学习型社会的建设要求我国变革教育体制,以拓展教育时间和空间,使得每个个体都能够随时随地进行学习。为了实现这一目标,我国需要进行深刻的教育体制改革,打破各类教育形式之间的界限,确保教育具备持续性和灵活性,并将之贯穿个体的整个生命周期。

第一,营造良好的教育社会化环境。创造良好的教育社会化环境是学习型社会建设的首要任务。这意味着我国需要全面推动教育的社会化,使其融入社会各个层面和领域,成为全社会共同参与和推动的事业。在此进程中,我国需要强化基础教育的推广,提高整体受教育水平,进一步根除文盲,尤其是功能性文盲,即受过一定程度教育但掌握的知识无法在当代社会中发挥作用的人。通过推动基础教育的广泛开展，国家可为每个个体提供平等的学习机会，从而为学习型社会的建设奠定坚实基础。同时，积极推进多层次、多形式和多类型的成人教育和继续教育显得至关重要。这包括扩大成人学习渠道，整合正规教育、非正规教育和非正式教育，促使各类教育形式相互补充，形成完整的终身学习体系。通过构建回流教育体系、社区性学院系统，并提供多元学习机会，可以确保每个个体在不同时段都能得到适宜的教育支持，实现个体全面发展。此外，推动教育社会化还须加强学习资源的整合与共享。通过设立社区性终身学习中心、加强农村学习社区建设，为社区学员提供资源和咨询服务，将教育送达更广泛的群体中，缓解因地域或社会经济差异而带来的学习机会不均等问题。这一综合性措施将有助于实现教育的全面覆盖，为学习型社会的构建提供有力支持。

第二，构建社会化教育体系。要建设学习型社会，建立高度社会化教育体系是关键。该体系主要包括普及化、高科技化和社会化的教育资源、教育手段和教育媒体，涉及胎教、幼教、普通教育和成人教育等。教育的一体化贯穿学校、家庭、企业等多个领域，并呈现为全社会共同的一体化教育体系。这一体系的服务对象涵盖全体成员。同时，教育制度不仅面向广泛的社会层面，还服务于各个群体。教育手段的多样化表现在采用各种教育方式、方法、手段和形式，使得学习途径更为灵活。教育媒体方面呈现丰富多样的特点，不仅包括依赖教科书，还包括多种内容和媒介形式。这种灵活的教育体系选择范围广泛，具备明显的国际化特色。

第三，推行教育卡制度是一项创新性的改革，类似于银行卡，教育卡可以记录个体终身学习历程，提供便捷、高效的教育管理和学习手段。每个公民的教育卡账号唯一，一生不变，为学习者的学习提供更便捷的工具，实现学习历程的精准记录和管理。通过教育卡，教育领域将引发深刻变革，促进教育的进一步发展，打破时间和空间限制，提供更灵活的学习机会。教育卡可真实、及时记录公民教育经历，是一个能够提供便捷的查询和管理服务的工具。只需输入教育卡密码，即可查看持卡人的受教育情况，有利于杜绝假文凭，促进人才交流，为准确的人才和教育需求预测提供条件。现代信息技术和教育交流使教育卡成为可能和必要。推动教育数字化转型，能够为学习者创造便捷、个性化的学习环境。通过教育卡，学习者能更好地管理学习轨迹，实现个体学习路径的精准规划。这种数字化教育管理方式将支持学习型社会的构建，推动教育体系更好地满足当代社会的需求。

（五）个人层面

在学习型社会，个体是核心学习者，具备积极的学习态度和强烈的学习动机，熟练掌握基础知识和学习方法，能灵活运用各种资源。未来，个人发展要求自己不断学习新知识、培养人际交往能力，以应对社会多变的挑战。这些能力基于认知、实践、社交和生存四大支柱，构成学习型社会中个体社会化的基础，也是社会正常运转的必备条件。

一方面，在应对学习型社会的挑战时，个体首先需要树立终身学习的理念，时刻保持学习的准备状态。随着科技的不断发展和知识更新速度的加快，学习已经成为生活和生存的必备要素，同时也是实现个体终身发展目标的有效途径。因此，每个人都应该自觉转变观念，抓住一切机会，做到在任何时刻、任何地点都能够学习，不断更新知识。尤其是随着全球化进程的加快，许多人的学历和技能水平与国际标准仍存在差距，因此必须持续学习和接受教育，作好思想准备，积极面对变化并随时调整自己以适应环境的变化。

另一方面，人们需要强化自身的学习能力，成为具备学习素养的人。我国要构建一个学习化的社会，每个人都应该从内心深处具备成长的意识，对于每个个体来说，对学习应该怀有兴趣和热爱，并将学习与就业和竞争的压力有机结合，培养良好的学习习惯和自觉性，并注意持续提升学习能力。学习者应具备选择适宜学习内容和合理安排时间的能力，并为适应社会生存环境的变化而培养自身特定的学习技能。未来，文盲的定义将不再仅限于缺乏读写能力，更强调缺乏学习能力。因此，我们需要确保每个人不仅学得会，更要会学，成为具备强大学习能力的个体。这需要观念的转变，不再过分强调文凭，更注重应用能力的提升，因为只有具备真正的才华和学识，个体最终才会得到社会的认可。一旦有机会学习，人们应该全身心地去学习，不断提升自己，以应对各种挑战。

三、终身教育终极目标实现的保障机制

截至目前，全球化的挑战对所有国家的影响并不相同，因而学习型社会发展的重点将根据国家和地方社区所面临的挑战的不同作出相应调整与应对。学习型社会的核心是所有成员都致力于构建终身学习的价值理念体系。[①]国家权力机关、国家行政机关、地方教育机构、非政府组织、社区委员会等都应该参与进来，为学习型社会的建设提供外部保障。具体而言包括以下内容。

第一，政府应该建立一个全国性的学习型社会推进委员会，把建设学习型社

---

① Marsick V J, Bitterman J, van der Veen R. 2000. From the learning organization to learning communities: Toward a learning society. Columbus: ERIC Clearinghouse on Adult, Career, and Vocational Education, 5-15.

会作为国家课题，制订学习型社会发展计划；开发国家学习型社会资源数据库，为国内和其他国家的人民与组织提供机会，使其获得学习型社会的基本理论和实践经验；推动社会范围内各平台机构之间的合作，并在政策和经费方面予以支持；促进和支持社区、学习提供者、个人开发适合自己个性特点的学习材料、教育设施和终身学习活动，以加强基于社区发展的社区终身学习。

第二，教育部应成为负责发展学习型社会、推广相关价值理念、提高个体的学习型社会价值意识，以及激发教育者和网络代理人在学习型社会发展、知识型经济发展、社区终身学习、终身教育项目开发等特定领域潜力的主要组织，并创新与支持终身学习相关的新形式。

第三，地方教育机构和非政府组织等应将学习型社会网络发展作为推动社会发展的渠道依托，并加强借助网络实施终身学习计划，以满足目标群体的需要，同时注重民众的积极参与和活动的常态延续。同时，应在不同的社区背景下协同进行新知识的引进和学习型社会的创新、发展。

第四，社区委员会和社区成员应组建学习型社区发展委员会，由社区成员、政府和其他相关组织参与，形成学习型社区体系，同时，应构建一个真实的学习型社区监测和评价体系，强调真实的评估。

所有团体都应该在创新媒体发展方面投入更多的时间和经费，以便为民众提供更多的学习资源。此外，它们还应该在社区组织终身学习活动，鼓励社区成员充分利用学习机会，并提供资金和奖励来推动学习。

除此之外，进入终身学习的未来阶段，人们有必要反思以下关键问题：教育部和新兴终身学习参与者如何在新阶段扮演好自己的角色；如何更好地监察终身学习的进展并制定策略性的政策和计划；如何满足公民超越自主学习构建学习型社会的需要；如何利用科技进步的力量促进终身学习；大学如何在促进终身学习方面发挥作用。为了使终身学习成为现实，遵循旨在发展学习型社会的程序意味着采取切实可行的步骤，并将其作为所有参与组织终身学习活动或相关项目机构的指南。由于每个地区或者社区的情况、所面临的问题和需求各不相同，因此有必要灵活运用上述指导方针，以不同的方式为发展学习型社会提供保障。总之，学习型社会的发展是一种可持续发展的终身学习方式，它将为人们的生存和发展创造良好的机遇，同时，反过来又能成为推动国家经济和社会持续发展的动力[①]。

---

① Charungkaittikul S, Henschke J A. 2014. Strategies for developing a sustainable learning society: An analysis of lifelong learning in Thailand. International Review of Education, 60(4): 499-522.

第三章　终身教育的形态

"教育形态是指教育存在的具体状态和外在表现形式。"①终身教育的形态可以大体划分为形式形态与实质形态、实体形态与网络形态。

形式形态的终身教育可以理解为普遍存在于人们头脑中的、从表面上认识的终身教育形态，即终身教育是从出生到死亡接受到的各种教育的统一，从实践层面理解就是对终身教育等同于成人教育与学校教育的嫁接式的认识；实质形态的终身教育可以理解为终身教育作为全新的教育生命体，不是"单靠在现在教育体系上增添或强加一些因素"②而来的变体，这是一种面向未来的教育形式，旨在建立"平等、包容、可持续、公平"的理念，致力于解决教育在准入、参与、保留、完成和学习结果等方面存在的排斥、边缘化、不公正和不平等等问题。③实体形态的终身教育可以通过社区教育来理解，社区教育是教育社会化和社会教育化的统一体，强调社会应根据成员的教育需求，提供各种类型的教育，建立终身教育体系；网络形态的终身教育可以理解为以在线教育为依托的终身教育，即由原先的实体性学校或学习中心，转变成一种"行动者-网络"④。

终身教育的形态是处于不断变化之中的，这是一个螺旋式的上升过程。对终身教育形态的理解应多角度地进行分析，不仅看到终身教育存在的某一形态，还应从终身教育的多重形态去综合理解，如此才能把握它的实质。值得肯定是，无

① 薛天祥，周海涛，等. 2001. WTO 与中国教育. 北京：中国青年出版社，161.

② 联合国教科文组织国际教育发展委员会. 1996. 学会生存：教育世界的今天和明天. 华东师范大学比较教育研究所，译. 北京：教育科学出版社，263.

③ World Education Forum. 2015. Incheon Declaration: Education 2030: Towards inclusive and equitable quality education and lifelong learning for all. World Education Forum, 19-22.

④ Latour B. 2005. Reassembling the Social: An Introduction to Actor-Network-Theory. Oxford: Oxford University Press.

论哪一种终身教育形态，其目的都是通过制定人才培养的质量和规格标准来培养适应时代要求的人的。终身教育形态的转变，就是从以形式化为基本特征的自然性终身教育逐渐向实质化的终身教育形态转变，从理念层面的终身教育逐渐向实体层面和网络层面的终身教育转变。[①]

第一节 学 校 教 育

学校教育是终身教育体系的重要组成部分，它为个体提供了坚实的知识和技能基础，为未来的职业发展和社会参与奠定了基础。在本节中，我们将从终身教育视野下的基础教育、高等教育和成人教育的概念及特征切入，把握学校教育作为终身教育的一个关键形态。通过对学校教育的深入探讨，我们将能够更好地理解它在终身教育体系中的地位和作用，以及如何不断改进和创新学校教育，以满足不断变化的教育需求。

一、基础教育

（一）基础教育的概念及特征

"基础教育"作为一个具有中国意味的概念，既要反映国家对低阶段国民教育的价值取向，又要基于国家立场，回应全体国民的教育期待。基础教育是国家为了全体国民的终身发展和全面发展，在其未成年期实施的奠定其一生基础的教育。就其具体内涵而言，基础教育指向的是人的终身发展与全面发展相统一的教育，是最低限度要求与一定深度追求相统一的教育。就其外延而言，基础教育是全社会的共同事业。[②]它的外延是事实上存在的基础教育实体的总称，主体部分为学前教育以及中小学教育，此外那些服务或配合学校教育系统、承担部分基础教育功能的校外教育也属于基础教育实体的范畴，如家庭教育、社区教育等。基础教育的对象通常为3—18岁儿童。[③]

基础教育有其独特性。从教育对象来看，基础教育具有全民性，即处于未成年期的全体国民。从教育内容来看，基础教育具有基础性，其内容应是必需的、

---

① 赵爽. 2015. 教育政策合法性的理论与实践. 沈阳：辽宁人民出版社，62.

② 中华人民共和国教育部. 国务院关于基础教育改革与发展的决定.（2001-05-29）[2022-11-20]. http://www.moe.gov.cn/jyb_xxgk/moe_1777/moe_1778/201412/t20141217_181775.html.

③ 侯怀银，时益之. 2019. "基础教育"解析. 当代教育与文化，11（4）：1-6.

基本的，也应是全面的、发展的。从实施时间来看，基础教育具有阶段性，其发生于个体未成年期，在高等教育、职业教育与成人教育之前，是人持续接受教育的前提。从实施途径来看，基础教育具有多样性，其所要形成的知识、行为习惯等，并不只能在学校中获得，我们应树立"大基础教育"观念，以学校为主阵地，家庭、社会都要参与进来，积极配合、形成合力。从教育影响来看，基础教育具有终身性，其虽发生于个体人生早期，但它的影响却是终身性的，帮助个体为未来作好准备。对于基础教育的上述特征，我们应用辩证的眼光来看待，从不同角度来看基础教育，关于基础教育的特征还会有如未来性、先导性、发展性、全面性、共同性等，这些观点都能与我们产生共鸣。[①]

（二）终身教育视野下的基础教育

中国基础教育的丰富内涵决定了我们应以终身教育的视野去审视基础教育的地位和作用。[②]终身教育是一种理念。立足于终身教育理念，基础教育阶段所形成的知识技能、态度习惯、兴趣能力等素养，是后续所有层次和类别教育的基础，既是个体接受高等教育的前提，又是个体接受职业教育的基础，还为个体接受继续教育、拥有终身持续学习的力量作好储备。没有基础教育基本素养的储备，不仅不会有高等教育阶段的深入学习，或职业教育的实践创新，而且不会在继续教育阶段产生持续学习的动机和能力，终身学习的理想也不可能实现。从横向系统来看，基础教育以学校教育为支柱，个体在基础教育中接受的学校教育，也必然成为后续接受家庭教育、社会教育的重要基础。

终身教育也是一种体系。立足于终身教育体系，基础教育占据基础地位。通过基础教育，个体获得基础知识和基本技能，养成良好的学习习惯和学习态度，形成学习的兴趣和能力，为贯穿一生的终身学习奠定基础。基础教育既是终身教育建设体系的开端，又是终身教育体系中其他层次和类型教育实施的基础。没有良好的全民普及的基础教育，终身教育体系的全民性将无从保证；没有一定质量的基础教育，就不会有优质的高等教育、职业教育和继续教育，全民终身学习也将随之成为一句空话。

立足于终身教育视野，我们要发挥好基础教育的作用。进行基础教育的高质量建设，既要全面普及基础教育，又要实现育人质量优化，特别要保证基础教育

---

① 侯怀银，时益之. 2019. "基础教育"解析. 当代教育与文化，11（4）：1-6.
② 侯怀银. 2023. 从终身教育视野审视基础教育的地位和作用. 教育科学研究，（7）：1.

阶段培养目标的实现，从而为社会发展和个体终身发展奠定基础。我们要处理好基础教育与各级各类教育的关系，加强基础教育与各级各类教育的互补、沟通和衔接，特别要加强普通教育与职业教育、校内教育与校外教育、学校教育与社会教育及家庭教育、学历教育与非学历教育、线上教育与线下教育等的融会贯通，形成基础教育与各级各类教育的开放融通关系。推进高质量教育体系的建设，特别要解决好基础教育阶段学校面向所有人员开放、基础教育与成人教育衔接、高中教育与职业教育融合等问题。

就目前中国基础教育而言，应继续把学校教育作为基础教育的支柱，立足终身教育，建立家校社协同育人机制，改进学校教育的育人模式，进一步丰富学校育人的内涵，深化学校课程和教学改革，主动面向家庭和社区开放资源，如场地设施、图书和多媒体资源、课程资源等，为建设学习型社会作出独特的贡献。

二、高等教育

（一）高等教育的概念及特征

"高等教育"这一概念是随着资本主义经济的萌芽与发展、近代科学的产生与发展，在教育领域，首先是在学校教育领域形成的。[1]

高等教育是在普通教育基础上进行的一种专业教育活动，旨在传授高深的专业知识。就其具体内涵而言，高等教育是在普通教育基础上进行的，学生必须先接受普通教育并完成学业，才有资格接受高等教育。普通教育包括普通初中和普通高中的组合，以及初中和中师、初中和中专、初中和职业高中等组合形式。高等教育是围绕高深专业知识进行的专业教育活动。无论何种类型的高等教育机构，只要实施专业教育，都属于高等教育的范畴。专业教育应该在国家设立或认可的高等教育机构中进行，而接受专业教育的学生学习年限应该至少为两年。因此，职称培训、助学进修等教育活动均不属于高等教育之列。[2]

高等教育的外延在不同的历史时期表现出很大的不同。中世纪的大学教育等同于高等教育。由于欧洲资产阶级革命和工业革命的推动，中等教育逐渐与高等教育衔接起来，一些中等教育机构成为学生升入大学的预备机构，其目的主要是为学生接受高等教育作准备。19世纪后半期，在工业革命的推动下，高等教育的层次发生了扩展，在大学本科教育之上出现了研究生教育，在大学本科教育之下

---

① 潘懋元.1985.高等教育学（下）.北京：人民教育出版社，246.
② 侯怀银，郭建斌.2016."高等教育"解析.大学教育科学，（4）：21-26，124.

出现了专科学校、社区学校等提供高等教育的机构。同时，高等教育的形式也有了正规和非正规之分。非正规的高等教育形式包括开放高等教育、函授高等教育、业余高等教育等，一些国家将非正规形式的高等教育也纳入高等教育之列。此时，高等教育的外延已远远超越了大学教育之外延。不同国家采用不同的名词来指称高等教育，如第三级教育、中等后教育等。现代的高等教育已经从精英教育演变成了大众化的、普及化的高等教育。在中国，现代大学的层次和类型有很多分类角度。一般认为，现代大学的层次有四个，包括高职高专型、教学型、研究型和教学研究型；现代大学的类型有综合类、理工科类、师范类、艺术类和军事类等，此外还有各种单科类学校。在美国，现代大学的分类比较复杂。根据卡内基教学基金会提出的大学分类，美国的大学似乎被编成了一个精密的大学系统，不同类型的大学处于不同的位置，其职能也有所不同。①

高等教育主要具有以下五个方面的特征：

第一，高等教育对象的成熟性，即高等教育的对象应该是成年人，年龄通常在 18 岁及以上。这个年龄段的个体身心发展趋向稳定和成熟，主要表现为生理发展的趋于稳定、心理发展的成熟、性格特点基本定型、智力发展达到全盛时期等。②

第二，高等教育内容的高深性。现代社会需要一个机构来传授深奥的知识、分析批判现有知识，并探索新的研究领域。③高等教育机构就是这样的机构，其教育内容必然是高深的。高深的知识是高等教育的逻辑起点，构建高等教育学理论体系的逻辑起点便是高深知识的教与学。④

第三，高等教育的专业性。首先，教育者必须具备一定的专业背景，通常是拥有广博学问的高级知识分子。其次，高等学校的教育内容不是一般的科学文化知识的普及，而是高深专业的学问。最后，高等教育的受教育者是身心已趋成熟的成人，并且只有满足相应的入学条件才能享受高等教育。

第四，高等教育的灵活性。首先，高等教育机构可以依据教育部相关司局制定的标准，设置符合标准的专业。其次，高等教育授课方式的灵活性表现在时间、场所、教学方法等方面，可以根据个人、课程和地点等差异进行调整。最后，高等教育机构的办学模式也具有一定的灵活性，可以根据自身优势和国家、地方需

---

① 侯怀银，郭建斌. 2016. "高等教育"解析. 大学教育科学，（4）：21-26，124.
② 林崇德. 2009. 发展心理学. 2 版. 北京：人民教育出版社，375.
③ [美]约翰·S.布鲁贝克. 2001. 高等教育哲学. 王承绪，郑继伟，张维平，等译. 杭州：浙江教育出版社，13.
④ 薛天祥. 2001. 高等教育学. 桂林：广西师范大学出版社，11.

求创办特色鲜明的高等教育。

第五，高等教育的综合性。首先，高等教育的教育层次和结构具有综合性和多样性，高等教育包括本科教育、专科教育和研究生教育。其次，高等教育的组织和管理具有综合复杂性，不仅要设立管理机构和教学机构，还要综合考虑科学研究机构和社会服务机构等。最后，高等教育的教学系统具有综合性，包括教学力量、教学内容、教学方式、课程设置等。

（二）终身教育视野下的高等教育

从终身教育的角度看，新时代的高等教育的任务是明确的。其主要目的是激发受教育者的个人潜能和自我发展意识，引导他们具备学习、处世、生存和发展的能力，促使他们不断超越自我。教育的目的不在于"制造"某种特定类型的人，如农民、工人或商人等，而在于提升人类的智慧，并由此培养其人格和道德。[1][2]

第一，终身教育视野下的高等教育，就教育范围而言，以教育范围的拓展为显著特征。高等教育已经将教育范围从学校扩大到社会，从正规教育扩展到非正规教育。不论选择何种教育方式，人们都有机会找到最适合自己的方式，并学习到所需的知识，从而具备所需的能力。

第二，终身教育视野下的高等教育，对学生提出了更高的要求，不仅要求学生提高科学文化素质，还要求他们具备团队合作精神、良好的人际交往能力和创新能力等。这需要学生在学习书本知识的同时能够进行独立思考和批判性学习。为此，高等教育必须进行改革和创新，包括教育内容、教育方法、教育过程和管理模式的改革，以适应时代的需要。

第三，终身教育视野下的高等教育，就教师角色而言，教师被看作学习的指引者和帮助者，而不是科学知识的权威。因此，高等教育阶段的教师应该成为合格的终身学习者，充分发挥模范示范作用，在与学生合作学习或研究时及时更新教学方法，提升教学质量，鼓励学生进行批判性思考和创新，并帮助他们实现自我引导。

第四，终身教育视野下的高等教育，就受教者的角度而言，人们的生存是一个永无止境的自我完善和学习的过程[3]，其中人所具有的最重要的潜能就是具备实现自我生产和再生产的能力。这是不同于其他生命体的重要特征，也是个体实

① 周险峰. 2016. 教育基本问题研究：回顾与反思. 武汉：华中科技大学出版社，46.
② 朱文华. 2009. 终身教育视野下高等教育发展的多维趋向. 华中农业大学学报（社会科学版），（3）：60-63.
③ 翟承宇，张琛麟. 2016. 论终身教育视域下民办高等教育的应然发展. 中共郑州市委党校学报，（1）：101-103.

现生命价值、获得幸福人生的内在保证。①在知识经济时代，终身教育为人类提供了在有限生命基础上实现无限发展的可能性，它关注生命的超越性发展，并体现出生命发展的全面性和可持续性。在高等教育中，受教育者应该抓住终身教育的机会实现自我生产和再生产。

第五，终身教育视野下的高等教育，就教育过程而言，由于终身教育以个体的自我完善为持续性目标，必然带来人类对丰富知识与技能的系统掌握。作为至关重要的教育阶段，教育工作者必须更深入地理解、认识和实践教育的功能。终身教育将会在更多的场所发生，如家庭、学校、工作单位和社团等。因此，高等教育必须创造一种优质的教育环境，以提升个体在社会中的适应能力和反应能力。我国可以通过打破普通教育、职业教育、成人教育和高等教育之间的界限，整合各级各类学校教育资源，建立教育培训网络，确保信息开放和联系畅通，同时构建高度开放的教育体系，为学习者提供终身学习的机会。②

第六，终身教育视野下的高等教育，就教育内容而言，应重视并加强广泛应用性知识和技能的传授，同时，有目的地强化学生的社会实践，打造灵活、丰富且能持续更新的课程体系。正规教育系统，包括大学在内，应致力于满足终身学习的需求。为实现这一目标，教育机构应培养受教育者获得多样化的知识和技能，特别是在职业生涯中所需的知识与技能，并不断更新相应的职业资格证书制度等。③

第七，终身教育视野下的高等教育，就外部环境而言，应与社会各界建立更为紧密的联系。高等教育机构应该加强与政府、企业、事业单位、社区的合作与沟通，将最新研究成果转化为生产力。同时，要处理好高等教育机构与政府之间的关系，避免因政府职能的强化导致的相应教育机构的萎缩，从而影响高等教育的发展。④高等教育机构还应加强与其他学习机构的交流、互动与合作，重视跨学科知识的生产及各学科知识的整合与集成，并不断推动终身教育体系和制度的完善与发展。在财政方面，国家和地方政府应致力于加快高等教育发展的进程，为高等教育建设提供足够的经济支持和科学技术支持。

---

① 联合国教科文组织国际教育发展委员会. 1996. 学会生存：教育世界的今天和明天. 华东师范大学比较教育研究所，译. 北京：教育科学出版社，196-197.

② 朱新均. 我们怎样走进学习型社会. 中国教育报，2003-03-05（6）.

③ 帅相杰. 2005. 市场经济与中国高等教育体制改革. 济南：山东人民出版社，123.

④ 劳凯声. 2003. 世纪之交的中国教育改革走向：教育与市场的关系问题. 北京大学教育评论，1（3）：10-16.

三、成人教育

（一）成人教育的概念及特征

在综合已有关于成人教育概念的基础上，结合历史和地域因素，以中外共通之处为基础，我们可以将成人教育定义为一种多层次学习活动，旨在促进那些已进入成年且被社会视为成人的人的成长，在脱离普通教育后，成人按所需自主进行学习，从而推动他们的全面发展和促进社会的可持续发展。[①]

首先，成人教育的对象是进入成年、被社会视为成人并脱离普通教育的人。这里的成人强调了生理上的成年和社会上的成人身份，旨在从全面的人的角度规定成人。然而，并不是所有针对成年人的教育都可以称为成人教育，而必须限定为"脱离普通教育"。因此，成人教育在一定程度上是对普通教育的继续、补充和延伸。[②]随着终身教育理念的逐渐深入人心，成人教育对象不再局限于成年人，还包括一些未成年群体。[③]

其次，成人教育的本质是学习活动。由于成人教育实践活动的历史变迁性，成人教育的概念也是一个动态变化的概念。在终身学习背景下，将成人教育定义为学习活动是因为考虑到成人教育中成人的自主性，这与普通学校教育学生学习时的被动性不同，成人教育的学习者多是基于自身需求而自发选择的。

再次，成人教育的目的具有促进个体终身全面发展和推动社会可持续发展的双重性质。作为有目的地培养人的活动，成人教育目的与其他教育目的不同，更多的是因学习者现实需求而适时进行的教育活动。这种教育活动能够延续一生，具有推动学习者终身全面发展的特征，同时教育效果能够直接反馈到社会中，表现出现实、直接地服务于经济发展和推动社会进步的特征。[④]成人教育与其他教育目的的根本不同在于，它注重个体的终身发展和社会目的的直接实现。

最后，成人教育的学习活动是基于个体的需求自主进行的，并且采用多种途径进行。在实践层面，成人教育的特殊性主要表现在两个方面：一方面，它的教育内容与学习者的现实需求相适应；另一方面，它采用多样化的教育途径，以更好地提升学习效果。

由于成人教育实践活动存在历史变迁和地域差异，成人教育的外延也在不断

① 侯怀银，王晓丹. 2020. "成人教育"解析. 河北大学成人教育学院学报，22（1）：5-14.

② 史志谨，李彦平. 2010. 关于"成人教育"概念的思考. 河北大学成人教育学院学报，12（2）：9-11.

③ 王加林，竟明亮. 2011. 成人教育概念及特征新探. 成人教育，31（10）：52-54.

④ 高志敏. 2000. "成人教育"概念辨析. 陕西师范大学继续教育学报，（1）：5-10.

变化。它经历了职业化、终身化等不同阶段。[①]1973 年，德国的教育计划将成人教育视为与初等教育、中等教育和高等教育同等重要的教育类型。[②]在美国和法国，成人教育主要指继续教育，包括职业教育和休闲教育等，如各级各类普通教育、在职培训和转行培训、失业者培训、扫盲等各种活动。[③]随着我国国情的变化和教育理念的不断完善，成人教育的外延不断发生变化。在改革开放初期，学历教育是成人教育的主要形式。但随着社会经济的发展，成人教育经历了"三起三落"的发展历程。现如今，在终身教育、终身学习的理念影响下，相关政策文件不断对成人教育提出更新要求，如"建设学习型社会""构建服务全民终身学习的教育体系"等。这些要求促使成人教育的外延不断扩大，科技推广、文娱教育等也逐渐被纳入成人教育的范畴。[④]成人教育的外延可以根据不同的标准，如对象、内容、功能、办学形式、区域差异、机构性质、学历与非学历教育系统以及历史演进脉络等进行划分。

成人教育主要体现出以下五个方面的特征：

第一，成人教育对象的多元性。成人教育对象来源广泛，主要是指进入成年、被社会视为成人且脱离普通教育的人，包括脱离学校的青年、退休的老年人、在职和失业人员、广大农民群体、国家公务员等。因此，成人教育能够满足不同群体的学习需求，为个体发展和社会进步发挥重要作用。多元的教育对象意味着成人教育具有全民性，因此具有较强的社会参与性。成人教育能够渗透到不同类型的群体中，并对整个社会产生深远的影响。[⑤]

第二，成人教育目的的双重性。一方面，成人教育个人目的既具有适时性，又具有终身性。适时性指的是成人教育是为了满足个体适应社会、科技发展以及改善个人生活的学习需求而进行的。终身性则指成人教育服务于个体的一生，是一种不断优化个人素质的教育途径。另一方面，成人教育的社会目的具有直接有效性。选择成人教育与社会赋予的职责息息相关，成人学习者通过智力、能力、精神等的全面提升，进而直接、现实地服务于经济发展和社会进步，创造更加美好的社会；反过来，更加美好的社会又促进个体的全面发展和终身可持续发展，

---

① 花月. 2013. 成人教育概念的历史透视. 河北大学成人教育学院学报，15（1）：27-31.

② 王晓东，高宏卿，等. 2007. 现代远程教育理论及应用. 北京：科学出版社，10.

③ 花月. 2013. 成人教育概念的历史透视. 河北大学成人教育学院学报，15（1）：27-31.

④ 陈明欣. 2017. 成人教育传播特异性解读——兼论继续教育概念无法取代成人教育. 职教论坛，（21）：48-53，60.

⑤ 竞明亮. 2013. 成人教育定义新论. 成人教育，33（6）：58-60.

从而形成良性循环。[①]

第三，成人教育内容的综合性。一方面，成人教育的综合性内容使学习者具有较强的自主性。学习者以个人需求为基础，自主选择学习内容，并适时调整。另一方面，成人教育的综合性内容中蕴含着变化性。成人教育的内容不是一成不变的，而是随着学习者个体需求的变化而不断变化。

第四，成人教育途径的多样性。一方面，成人教育有多种形式，包括"学历与非学历""正规与非正规""正式与非正式""传统与非传统"等，这种多样性不仅表现在教学方式上，还反映在办学、培养、评价等方面。[②]另一方面，成人教育的实施主体也呈现出多元化的趋势。成人教育可以由学校、社会组织、个人等多种主体来实施，这样可以更好地满足不同群体的学习需求。

第五，成人教育理念的终身性。一方面，终身学习是成人教育的延伸和更新，已经融入成人教育的理念之中，成人教育将成为践行终身学习理念的重要方式。另一方面，成人教育的终身性将越来越依赖于休闲教育。随着社会的快速发展和技术的迅速普及，人们的工作时间将大大缩短，拥有更多的休闲时间。如何科学地享受、学习和利用这些休闲时间将成为人们需要思考的问题。[③]

（二）终身教育视野下的成人教育

从成人教育的存在意义上来说，古代的学校教育包括成人在学校接受教育，如孔子创办的私学，学生间的年龄相差很大。然而到了近代，学校教育成为儿童和青少年接受教育的主要方式，而成人似乎只有"工作"意义而失去了"受教育"意义。实际上，成人教育是历史的产物，早在"终身教育"概念被提出之前，成人教育已经成为人们关注的重要问题。现今，在我国，成人教育已经成为一种独特的教育方式，并在许多国家与学历教育和非学历教育并存，为教育和社会发展作出了重大贡献。

20 世纪 60 年代，朗格朗首次提出了"终身教育"的概念，而他自己也是一名成人教育家。实际上，终身教育从现实意义来看可以理解为成人教育发展到一定阶段的产物，是对成人教育概念的更新和完善。[④]早在 1919 年，英国成人教育委员会公布的一则报告中就已经确认成人教育具有终身性，即为成人提供受教育

---

① 高志敏. 2000. "成人教育"概念辨析. 陕西师范大学继续教育学报，（1）：5-10.
② 王加林，竞明亮. 2011. 成人教育概念及特征新探. 成人教育，31（10）：52-54.
③ 侯怀银，王晓丹. 2020. "成人教育"解析. 河北大学成人教育学院学报，22（1）：5-14.
④ 单中惠. 2007. 西方教育思想史. 北京：教育科学出版社，672.

机会，"不仅应该是普遍的，而且是终身的"[1]。尽管这一观点最早将终身教育与成人教育联系在一起，但如今，终身教育的内涵比成人教育更广泛、更丰富，二者是上下位的关系，成人教育是终身教育体制中的"火车头"，终身教育的重点在成人教育，难点也在成人教育。[2]许多国家地区提出的终身教育政策、法规和条例，也将终身教育理解为成人教育。然而，在理论上，将终身教育与成人教育等同是不妥的。[3]特别是从21世纪开始，终身教育、终身学习的概念逐渐被人们所熟知和推崇，学习型社会的构建也在许多国家被提上了日程，大众对成人教育的理解已经不再局限于以往的陈旧观念，成人教育成为终身教育议题下的重要组成部分。成人教育得到了极大丰富，革命性突破也随之而来。在以往的陈旧观念中，成人教育仅仅是为部分有需要的成年人提供的第二次教育，以补偿性为典型特征。如今的成人教育已然不限于此，而是成为建构学习型社会的必要手段，是以成人学习为基本内容、以促进成人终身性自我发展为目的的教育形式，并服务于终身教育体系的建构。

第二节　家　庭　教　育

家庭教育是终身教育的重要组成部分，它在个体的早期生活中起着决定性作用，为性格和价值观的形成提供了条件。家庭教育具有终身性，它不仅涵盖了儿童和青少年时期的教育，还包括了成年人和老年人的学习和成长。在本节中，我们将深入探讨家庭教育作为终身教育的一种重要形态，如何更好地理解它在终身教育中的地位和作用，以及如何通过家庭教育培养具备终身学习能力的个体。

一、家庭教育概念的提出

1900年，郁生在《绍兴白话报》发表了《请大家注意家庭教育》一文，文中提及学堂培养不出英雄豪杰的缘故在于没有家庭教育，并呼吁大家关注家庭教育。这是目前所见从学术研究层面最早提出对家庭教育予以重视的文章。家庭教育是每天在我们身边发生的隐性和显性的教育行为活动，每一个个体几乎都在自己的家庭中扮演着或扮演过一定的角色，承担着自知或不自知的责任。如何科学

---

① 转引自单中惠. 2007. 西方教育思想史. 北京：教育科学出版社，672.

② 吴遵民. 2018. 终身教育国际视野与中国经验：吴遵民终身教育文集. 上海：上海教育出版社，122.

③ 林良章. 2019. 终身教育学：理论与实践. 北京：中国轻工业出版社，66.

地概括这种屡见不鲜的社会现象并不是一件易事。根据社会变迁理论，随着社会的变迁，家庭教育也在不断演变。政治、经济和文化变化都会对家庭的结构和功能产生影响。家庭教育的性质、功能等在奴隶社会、封建社会、资本主义社会和社会主义社会等演变过程中都发生了显著的变化。传统的家庭教育主要指家长对子女的照顾和教导，但第二次世界大战结束之后，这一定义已经不能准确反映现实情况。

在美国，家庭生活教育通常与家庭教育的概念等同起来。20 世纪 60 年代，大部分美国学者主张家庭教育应被视为家庭内部的私密事务，以确保每个家庭成员都能够尽到自己的责任，由长辈承担家庭生活教育的责任，从而维系家庭的和谐与稳定。自 20 世纪 70 年代起，一些美国学者日益强调家庭教育在增进人际关系方面的重要作用。他们认为，家庭教育可以改善家庭生活，也可以协助个人更好地了解各种人际关系中的自我定位。[1]与此同时，家庭生活教育则被视为促进家庭发展资源与协调和整合家庭生活的重要手段，其最终会提升家庭生活的品质。[2]到了 20 世纪 80 年代后期，美国学者认为，家庭生活教育能够有效地全面提升人类生活水平和提高人类生活质量。[3]例如，家庭生活教育通过个人与家庭各层面环境资源间的互动，保持和提升人类生活品质，其终极目标是提高成人的日常生活技能，包括处理与他人的关系、应对生活事件以及了解个人潜能。[4]

在我国，学者对台湾地区和大陆地区分别进行了研究。

在台湾地区，学者对家庭教育的研究经历了三个阶段。20 世纪 60 年代至今，学者对于家庭教育概念的理解逐渐发生了变化。20 世纪 60—70 年代，台湾学术界普遍将家庭教育理解为父母对子女的教育，并对其中的世代伦理教育较为重视。在这种观点中，狭义的家庭教育被阐述为在家庭环境中从孩子出生到入学前的教育。然而，广义的家庭教育则更加全面，涵盖了对个人一生的全面培养，包括伦理观念的养成、道德行为的建立等。不仅如此，家庭教育还延伸至后续的入学、就业和成家等重要的人生阶段。这种广义的理解强调了家庭教育在个人成长过程中的持续性和重要性。基于这种理解，家庭教育不再仅仅局限于对子女的直接教育，而是扩展到了对整个家庭成员的全面培养和引导。这种培养和引导既包括对家庭成员的情感教育，也包括伦理观念和道德行为的教育。这样的家庭教育不仅

① 罗生全，李本友. 2015. 家庭教育学——幼儿教师篇. 北京：中国轻工业出版社，2.
② 骆风. 2003. 造就卓越人才：北京大学博士生家庭教育探析. 北京：商务印书馆，24.
③ 杨雄. 2008. 中国青年发展演变研究. 上海：上海文化出版社，177.
④ 骆风. 2003. 造就卓越人才：北京大学博士生家庭教育探析. 北京：商务印书馆，24.

有助于个人的成长和发展，也有助于维护家庭的和谐与稳定。因此，当时台湾学术界对家庭教育的理解已经超出了狭隘的范围，扩展到了更为全面和深入的层面。这种理解不仅关注到对子女的直接教育，还关注到对整个家庭成员的全面培养和引导。这种广义的家庭教育对个人的成长和发展，以及家庭的和谐与稳定都具有重要的意义。20 世纪 80 年代，学者更偏向于从个人与社会关系的视角来审视家庭教育。他们认为，家庭教育已经超越了家庭范畴，扩展到了社会层面，成为一种涉及人与人之间或结构之间关系及其影响的教育活动。[1]20 世纪 90 年代后期，学者对于家庭教育的概念界定已逐渐扩展至终身学习的理念视角。他们认识到，家庭教育不再局限于儿童和青少年阶段，而是贯穿人的一生。这种新的理念视角强调家庭教育的连续性和一贯性，以及个人在家庭、学校、社区、社会等不同环境中的学习和发展。基于这个视角，家庭教育被视为一个终身学习的过程，是实现个人全面发展的重要途径。他们认为，家庭教育不仅涉及家庭中的人际交往，更是一种引导所有家庭成员积极适应社会的学习与成长的教育活动。台湾地区的家庭教育法规也正体现了这种观念，规定家庭教育主要包括家庭世代伦理、夫妻婚姻关系、父母亲职、现代化家庭生活、家庭和社区关系等。[2]

在大陆地区，家庭教育研究者对于家庭教育概念的阐释，在改革开放前后也发生了很大变化。在中华人民共和国成立初期，受苏联教育学的影响，家庭教育仅被视为培养共产主义事业接班人的重要途径，以及配合学校班主任开展德育工作的主要方式。家庭教育的作用被局限在辅助学校教育的范围内。1984 年，郑其龙等在《家庭教育学》一书中提出了对家庭教育的理解，认为家庭教育是整个教育的一部分或分支，即家长对子女的培养和教育。[3]然而，他们没有给出一个规范的家庭教育的定义。1989 年，赵忠心在《家庭教育》一书中指出，家庭教育是家庭生活中长者对其子女和年幼者实施的教育和产生的影响。[4]这个定义说明了家庭教育中不同成员所扮演的角色和肩负的责任。1998 年，马和民和高旭平在《教育社会学研究》一书中，从教育社会学的视角深入探讨了家庭教育。他们认为，家庭教育不仅指在家庭场域内展开的教育活动，而且还包括家庭环境所发挥的教育功能。前者指的是受教育者在家庭中所受到的由其家庭成员（无论年龄，但主要是指父母）施加的自觉或非自觉的、经验性的或有意识的、有形的或无形的等

① 骆风. 2003. 造就卓越人才：北京大学博士生家庭教育探析. 北京：商务印书馆，24.
② 赵刚. 2010. 家长教育学. 北京：教育科学出版社，385.
③ 转引自李建辉，张国超. 2012. 现代家长教育学. 广州：中山大学出版社，68.
④ 转引自蔡岳建. 2010. 家庭教育引论. 合肥：安徽教育出版社，7.

多种水平上的影响；后者则指家庭诸环境因素（包括家庭的社会背景和生活方式）对受教育者产生的隐性影响。[①]2000 年，陈建强研究员主持的"21 世纪初上海家庭教育发展预测研究"课题设计了四大家庭教育质量指标来探讨家庭教育的内在构成。这些指标不仅涵盖了家庭教育的重要方面，而且也反映了现代社会对家庭教育的新要求。这四大指标包括家庭德性质量、家庭智能质量、家庭审美质量，以及亲职教育、亲子教育质量。家庭德性质量涵盖了素质教育观、继续教育观和德性教育策略与内容。家庭智能质量则涉及家庭知识结构、把握求知规律与掌握读书方法，以及注重才能培养与实施成才策略。家庭审美质量包括家庭物化环境、衣着仪表与举止言谈，以及家庭休闲文化生活。亲职教育和亲子教育质量涉及亲职（亲子）教育观以及家庭教养态度与方法。[②]

从上述中外学者的研究论述中，可以推论当代家庭教育概念的演进及其意义表现在以下五个方面：

第一，家庭教育从"私事"到"公事"。家庭教育的概念已经从"家庭内部的私事"转变为"关乎全社会的公事"，家庭教育的实践也不再是每个家庭的父母对子女的随意教育，而是要以遵循一定社会规范为前提。

第二，家庭教育从"封闭"到"开放"。家庭教育已从一个相对封闭的系统，演变为与学校教育、社会教育相互关联、相互合作的开放系统。因此，学校和社会相关部门更应重视家庭教育，并推动形成家庭教育、学校教育与社会教育协同发展的格局。

第三，家庭教育从"单向教育"到"多向教育"。将家庭教育理解为家长对子女的教育这一观念，已逐渐演变为家庭成员间互相教育和影响。因此，我们应该摒弃封建、独断式的权威式家庭教育方式，努力构建两代人甚至多代人相互关心、爱护和帮助的民主式家庭环境。

第四，家庭教育从"学前教育"到"终身教育"。家庭教育不应仅限于对学前阶段孩子的教育，而应发展为对家庭成员的终身教育。因此，我们强调家庭教育应与家庭生活相融合，为构建学习型家庭和学习型社会贡献力量。

第五，家庭教育已经从"单一"向"多元"转变。在过去的观念中，家庭教育的核心职责是教授生活技能以及处理家庭成员间的关系。然而，随着时代的进步，家庭教育已经扩展到促进家庭成员身心健康及全面发展的更广阔领域。因此，

[①] 转引自国务院妇女儿童工作委员会办公室. 2009. 中国儿童发展纲要与儿童发展. 北京：中国妇女出版社，113.

[②] 上海市家庭教育研究会. 2000. 21 世纪初上海家庭教育发展预测研究. 上海：上海社会科学院出版社，101-103.

家庭教育不仅是助力子女健康成长和全面发展的重要途径，而且是培养人才和保障家庭幸福的不可或缺的因素。①

二、家庭教育的内涵和外延

"概念的内涵，就是概念所反映的事物的特有属性。概念的外延，就是具有概念所反映的特有属性的事物。"②对家庭教育的内涵和外延，国内学者作出了如下界定：

在《辞海》中，家庭教育是指在家庭环境中，由父母或其他长辈对儿童和青少年进行的教育。③在中国，尽管学校承担了主要的教育任务，但家庭仍是承担教育任务的重要阵地，父母则是孩子最早的老师。要让孩子在品德、智力、体魄等方面获得全面发展，家长和老师必须密切合作，使教育具有一致性。

孙俊三和邓身先在《家庭教育学基础》一书中认为，家庭教育是指家长在家庭环境中，通过言传身教、家庭生活实践等方式，根据社会需求和子女身心发展特点，对子女进行教育和培养，以达到预期教育目标的活动。④赵忠心认为，家庭教育可以分为广义和狭义两种：狭义的家庭教育是指在家庭生活中，由家长对子女及其他年幼者实施的教育和影响；广义的家庭教育，则是家庭成员之间相互施加影响的教育。在家庭中，无论是父母对子女、子女对父母，还是长者对幼者、幼者对长者，只要是有目的、有意识施加的影响，都应被列入家庭教育的范畴。⑤

缪建东认为，家庭教育作为人类教育的重要组成部分，是指在家庭互动过程中，父母对子女的成长和发展产生的影响。家庭教育的广义概念不仅包括家长对子女的教育，还包括子女对家长，以及双亲之间、子女之间、子女与祖辈之间相互产生的教育影响。⑥马和民和高旭平在《教育社会学研究》一书中指出，家庭教育可以指在家庭中进行的教育，也可以指家庭环境因素对受教育者产生的教育功能：对于前者，家庭成员（主要是父母）对受教育者的教育影响可以是自觉或非自觉的、经验性的或有意识的、有形的或无形的等多种水平上的影响；对于后者，家庭环境因素（包括家庭的社会背景和生活方式）对受教育者的影响则是一

---

① 骆风. 2004. 简析当代家庭教育概念的演进. 学前教育研究，（11）：17-18.

② 刘勇. 2019. 马克思主义基本理论与实践研究. 北京：中央编译出版社，67.

③ 辞海编辑委员会. 1999. 辞海. 上海：上海辞书出版社，780.

④ 孙俊三，邓身先. 1991. 家庭教育学基础. 北京：教育科学出版社，1.

⑤ 赵忠心. 2001. 家庭教育学：教育子女的科学与艺术. 2版. 北京：人民教育出版社，5

⑥ 缪建东. 1999. 家庭教育社会学. 南京：南京师范大学出版社，2.

种隐性影响。因此，家庭教育既是一种直接的显性教育活动，也是一种接受家庭环境熏陶的隐性教育活动。[①]邹强认为，家庭教育是指家庭成员之间（主要是父母对未成年子女）的一种教育和影响活动。[②]这种影响深远而广泛，涉及自觉或不自觉的、经验或有意识的、有形或无形的多个层面，除此之外也涵盖家庭环境对其成员产生的无主体影响。

黄乃毓认为，家庭教育注重家庭成员之间的相互交往关系，在彼此互相教育的过程中，家庭成员通过日常生活中的各种经历直接或间接地获得一些知识和经验。[③]他认为，家庭教育既是一种涉及多方互动的活动，也是在生活中潜移默化地接受最基础的教育的过程。

从上面概念可以看到，学者普遍认为家庭教育的内涵与外延界定比较复杂。从内涵上看，家庭教育是指家庭成员之间有目的的影响过程及其结果，而其发生场所并非局限于家庭住所，它可以发生于几乎任何社会场所。家庭教育的概念也不仅仅局限于父母对子女单方面的影响，而是扩展到了相互影响的层面，不仅仅指父母（长辈）对子女（晚辈）实施的教育影响，还包括子女（晚辈）对父母（长辈）或兄弟姐妹之间产生的教育影响。家庭教育的外延较为宽泛，它包括言教、身教和境教等多种形式。[④]综合上述概念，我们可将家庭教育界定为在家庭生活中产生的家庭成员间的教育活动及家庭环境产生的教育影响。这样界定的概念有如下内涵：

第一，家庭教育是在家庭生活中产生，并非局限于"家"的物理场域。"家庭是由婚姻、血缘或收养关系所组成的社会组织的基本单位"[⑤]，是具备这些关系的人们共同生活的微型共同体。基于微型共同体的观念，对于家庭的理解又有广义和狭义之分。广义上，家庭则被更广泛地理解为在人类进化过程的不同阶段中所产生的各种家庭利益集团，即家族。狭义上，家庭则是在一夫一妻制前提下组成的特定组织单元。从对家庭的概念界定可以看出，家庭不是一个简单的物理概念，即家庭住址≠家庭，而是关系概念。举例来讲，一名从事教师职业的家长在学校办公室对子女进行课后教育，当他以家长身份教育时即为家庭教育。显然，家庭教育是以家庭关系为依据开展教育的，而非一定在家中。

---

① 马和民，高旭平.1998. 教育社会学研究. 上海：上海教育出版社，445.
② 邹强.2011. 中国当代家庭教育变迁研究. 天津：天津大学出版社，16-17.
③ 转引自邹强.2011. 中国当代家庭教育变迁研究. 天津：天津大学出版社，15-16.
④ 孙立双.2014. 学前儿童家庭与社区教育. 北京：北京出版社，8.
⑤ 姜又鸣.2012. 人口学. 保定：河北大学出版社，184.

第二，家庭教育强调家庭成员间的双向、多向教育。英国人类学家米德（M. Mead）首先提出前喻文化、后喻文化和并喻文化的概念。其中，前喻文化，又称为"老年文化"，是一切传统社会的基本特征，是最基本的文化传递方式；后喻文化，又称为"青年文化"，是现代社会文化传递的新兴独特方式；并喻文化，又称为"同辈文化"，是肇始于前喻文化崩溃之际的过渡性质文化。[①]家庭教育作为文化传递的基本途径，理应体现前喻、后喻和并喻的特征，从"父母对子女的教育"转向"家庭成员间的双向、多向教育"。

第三，家庭教育还包括家庭环境因素产生的教育影响。不限具体形式、不设课程、不置场所，在生活中耳濡目染，这是家庭教育的基本特征。当个体置身于某一家庭环境中，家庭的影响就无处不在、无时不有，即便显性教育事件尚未发生，但隐性环境教育效应时刻存在，如家庭成员的文化修养、教育观念、态度和期望等也发挥着潜移默化的教育作用。家庭教育是"有主体"（家庭成员）教育影响和"无主体"（家庭环境）教育影响的结合。[②]

从上述对家庭教育内涵的界定来看，其外延是宽泛的，凡是在家庭关系中发生的一切显性或隐性、有形或无形、有意或无意、有主体或无主体的，具有教育功能的活动都属于家庭教育。

三、家庭教育的特征

（一）家庭教育主体角色多样化

家庭教育主体角色的多样化指的是在家庭教育中，不仅父母可以成为教育主体，其他亲属、监护人、养父母、祖父母、外祖父母、子女等都可以成为教育主体。家庭教育主体角色的多样化非常重要，这种多样化可以促进教育资源的合理利用，提高家庭教育的质量，促进家庭成员之间的沟通和互动。其一，家庭教育主体角色多样化可以促进教育资源的合理利用。不同的人具有不同的知识、技能和经验，他们可以通过传授自己的知识和经验来促进家庭成员的全面发展。因此，让更多的人参与到家庭教育中时，可以充分利用他们的优势，为家庭成员提供更加多元化的教育资源。其二，家庭教育主体角色多样化可以提高家庭教育的质量。当家庭成员面对问题和面临挑战时，不同的教育主体可以提供不同的解决方案，可以让家庭成员更加全面地理解和解决问题。同时，多样化的教育主体可以在不

---

① 教育大辞典编纂委员会. 1992. 教育大辞典（第6卷）. 上海：上海教育出版社，160-161.

② 刘一，刘延金. 2018. 教育社会学视角下的家庭教育概念新解. 成都师范学院学报，34（4）：10-14.

同的情况下为家庭成员提供不同的支持和鼓励，让他们感到被关爱和支持。其三，家庭教育主体角色的多样化可以促进家庭成员之间的沟通和互动。当不同的人参与到家庭教育中来，他们需要进行交流和协作，这样可以增强家庭成员之间的联系和互动。在这个过程中，家庭成员可以学习如何与不同的人进行交流和协作，这对他们日后社交能力的提升和人际关系的建立是非常有帮助的。

（二）家庭教育内容多元且庞杂

家庭教育的内容多元且庞杂，不仅包括家庭成员的学术教育，还包括品德教育、生活技能教育、社交技能教育等。以下举例说明家庭教育的内容，如学术教育包括孩子在家里完成作业、学习课本知识、补习等方面的教育；品德教育是指家庭教育的重要任务之一是培养孩子正确的价值观和道德观念，包括诚实、正直、宽容、尊重他人等，家长可以通过榜样、鼓励和引导等方式，帮助孩子养成正确的价值观和行为习惯；生活技能教育指家庭教育涵盖孩子在日常生活中所需要掌握的技能，如烹饪、清洁、维护家庭设备等；社交技能教育包括如何与人沟通、合作、分享、解决冲突等方面的教育；艺术教育指家长可以通过引导孩子接触绘画、音乐、舞蹈、戏剧等艺术形式，培养孩子的审美能力和创造力；运动教育指家庭教育中适当的体育锻炼不仅对孩子的身体健康有益，还可以帮助孩子培养勇气、团队协作意识、竞争意识等；心理健康教育是在家庭教育中，家长需要关注孩子的心理健康，并帮助他们建立积极的情绪管理和压力缓解机制；情感教育是指家长需要关注孩子的情感需求，给予他们关爱和支持，帮助他们树立信心，培养健康的情感表达方式。当然，家庭教育的内容还包括其他方面，如美化、环保等，由于内容非常丰富，需要根据家庭成员的特点和需求，选择合适的教育方式和内容，帮助其实现健康发展。

（三）家庭教育开展随机且灵活

家庭教育并没有统一的教学大纲和教材，教育的方式和内容主要由家庭成员（尤其是家长）来决定，这是家庭教育的典型特点。家长会根据孩子的需求和学习情况，灵活地进行教育，以"遇物而诲""相机而教"为指导。因此，家庭教育的开展，首先，根据孩子的年龄和成长阶段调整家庭教育内容。对于幼儿期的孩子，家长应该注重语言启蒙、认知和身体发展方面的教育；对于小学生，家长应该注重学科知识和学习能力的培养；对于中学生，家长应该注重学科知识的深入学习和性格品质的培养。其次，根据孩子的兴趣和特点选择家庭教育内容。家长可以根据孩子的兴趣和特点，选择一些符合孩子特点的教育内容，如爱好音乐的孩子可以加强音乐教育，爱好运动的孩子可以加强体育教育等。再次，创新家庭教育的方式和方法。家长可以尝试采用不同的方式和方法，如游戏化教育、互动教育、探究式教育等，以增强孩子的学习兴趣和参与度。最后，保持家庭教育的连续性。家长需要保持家庭教育的连续性，不能只关注某个时期的教育，而是要注重全面、系统地进行家庭教育，帮助孩子形成健康的成长环境和良好的生活习惯。总之，家庭教育的随机性和灵活性不仅可以拓展教育内容和方法，而且还可以增强教育的针对性，提高教育的有效性。

（四）家庭教育的方法难以统一

学校教育需要讲究方法，家庭教育也不例外。"教学有法，但教无定法"[1]，这是学校教育中众所周知的认识，它是由教育的实际情况决定的，在家庭教育方面也一样，公认的良好家庭教育指导方法包括如下几类：第一，指导式教育，即家长通过指导和示范的方式，引导孩子学习和成长，让孩子逐渐掌握知识和技能；第二，激励式教育，即家长通过激励孩子的好习惯和成就，提高孩子的自信心和积极性，促进孩子的全面成长；第三，自主式教育，即家长为孩子提供自由发挥的机会，让孩子在自主探索中学习和成长，从而培养孩子的创造性思维和独立能力；第四，互动式教育，即家长与孩子之间建立良好的互动关系，通过互动交流的方式，促进孩子的情感发展和认知能力的提高；第五，约束式教育，即家长通过约束和规范的方式，引导孩子树立正确的行为准则和价值观念，以避免孩子在成长过程中出现错误行为。不同的教育方法各有优劣，家长需要根据孩子的具体情况和性格特点，选取适合的教育方法，从而达到良好的教育效果。同时，家长可以不断尝试和探索不同的教育方法，逐步找到最适合自己家庭的教育方式。

四、终身教育视野下的家庭教育

（一）家庭教育的新内容

家庭是一个人终身居住的重要场所。我们在此以狭义的家庭教育，即父母对

---

① 刘舒生. 1991. 教学法大全. 2 版. 北京：经济日报出版社，4.

子女的教育为例来阐释家庭教育的新内容。父母作为孩子的首任老师和终身导师，对孩子的发展起着至关重要的作用，并负有天然的不可回避的责任。家庭教育伴随着孩子终身的发展过程，每个发展阶段都有其教育重点，在终身教育视野下，家庭教育的内容更加新颖。在学前阶段，家庭教育的主要目标是培养孩子的语言能力、生活自理能力和安全自救能力，为日后他们进入学校做充分准备；在小学阶段，家庭教育应致力于促进孩子在道德、智力、体育等方面的全面发展，同时加强课外知识技能的巩固和延伸，培养促进个性发展的多种潜力；在中学阶段，家庭教育应基于对小学阶段教育的深化，进一步开展性意识教育和青春期心理教育，以引导孩子积极外在影响；在大学阶段，家庭教育应帮助孩子建立正确的世界观和人生观，确立正确的价值观和是非观，并引导他们恰当的交往朋友（包括异性朋友）和恋爱，进行多种形式的闲暇教育等；在工作及后续阶段，从院校毕业直至人的一生，家庭教育应该发挥引导作用，帮助孩子在不同阶段作出正确的选择和决策，包括职业发展和继续教育等方面。[①]美国学者哈维格斯特（R. Havighurst）提出了生命周期理论[②]，将个体社会化过程分为六个不同的阶段，分别是幼儿期、儿童期、青春期、青年期、中年期和老年期，每个阶段都有不同的任务和社会化要求：在幼儿期，个体需要学习的主要内容包括行走、吃饭、说话以及掌握大小便等维持个体日常生活的基本生活技能，控制情绪，建立基础的社会和事物认知概念，与家庭成员之间建立情感联结，以及学习辨别善恶；在儿童期，个体学习游戏所需的动作技能，学会爱护身体，能够与同伴建立良好的关系，学习分辨性别角色标准，发展读写算能力，学习日常生活概念，端正道德性及价值判断的态度，保持个性独立和对社会团体与组织具有积极的态度；在青春期，个体学习与异性交往，了解性别角色，了解生理结构并保护自己的身体，独立体验情绪，有信心实现经济独立，作好择业和组建家庭的准备，具备作为一个市民的必要知识和态度，追求并实现社会性行为，具备伦理常识和观念；在青年期，个体需要学会选择合适的伴侣，为结婚和组建家庭作好准备，掌握作为一名称职的市民所需要具备的必要知识和态度，积极追求并实践有益于社会的行为，同时，个体也需要学习并遵循伦理价值观，以指导自己的行为。在中年期，个体需要承担更多的社会责任，建立并维护稳定的经济生活水平，帮助孩子顺利成长并丰富

---

① 陈书华. 2009. 终身教育视野下的家庭教育. 宁波工程学院学报，21（3）：111-113，136.

② 金国华. 2008. 改革开放三十年社会科学理论研究：2008 年上海政法学院学术论坛. 上海：上海社会科学院出版社，689.

自己的业余生活，同时，应积极接受并适应身体机能的变化，尽己所能照顾年迈的父母，积极寻找并建立愉快且亲密的人际关系；在老年期，我们需要正视身体机能的衰退，适应退休和收入的减少，当配偶离世时，个体要学会处理失去亲人的痛苦情感。此外，个体还应尽自己作为市民的社会责任，勇于承担各项社会义务，建立愉快和亲密的关系，并适当降低物质生活要求。

家庭教育是个体从自然人走向社会人的起点。在面临离婚率上升、生育率下降、人口老龄化、价值多元化等多重挑战的今天，家庭结构、生活方式和教育形式正在发生变化。立足于终身教育视野，我们要丰富家庭教育的内容，发挥好家庭教育的作用，处理好家庭教育与学校教育、社会教育的关系，增强家庭教育与各级各类教育的互补、沟通和衔接。

（二）家庭教育的新路径

1. 树立终身学习的观念

思想与观念为行动指明方向。如果不及时更新陈旧的思想观念，就难以发现孩子存在的问题，甚至可能扼杀他们的天赋和才华。为了跟上时代潮流，满足孩子的成长需求，家长必须以严谨、稳重、理性的态度，积极转变观念，将终身学习视为一种自觉的行动，以适应时代的发展和变化。这也家长我们秉持终身学习的理念，以平等的态度与孩子交流，尊重他们的自主权和决策权，给予他们足够的发展空间，以身作则，不断补充新的教育知识，以满足孩子身心发展的需要，实现与孩子真正的心灵交流，从而达到引导和教育孩子健康成长的目的。

2. 注重更新自身业务知识

作为孩子的终身引路人，家长应不断更新自身的知识体系，与时俱进，为孩子树立鲜明的终身学习的榜样。这意味着家长除了要积累教育知识以外，还要积极汲取新的工作业务知识，并具备强烈的事业心和责任感。在工作中，家长应善于总结经验，敢于创新，为孩子树立终身学习的典范。这种榜样的力量远胜于单纯的说教式教育，且对孩子的一生有着深远的影响。家长应通过自身的行动，展示积极进取、不断学习的态度，以此激发孩子的求知欲，引导他们积极探索世界，并助力他们成长为杰出的人才。

3. 充分利用网络进行学习

在终身教育盛行的时代背景下，网络信息已被广大社会成员视为获取学习资源的重要渠道。对于众多家长来说，这也成为他们追求终身学习的重要途径。此学习方式突破了时间和空间的限制，使得人们能在任何时间、任何地点进行学习。这为家长提供了全新的途径来理解孩子的成长规律，同时更新了他们的教育理念和知识。在面对内容丰富、形式多样的网络资源时，家长可以通过访问相关网站的方式来拓宽自己的知识视野，也可以选择网络教育课程来丰富关于教育的知识，此外还可以加入论坛进行自主学习和交流。这些方法为家长提供了更多机会，不仅能够更好地实现终身学习的目标，还能够更好地进行家庭教育。

4. 参加家长学校或培训班

在终身教育时代，家长可以根据孩子的实际需求和自身情况选择适合的家长学校或培训班，如优生优育的孕前教育和胎教、蒙氏早教中心的早期养育和感觉统合培训机构等。除此之外，还有各种教育机构举办的家长学校、讲座、沙龙等，供家长选择学习。这些方式能够帮助家长不断学习关于孩子的教育学、心理学、卫生保健知识和教育方法等，使他们开阔眼界、获得成功经验，并能结合实际情况分析当前社会存在的问题，分析自身家庭教育中存在的问题，还能依据相关理论知识和有效经验寻找到最优解决办法，以解决家庭教育中遇到的问题，从而取得更好的家庭教育效果，并为之后的家庭教育提供指南。通过这些方式，家长能够全方位地了解孩子的成长规律和需求，掌握有效的教育方法和技巧，提高自身的教育水平，为孩子的成长发展提供更好的支持和指导。

5. 阅读各类家庭教育书刊

对家庭教育相关书刊的阅读是家长进行家庭教育学习和终身学习的一种非常重要的途径。人类历史上有大量关于家庭教育的优秀著作和报刊供家长选择，这些书刊涵盖了许多不同的主题和角度，如《颜氏家训》《家庭教育》《爱弥儿》《童年的秘密》《儿童的一百种语言》《教育漫话》《天才教育》《卡尔·威特的教育》等。除了上述书籍，还有一些专门为家长提供教育指导的杂志，如《父母必读》《中华家教》和《家教博览》等，可以提供有关家庭教育、儿童成长和教育技巧方面的信息，也可以帮助家长更好地了解教育方面的知识。家长可以选择适合自己的读物，以便更好地为孩子提供教育指导，让家长们能够更好地应对孩子成长中遇到的问题。这些刊物中包含了许多实用的教育知识、案例分享、育儿心得等，能够帮助家长更加全面、系统地了解家庭教育，并且在实践中不断提升自己的育儿技能。

6. 交流家庭教育经验并进行自我反省

当代社会是一个多元化且开放程度较高的社会，这也为家长提供了广泛的学习交流机会，家长应具备出色的交流沟通能力，并能够从其他家庭的教育经验中吸取有效建议。同时，由于每个孩子都是独特的个体，家长需要不断反思自己的家庭教育行为，并通过总结经验教训来提高自己的教育水平。正如孔子所言，"吾日三省吾身"（《论语·学而》），家长在教育孩子的过程中，也应坚持终身学习的原则，时常从教育效果中总结经验，反思教育方式，及时补充缺乏的教育知识，以便不断改进并提高家庭教育的质量。

第三节　社　会　教　育

社会教育是终身教育的重要组成部分，它不仅为人们提供了在学校以外获得知识和技能的机会，还促进了社会参与和个体成长。在本节中，我们将深入探讨社会教育作为终身教育形态存在的概念和特征问题。同时，审视终身教育视野下的社会教育，通过对社会教育的深入研究，我们将能够更好地理解它在终身教育体系中的地位和作用，以及如何通过社会教育提供平等的学习机会，帮助个体不断提高自己的技能和知识，以适应不断变化的社会环境。

一、社会教育概念的提出

社会教育是一种将社会和教育相结合的教育形式。最早是在德国出现的，1835年，德国教育学者狄斯特威格（A. Diesterweg）在他的《德国教师陶冶的引路者》一书中提出了"社会教育"这个概念。[①]他认为传统的教育应该面向社会各阶层，注重社会生活的革新，因此社会教育的意义在于通过提供教育来改善社会各阶层的生活状况。在我国，最早使用"社会教育"一词的官方文件出现在1912年，当时蔡元培担任教育总长，他强烈主张设立社会教育司，临时政府教育部于同年成立了社会教育司。虽然蔡元培被广泛认为是将"社会教育"的概念引入我国的人，但实际上这个概念是从日本传入的。在中日甲午战争之后，我国学界开始大规模地学习西方，许多新的名词也纷纷传入我国，许多留学日本的学者发表文章介绍日本的教育理论。因此，"社会教育"这个概念经过日文转译传入我国。[②]据考

---

① 转引自詹栋梁. 1991. 现代社会教育思潮. 台北：五南图书出版公司，3.

② 王雷. 2003. 中国近代社会教育史. 北京：人民教育出版社，6-7.

证，早在民国前，我国已经开始使用"社会教育"一词，如 1903 年 10 月 5 日出版的《游学译编》就已经出现了"社会教育"这个词。1901 年创刊的《教育世界》在目录中也出现"社会教育"一词。可见，在民国前，国人已在使用"社会教育"一词。

自民国时期开始，社会教育不再仅仅是国家的一项教育事业，也成为一个学科研究领域。1906 年，《教育》杂志由"爱智会"①主办，发表了蓝公武的《社会教育论》，这被认为是最早的一篇社会教育的论文。随后，谢荫昌在 1913 年出版了《社会教育》一书，这是中国最早的社会教育著作之一，由商务印书馆、中华书局和文明书局联合出版。在民国时期，我国学者从理论和实践两方面对社会教育进行了比较全面的探索。遗憾的是，民国时期的社会教育传统并没有被积淀下来。②

二、对社会教育的不同界定

随着社会教育事业的发展，越来越多的人开始熟悉"社会教育"的概念。然而，由于不同学者对社会教育的理解角度存在差异，因此对于社会教育的定义也存在多种不同的认识。

（一）从社会教育的对象角度进行界定

第一种是"社会全体说"，持该学说的研究者指出社会教育应以整个社会为教育对象，并且要面向整个社会进行教育。③

第二种是"社会全民说"，持该学说的研究者认为社会教育是指在人类共同生活环境中，有组织地辅导社会全民，使其充实自己并提升生活水平，从而促进社会全面向上发展的教育。④

第三种是"社会成员说"，持该学说的研究者指出社会教育是指除了学校和家庭以外，社会文化机构和社会团体对社会成员进行的教育，尤其是对青少年的教育。⑤

第四种是"青少年和成人说"，持该学说的研究者认为社会教育指除了遵循

---

① 李峰. 2019. 苏州通史：人物卷（下）（中华民国至中华人民共和国时期）. 苏州：苏州大学出版社，109.

② 侯怀银，张宏波. 2007. "社会教育"解读. 教育学报，3（4）：3-8.

③ 余寄. 1917. 社会教育. 上海：中华书局，1.

④ 杨亮功. 1970. 云五社会科学大辞典 第八册. 北京：商务印书馆，223-225.

⑤ 厉以贤. 1988. 现代教育原理. 北京：北京师范大学出版社，334.

相关学校教育法开展的教育课程外，主要针对青少年和成人进行的有组织的教育活动。^①上述观点普遍认为，社会教育的对象是全体社会成员，其中第三、第四种观点特别强调了青少年作为社会教育的重要对象。然而，从对象角度来看，这种认识实际上只注重社会教育的客体，而忽略了社会教育的主体。因此，我们需要更全面地认识社会教育，包括社会教育的主体和客体两个方面。

（二）从社会教育的功能角度进行界定

第一，社会教育是为了拓展教育范围，除了普通正式学校外，有些国家还开设各种非正式教育机构，社会教育是由国家或私人提供的一种教育形式。社会教育不仅包括各种教育机构，还采用多种教学方法和手段，为未接受国民基础教育的成年人提供基础教育补习的机会，同时也为受过教育（无论程度如何）的人提供继续教育的机会。^②

第二，社会教育是为了提高民众素质，以社会全体为对象而组织的教育活动。这种教育活动由国家、公共团体或私人组织，旨在促进民众素质的提高。^③

第三，社会教育的理解可以分为广义和狭义两种。广义上的社会教育指的是任何对个人身心发展产生影响的社会生活中的教育；而狭义上的社会教育则指除学校教育以外，针对青少年、儿童和成人开展的各种文化教育的活动。^④

第四，"社会教育"一词，最初主要用于描述某个国家为了满足人民的主要需求和利益而采取的激进的社会教育措施。^⑤

一般来说，社会教育从其功能角度进行界定，被视为一种活动，包括社会活动和教育活动，并强调社会教育作为一种活动对社会产生的影响。然而，功能仅是本质的表征，仅仅从社会教育的功能角度来界定，难以全面揭示社会教育的本质。

（三）从社会教育的内容角度进行界定

第一，社会教育内容涵盖处世、接物、立身、行事等方面，同时也是一种教

---

① [日]新堀通也，等. 1989. 社会教育学. 张惠才，黄仁义，苏明顺，等译. 北京：春秋出版社，142.

② 陈礼江. 1937. 社会教育的意义及其事业. 南京：正中书局，3.

③ 唐钺，朱经农，高觉敷. 1933. 教育大辞典. 上海：商务印书馆，641.

④ 中国大百科全书出版社编辑部. 1985. 中国大百科全书·教育卷. 北京：中国大百科全书出版社，313.

⑤ Jarvis P. 1999. An International Dictionary of Adults and Continuing Education. 2nd ed. London: Routledge, 315.

育场所，因为人的存在无法脱离社会。①

第二，社会教育是一种多样化的教育形式，涵盖经济、政治、文化、生活等各个方面，旨在为社会各界人士提供教育服务。②

第三，社会教育是在广泛的社会生活和生产过程中进行的教育活动。③

从社会教育内容的角度来界定社会教育，可以揭示其内涵的一部分，但并不能全面阐释社会教育的概念。因为社会教育是一个复杂的概念，需要从不同的角度来加以理解。

（四）从社会教育和学校教育比较的角度进行界定

第一，社会教育旨在提高社会的知识水平和道德素质，与学校教育有所不同。④
第二，社会教育是为正式学校提供补充，具有间接性或附带性的教育事业。⑤
第三，社会教育是非正规教育的片面补充。⑥
第四，社会教育通过学校和社会文化教育机构对青少年和人民群众进行教育。⑦

社会教育与学校教育相比较，是对社会教育进行界定的一个角度。通常人们所提及的学校教育是狭义上的教育，社会教育在功能上被视为对学校教育的补充，但是这种认识将社会教育看作一种附带性的、间接的教育活动，导致社会教育独立功能被削弱。实际上，社会教育和学校教育是平行的、相互促进的教育活动，二者应互相补充。从社会教育和学校教育相比较的角度对社会教育进行界定，有助于进一步认识社会教育的特征，但无法完全理解社会教育的概念。我们应该全面了解社会教育的概念，揭示社会教育和学校教育的联系和区别。社会教育的概念从内容和功能两个角度进行界定，其中，社会教育的内容涉及处世、接物、立身和行事，而社会教育的功能在于提高人们的智识和道德水平。将社会教育定义为片面的补充教育的方式和非正规教育是不恰当的。社会教育是一种通过学校和其他社会文化教育机构对青少年及其他人民群众所进行的教育活动。⑧

---

① [日]中岛半次郎. 1903. 论学校对家庭与社会之关系. 游学译编，（8）：1-5.
② 李冀. 1989. 教育管理辞典. 海口：海南人民出版社，15, 118.
③ 全国十二所重点师范大学. 2002. 教育学基础. 北京：教育科学出版社，8.
④ [日]佐藤善治郎. 1902. 社会教育法. 教育世界，（8）：31.
⑤ 马秋帆，熊明安. 1993. 晏阳初教育论著选. 北京：人民教育出版社，25.
⑥ 马秋帆. 1994. 梁漱溟教育论著选. 北京：人民教育出版社，101.
⑦ 张念宏. 1987. 教育学辞典. 北京：北京出版社，253.
⑧ 侯怀银，张宏波. 2007. "社会教育"解读. 教育学报，3（4）：3-8.

三、社会教育的内涵及外延

（一）社会教育的内涵

我们认为，社会教育可以从广义和狭义两个方面理解：广义的社会教育包括一系列旨在有意识地促进人类身心和谐发展的各种社会活动；而狭义的社会教育则是指由政府、公共团体或私人设立的独立教育机构针对整个社会成员进行的有目的、有系统、有组织的教育活动。通过这种方式，我们可以更好地理解社会教育的范围和特征，同时避免重复描述社会教育的内容和定义。[①]

社会教育是一个包括广义和狭义两个层面的概念。在广义层面上，社会教育是指各种旨在促进人类身心和谐发展的社会活动，包括社会生活中的所有具有教育意义的活动。实际上，社会教育最初是实现教育目的的一种手段。在原始社会中，年轻一代的教育是通过全氏族成员之间的口耳相传、言传身教来完成的。随着家庭教育和学校教育的出现，广义的社会教育逐渐分化为学校教育、家庭教育和狭义的社会教育。在狭义层面上，社会教育的概念主要涵盖以下几个方面：第一，社会文化教育机构是社会教育的实施主体，无论是政府、团体还是私人创办的，只要对社会成员的教育活动产生影响，就是社会教育的实施者；第二，社会教育的客体是社会全体成员，而不是某个特定群体；第三，社会教育的实施机构和场所包括公私立学校和社会文化机构；第四，社会教育是一种有目的、有系统、有组织的、独立的教育活动。对于社会教育，我们需要认真策划、精心设计、周密安排，它不是学校教育的补充，而是一种独立的教育形式，应该被平等对待。[②]

（二）社会教育的外延

狭义的社会教育包括"社会传统的教育"、"社会制度的教育"和"社会活动或事件的教育"等多种类型。社会传统的教育是指社会风俗习惯所产生的潜在教育效应；社会制度的教育是指政治、经济、文化等制度对个体态度、行为和信仰所产生的影响。一种优秀的社会制度对于个体的道德品质的塑造和发展会产生积极作用。此外，社会活动或事件的教育是指个体通过参与各种社会活动所获得的教育。[③]

[①] 侯怀银. 2020. 社会教育研究. 宁波大学学报（教育科学版），42（5）：10-11.

[②] 侯怀银，张宏波. 2007. "社会教育"解读. 教育学报，3（4）：3-8.

[③] 侯怀银，张宏波. 2007. "社会教育"解读. 教育学报，3（4）：3-8.

四、社会教育的特征

（一）社会教育主体的多样性

社会教育的范围涵盖社会中的所有成员，因此，任何能够对全体社会成员产生影响的实体都可以被视为社会教育的实施主体。这些实体包括政府、组织和私人机构，主要通过其设立的文化教育机构来实施社会教育。由于社会教育实施主体的多样性，协调各个主体之间的关系就成为社会教育实施的关键。

（二）社会教育对象的广泛性

社会教育的受众范围广泛，包括社会各界人士、社会全体、社会成员、社会全民等。如今，社会教育的服务对象已经不再局限于青少年，而是覆盖全社会，这是一个普遍趋势。社会教育的宗旨是发展全民教育和终身教育，对各个年龄段和职业的人都具有重要意义。以往，社会教育仅被认为是校外教育的一种形式，这种看法已经过时。在现代社会教育体系中，社会教育是不可或缺的一部分，其意义更加突出。社会教育的实施主体多样，需要协调各方力量，这是实施社会教育的关键。

（三）社会教育内容的丰富性

社会教育的实施主体多样、受众广泛。与学校教育不同，社会教育没有年龄、时间和地点等限制，人们可以随时随地接受教育。社会教育已经开始将教育与社会生活、生产劳动、休闲娱乐等相结合，这种开放性使得社会教育内容变得多样化和复杂化，虽然这增加了社会教育内容的丰富性，但也带来了一些确定性。许多学者并未给出明确的定义，即使给出了定义，定义也比较模糊。例如，有学者将"处世、接物、立身、行事"等内容笼统地归为社会教育。[①]这主要是由于社会教育内容过于广泛。在民国时期实行的社会教育，其内容包括学校教育之外的所有内容。现代社会教育的内容包括文化知识、科学技术、政治法律、伦理道德、文学、体育卫生和生活常识等多个方面。如何确定社会教育内容是社会教育研究面临的重要课题。

---

① [日]中岛半次郎. 1903. 论学校对家庭与社会之关系. 游学译编，（8）：1-5.

（四）社会教育形式的多样性

社会教育内容丰富、教育对象广泛，这促进了社会教育形式的多样化。不同于家庭和学校教育，社会教育的开展形式灵活且多样。社会教育既不受制度化教育的严格限制，又很少受到阶级、地位、年龄等的限制，具有较强的民主性。过去，社区、影剧院、博物馆、图书馆、公园等场所都是重要的社会教育场所，培训班、讲座、函授、媒体传播（如广播、电视、报纸、杂志、电影院等）、展览馆、自学等都是社会教育的主要形式。如今，随着网络技术的发展和应用，社会教育的形式将更加多样化，同时，网络社会教育成为社会教育发展的新趋势。

（五）社会教育方式的补偿性

随着 20 世纪后半期终身教育、终身学习和继续教育等理念的普及，人们开始意识到现代人的成长不再仅仅在学校中完成，还可以通过多样化的社会教育形式实现。在这个社会快速发展的时代，仅靠在象牙塔里获得的知识已经不足以跟上潮流。因此，人们需要不断地更新自己的知识。如今，社会教育不仅面向青少年，而且面向成人劳动者，不仅可以弥补学校教育的不足，还能够满足成年人持续学习的需求。因此，社会教育作为学校教育的重要补充方式，越来越受到重视，成为终身教育、终身学习和继续教育的重要手段之一。我们要强调的是，社会教育的补偿方式并不是为了弥补学校教育的不足，而是有着独特的功能。

（六）社会教育领域的广阔性

社会教育已经被认为是和家庭教育、学校教育并列的重要教育领域。现在，社会教育不仅具备独立的形式，而且在日常生活中已经逐渐渗透到各个领域，包括政治、生产、社会和娱乐活动。它已经成为社会生活中不可或缺的一部分。它在不断扩大其领域和范围的同时，也在不断地提升其作用的效果。社会教育的普及和推广可以在较大程度上提升人民素质和经济发展水平，同时也可以推动社会的进步和发展。例如，在政治活动中，社会教育可以通过举办各种形式的培训班、讲座和研讨会，提升公民的政治素养和增强其参与度；在生产劳动中，社会教育可以通过组织职业培训，提高劳动者的技能水平和创新能力；在社会生活和娱乐活动中，社会教育可以通过开设各种形式的文化课程和开展娱乐活动，丰富公众的文化生活和娱乐休闲方式。

五、终身教育视野下的社会教育

自 20 世纪 80 年代起，我国的社会经济蓬勃发展，人们的生活水平持续提高，同时社会结构也发生了重大变化。社会快速的发展让人们对自己的受教育程度提出了更高的要求，迫切需要更多的途径和机会来获得教育机会。同时，人口问题、环境问题、家庭问题等社会问题也逐渐凸显，这些问题需要通过教育来得到解决。[①] 在这样的背景下，社会教育开始向终身教育延伸，涵盖了补习教育、特殊教育、公民教育、艺术教育、亲职教育等多个领域，实现了从教育到大教育的转变。社会教育不再是过去单一的教育形式，而是成为一种终身学习的理念，并发展成为一种独立的教育形式，不仅仅是面向少数人，而是面向全民，真正实现了"有教无类"，不区分性别、年龄、职业、智力、贫富，不限制地域、场所、方式，为人们提供及时的和适合的辅导与进修机会，满足社会各方面的需求。此外，社会教育已经逐渐融入社会生活的各个方面，与政治活动、生产劳动、社交生活以及娱乐活动等密切相关并且融合在一起。

一方面，终身教育贯穿生命发展的始终，囊括教育各发展阶段。[②] 终身教育强调教育的终身性、全民性、全程性、全面性、补偿性、开放性和发展性，是现代教育发展的主流趋势。在终身教育理念的倡导之下，人类社会生活的时空为教育所覆盖[③]，教育与社会的联系更加密切，个体的生存和发展也越来越依赖教育。不仅如此，在终身教育的浪潮之下，社会发展对教育质量的要求越来越高，具体表现在要求国家为每个国民提供适合其发展的高质量的教育，推动教育社会化和社会教育化，使教育无处不在、无时不有、无人不享。社会教育作为促进终身教育理念实现的重要教育形式，逐渐成为人们接受终身教育的基本手段和有效载体，为社区居民提供了终身学习的平台和机遇，个体可按照自己的兴趣、意愿、时间、习惯等选择最适合自身发展需要的学习方式，真正实现"教育终其一生"，享受社会教育带来的红利。

另一方面，在终身教育理念引领之下的社会教育着眼于教育与生活的融合、教育与生命的互动、教育与社会的相互作用，体现着教育发展与个人发展、社会建设的动态平衡。首先，社会教育为待业人员、下岗职工、流动人口等提供了重新参与学习的机会，创造了再教育、再就业的条件，缩小了贫富差距，促进了社

---

① 杨晓波. 1999. 台湾社会教育. 太原：山西教育出版社，26-41.

② [法]保尔·朗格朗. 1985. 终身教育引论. 周南照，陈树清，译. 北京：中国对外翻译出版公司，15-17.

③ 徐莉，肖斌. 2022. 新时代终身教育的理性遵循与价值诉求. 中国电化教育，（6）：37-46.

会的和谐与稳定。其次，社会教育为民众营造了开展社会交往与良性互动的开放式平台，尤其对空巢老人、残障儿童等特殊人群给予充分的人文关怀，促进了社会的公平与正义。再次，社会教育在科学知识与技术的传播、民众素质的提升、社会物质环境的改善和社会精神文化的建设等方面也发挥着重要作用。最后，社会教育在与学校教育、家庭教育的互动中，逐渐走向教育的终身化和一体化，推动终身学习型社会的建设。

终身教育将个体一生所受的教育视为一个有机整体，既是对学校教育和社会教育关系的重新认识，又是对社会教育价值的再次追寻。在终身教育视野下寻求社会教育发展的路径，我们首先应当贯彻终身教育和终身学习理念，这一理念的认识主体涉及政府、学校、社区、企事业单位、社会团体和普通民众。首先，政府应在社会教育中发挥统筹规划、引导支持的重要作用，通过出台社会教育推进政策和条例、划拨社会教育发展资金、号召其他部门通力合作等方式为推动社会教育的实践而努力。其次，学校须始终明确"学校是社区的学校"这一定位，通过开展社会服务，即以校企合作、校区合作、校校合作等方式开放资源，为处于学校教育系统之外的普通民众提供学习的机会。比如，常州市组建的社区教育高校（高职校）联盟、上海市杨浦区所实行的"三区融合、联动发展"策略等成功案例，都为我国其他省份的学校推动社区教育提供了参照。再次，社会应明确终身教育最初是成人教育实践的产物，即有利于成人谋求职业的补充性教育活动，而活动场域正是社会中的社区。当前实践中的社会教育依然包含着对成人的职业培训，在一定意义上这正是对终身教育理念的践行。在英国，当地的"社区工作人员协会"秉持终身教育理念，联合高校的社区教育部、推广部合作承办多类型社区学校，为当地民众提供了丰富、开放的课程服务，逐渐形成了成熟的运行机制，这为我国提供了可资借鉴的范本。最后，企事业单位、社会团体和普通民众也应主动参与到社会教育中。[①]

---

① 侯怀银，宋美霞. 2022. 终身教育视野下的社区教育发展：价值意蕴、现实困境与突破路径. 现代教育管理，（12）：16-26.

第四章 终身教育的功能及体系

从概念上讲，终身教育是一种促进终身学习的手段，旨在引导人们系统地获取、更新、提升和完善知识、技能及态度，以应对不断变化的现代社会。其最终目标是促进每个人的自我实现。实现终身教育的关键在于不断提高人们参与自主学习活动的能力和积极性。此外，终身教育还要承认所有教育形式对个人发展的影响，包括正式和非正式的教育形式。

第一节 终身教育的功能及分类

终身教育是一种多维度、跨学科的教育理念，明确其功能和分类是我们深入了解和探讨这一领域的关键起点。在本节中，我们将探讨终身教育的多样性功能及其分类，以帮助我们更好地理解它如何满足不同个体和社会的需求。终身教育不仅仅涉及学习，它还涉及个体的发展、社会的进步、职业的提升以及文化的传承。通过对终身教育的功能和分类的深入讨论，我们将能够更好地认识它在不同背景和领域中的应用，以及如何实现其多样性的目标和愿景。

一、终身教育功能的界定

（一）终身教育功能确立的前提

我们在理解终身教育功能之前，需要先把握教育功能。教育功能是终身教育功能确立的前提。在教育领域，对于教育功能有教育职能和教育作用等多种多样的理论描述，但是在大多数情况下，我们使用的是"教育功能"这个术语。

在《教育大辞典》（第 1 卷）中，教育功能包括传承人类的经验和知识，使得个体的身心得到全面的发展，不断适应和满足社会的需求，以此促进社会的发展。教育具有促进个体发展和社会发展两个方面的功能。针对这两个方面的关系，《教育大辞典》（第 1 卷）进行了必要的说明，指出教育在培养个体的过程中也在不断推动着社会的进步和发展；相反，在满足社会的发展需求时，教育也在不断培养着个体，促进其发展。此外，教育的功能可以进一步细分为经济、政治、文化以及个性发展等方面。[1]叶澜在其所著的《教育概论》一书中，系统地分析了教育的功能，她认为对个体发展的影响和对社会发展的影响构成了教育的基本功能。她指出，马克思主义通过揭示总的历史变化趋势以及社会和个体发展之间存在的规律性联系，为我们提供了正确的辩证思维方法和认知，帮助我们在现代社会中理解教育基本功能之间的关系。[2]叶澜还对不同层次的教育系统中教育功能关系的各种存在状态进行了具体分析，指出渗透、结合或者包含等多种存在形态之间可以而且必然相互转化。[3]在《现代教育原理》一书中，厉以贤采用现代视角对教育功能等问题进行了深入研究和探讨。该书指出，现代教育不仅对社会的每个成员会产生影响，而且贯穿于人的一生，同时在社会进步和个人发展的各个方面都渗透着现代教育。[4]目前，关于教育功能的定义涉及维持和发展整个社会系统的过程中教育能够产生的影响，主要是包括两个方面，即促进个人的发展和促进社会的进步。具体来讲，通过传授、训练、陶冶以及评价等不同的方式，教育可以将包括激发、重构、导向、奠基、提高、矫正、完善、增殖以及选择等在内的功能作用于个体和群体各方面发展的过程中。除此之外，教育可以培养出胜任社会角色的社会公民，通过充分发挥改造、改革与适应等功能，不断维持社会的稳定、促进社会的发展。教育功能的核心是育人功能，由此延伸和转化出社会功能。然而，教育功能的目的可能是错误的，其指导思想不一定明确或者存在教育不得法的情况，使得出现非正向的教育功能，进而产生负面的影响。正因为多种条件的限制，本应该全方位发挥作用的教育功能，往往偏离方向或者在功能之间产生"内耗"，从而削弱正向功能、增强负向功能。[5]

---

① 顾明远. 1990. 教育大辞典（第 1 卷）. 上海：上海教育出版社，17.

② 叶澜. 1991. 教育概论. 北京：人民教育出版社，323-324.

③ 叶澜. 1991. 教育概论. 北京：人民教育出版社，331.

④ 厉以贤. 1988. 现代教育原理. 北京：北京师范大学出版社，41.

⑤ 顾明远. 1998. 教育大辞典：增订合编本. 上海：上海教育出版社，747.

（二）终身教育功能的提出

20 世纪末，有些人认为，开启 21 世纪需要终身教育这把"金钥匙"。这种期望迫使人们热切地追求终身教育，并且希望借助于终身教育使每一个体能够了解自己发展的潜力和提高自己的能力。然而，误解终身教育并对其产生悲观情绪的现象因这些高期望而不断涌现。实际上，人类长期希望借助于教育使其智慧得以增长，进而使其命运得以改写。终身教育是在延续传统教育的基础之上不断创新当代的教育。人们在探索终身教育的过程中始终持有两种截然相反的态度。一种是以近代思想家夸美纽斯（J. A. Comenius）为代表的积极向上的态度，他提出泛智论这一教育主张，提倡将一切事物教给一切人，相信每个人都有潜力学习各种知识。[①]他的观点对于传统理论来讲无疑是一种挑战，因为他始终相信人类可以借助教育提升自己的智力进而改变命运。同时他坚信教育适用于一切人，是具有终身性的。另一种是以现代哲学家波普尔（K. Popper）为代表的消极退缩的态度。波普尔提出科学知识的发展和人类历史的进程没有明确的规律，是难以预知的现代现象。[②]这种观点对人类自身的潜力和教育的发展持悲观态度。两种态度无时无刻不影响着人们，因此需要积极落实教育的责任和义务，消除教育悲观态度带来的消极影响，同时不断地创新教育功能，以更好地履行这一使命。

据此，联合国教科文组织在 1996 年 1 月发表的《教育——财富蕴藏其中》中明确提出了一个核心观点，即"教育的首要作用之一是使人类有能力掌握自身的发展"[③]。终身教育在个体性格的塑造、个性的培养以及潜力的开发等方面起着至关重要的作用，其本质是一个帮助个体不断提升自我的过程，通过不断增进知识和技能以提升判断力和行动力。这个过程旨在让每一个体都能更好地理解自身所处的环境，并能够在职业领域和社会中积极参与并发挥作用。[④]因此，"使人类有能力发展自我"成为实现终身教育功能的逻辑起点。

（三）终身教育功能的内涵和外延

功能，也被称为性能，指的是事物所具备的某种根本属性或者能力，可以作

---

① 荀渊. 2023. 教育学的知识构建传统与路径重建. 南京师大学报（社会科学版），（5）：34-44.

② 张华夏. 2003. 波普尔的证伪主义和进化认识论. 自然辩证法研究，19（3）：10-13，22.

③ [法]雅克·德洛尔. 1996. 教育——财富蕴藏其中. 联合国教科文组织总部中文科，译. 北京：教育科学出版社，69.

④ [法]雅克·德洛尔. 1996. 教育——财富蕴藏其中. 联合国教科文组织总部中文科，译. 北京：教育科学出版社，92.

用于周围的事物。功能是物质存在的重要特性之一,不同种类的物质所具备的物质功能是不同的,这些不同的功能是区别事物的重要标志。[①]终身教育功能则是指在个体和社会的发展过程中,终身教育活动和体系所具有的作用和产生的影响,尤其是指终身教育活动所引发的变化和产生的效果。终身教育功能不仅具备客观性和必然性,还具有明确的定向性和多层面性。

终身教育功能按照层次划分,既有共性和个性之分,又有一般和特殊之分[②],还有本体、个体和社会之分。据此,我们可以从以下六个方面把握终身教育功能的内涵和外延。

第一,终身教育促进知识更新和人的全面发展。终身教育可以帮助个人跟上时代的发展步伐,促使其学习新知识和技能。随着科技和社会环境的不断变化,原有的知识和技能可能会逐渐落后,通过终身教育,个人能够及时了解最新的知识和技术,保持竞争力。同时,终身教育强调个体在各个阶段都有机会接受教育和学习,从而实现知识、技能和品德等各个方面的全面发展。个体通过终身教育,能够获取多种技能和知识,提高职业素养和综合能力,更好地适应和融入社会。

第二,终身教育有利于个体的职业发展。终身教育为个体提供了持续学习和进一步接受教育的机会,帮助人们持续提升自身素质和能力,更好地适应职业发展和就业市场的需求。无论是在工作岗位上还是在转行、就业中,终身教育都能够为个体提供必要的支持和资源,帮助个体实现职业发展目标。

第三,终身教育丰富个体的精神文化生活。终身教育有利于培养个体兴趣爱好,引导个体拓宽知识面,提高综合素质。通过学习艺术、音乐、体育等方面的知识和技能,个人可以充实自己的生活,并丰富个体的精神文化生活。

第四,终身教育有利于提升个体的终身学习能力。终身教育不仅仅是为了获得一次性的学历或证书,更重要的是培养个体的终身学习能力。通过不断学习和思考,个体可以养成良好的学习习惯和思维方式,提高自主学习能力,适应不断变化的社会环境和个体需求。

第五,终身教育推动社会的发展、创新和进步。终身教育鼓励人们不断学习和积累知识,不仅仅是专业知识,还包括社会文化知识、人文素养和创新能力等。通过不断的学习和思考,个体能够理解和掌握新知识、新技术,从而进一步推动科技创新和社会进步。

---

① 蔡宝来. 2011. 现代教学: 理论和实践. 上海: 上海教育出版社, 106.

② 杨江丁, 陆菲文. 2014. 少先队活动教育学. 上海: 上海人民出版社, 28.

第六，终身教育能够增强社会凝聚力和和谐度。终身教育让更多的人参与到教育学习中，为其提供平等的学习机会和资源分配机会，使得社会资源更加公平、相对均衡地分配给每一个体。这将有助于减少教育不平等现象，增强社会凝聚力，促进社会和谐。

二、终身教育功能的分类

终身教育在全球范围内的广泛传播始于 20 世纪 60 年代，得益于联合国教科文组织和其他相关国际机构的大力倡导及推广。终身教育被视为国民综合素质有效提高、国际竞争力显著增强以及经济不断增长的重要策略和手段，也成为许多国家制定教育方针和政策的理论基础。意识到终身教育重要性的普通民众逐渐增多，他们积极推广并主动参与到终身教育的实践当中，自觉地充分利用各种机会开展学习。终身教育的影响力之所以如此巨大，是因为它具有促进教育民主化和生活化的功能、促进人的全面和个性发展的功能和促进社会（以社区为载体）整合与发展的功能。这些特点和优势使得终身教育成为当今社会最为引人注目的教育思潮之一。[①]

（一）终身教育具有促进教育民主化及生活化的功能

终身教育摆脱了传统教育的时间和空间限制，覆盖人类活动的各个方面，与工作和休闲紧密相连，不仅是"占有"范畴，更是"存在"范畴，与人类生活息息相关，使教育世界和生活世界相互融合、相互统一。因此，终身教育不仅推动了生活的教育化，也促进了教育的民主化和生活化。

1. 终身教育为教育的民主和平等创造了机遇

终身教育使一个人在其一生中持续接受各种教育和培训，以不断提升自身的知识和技能。无论在何时何地，教育都应该将所需的知识以及必要的技能以最佳的方式呈现出来，并贯穿一个人的整个生命时间和空间范围。终身教育是对现存教育内部因素和外部因素的多元立体式的整合。终身教育的一个基本追求是实现教育的民主化，保障每个人都能享有终身受教育和终身学习的机会。

国家需要建立一种机构，以确保人民能够在社会上有所作为，并且在经过生活的考验之后，依然有机会接受教育，这才是真正民主的教育。尽管学校努力使

---

① 崔铭香，徐青. 2003. 终身教育的功能探析. 继续教育研究，（2）：10-12.

学习时间得以延长，试图以统一考试的方式以及评分的方法，同时采用竞争性的测验等，但教育不公平现象在一定程度上依然存在。与此同时，校外的一些职业培训也未能充分实现良性发展。随着年龄的增长，一些人难以得到继续接受教育的机会。

长期以来，人们渴望并要求得到教育民主。传统社会和现代社会都为更多的人能够接受教育创造了条件。终身教育被视为国民综合素质有效提高、国际竞争力显著增强以及经济不断增长的重要策略和手段，并成为一种理论依据被运用于很多国家的教育方针以及政策制定之中。终身教育的目的在于帮助人们得到有效的指导，使其利用自己的能力和现有条件，为了实现更高的目标，随时可以得到学习的机会。终身教育理念要求每一个国家都为国民提供开放学校等必要的社会教育设施，加大各种教育活动的开展力度。同时，国家为确保不同年龄段的个人随时随地主动参与学习、不断提升自我，也需要出台相关的法令，使教育民主成为现实。

2.通过成人教育，终身教育促进教育民主化

终身教育强调以最佳的方式为每个人提供所需的知识和必要的技能。建立完善的终身教育体系，并提供多维度、多形式、多途径的教育，允许受教育者在想学什么、想何时何地、以何种形式学习方面自由选择。然而，要想实现这样的教育，成人教育必须确立自己的地位并拥有坚实的组织基础。[①]成人教育在终身教育中的作用和地位更具有特殊性，它包括扩大的社会范围、广泛的对象、丰富的内容、多元的价值标准以及多样化和个性化兼具的学习形式。因此，发展成人教育是终身教育得以实现和发展的必要手段，从而合理且平衡地将教育资源分配给成人、儿童青少年以及其他社会群体，并促进人际关系的改善和社会政治的稳定、经济水平的提升。在多种多样的成人教育活动中，成人应该选择最适合自己、自己最感兴趣、最有可能实现的教育活动，这有助于促进教育平等和教育民主化。

终身教育和成人教育的关系极为密切。以成年人为主要对象的成人教育兴起，使得终身教育思想得以诞生并获得发展。作为终身教育的重要组成部分，成人教育具有丰富的内容和多样的形式，具有社会性、全民性、灵活性等诸多特点，为终身教育奠定了坚实的思想基础。成人教育是实践终身教育理念最活跃和最富成效的教育形式之一，同时也是最能够体现教育民主和自由的教育形式。成人教育秉承终身教育理念，旨在提高生活质量，追求美好理想，完善个人人格，实现个

---

① 董明传. 2000. 面向 21 世纪我的教育观：成人教育卷. 广州：广东教育出版社，44.

人生命价值。成人教育是终身教育体系的"火车头"，它存在的时间最为长久，形式和内容最为自由，因之受益的人数也最多，其实践终身教育理念也最为活跃，教育民主和自由的形式通过成人教育体现出来，因此成果颇丰。成人教育提供的培训适合具有不同个性的个体，也适合不同的职业，可以为每个人的成长提供机会，帮助其实现自我教育，以在社会中更好地生存和发展。这种教育形式的多样性和灵活性，能够满足人们不断变化的需求，为每个人提供了便捷的学习方式和更多的培训机会，推动教育民主化在成人教育领域践行。

3. 依托职业技术教育，终身教育更加贴近生活

教育的主要目的是为人们的未来工作和生活作好准备。因此，教育应该注重培养年轻人具备适应各类型职业和各种工作环境的能力，而不是仅仅专注于某些手艺或者特定的职业实践的训练。年轻人可以通过这种教育适应职业的变化，进而能够在不同的职业之间或同一职业的不同领域之间自由转换。[①]终身教育的核心是在商业、工业和农业等领域推广教育。[②]因此，职业技术学院的发展必须与中学教育体系相结合。这些学校应该提供实践训练的工作场所，并不断更新教育和职业训练的内容，以满足实际需要。同时，应该努力弥合教育机构和企业之间的鸿沟，使企业能够协助民众进行在职学习，包括技能专业化、职业资格提升、职称晋升和岗位再培训等方面。在终身教育的理念指引下，我国应该实行职业资格证书与学业证书并重的制度，即逐步建立较为健全的职业教育体系，对职业培训和职业学校的教育予以同等的重视，使其不断发展并与其他教育相互协调。

4. 借助继续与回归教育，终身教育与劳动融为一体

通常而言，继续教育仅针对大学毕业之后的成人，对其进行再教育。继续教育旨在使受教育者的思想道德水平、专业技能、创新能力以及综合素质得以全面提升，进而适应科技的快速发展，推动经济的进步以及提升其与社会发展的协调程度。伴随着终身教育热潮的深入蔓延及其体系的不断完善，贯穿于个人职业生涯的继续教育拥有了相应的法律法规，并以此作为自身发展的理论依据。作为终身教育体系中较具创造活力的重要组成部分，继续教育这种非一次性社会教育不断促进着经济社会的发展和进步。

回归教育可以增加教育的生活化因素。回归教育的特点在于以交叉的方式不

---

① 董诗明. 1998. 教育辩证法. 武汉：中国地质大学出版社，294.

② 陈乃林. 2002. 面向 21 世纪中国终身教育体系研究. 北京：高等教育出版社，100.

间断进行教育，使得教育可以贯穿人的一生。因此可以说，回归教育理论所主张的学习和劳动交替循环模式，一方面破除了二者之间的隔阂，使个人能够适应学习和劳动的不同状态[①]；另一方面使教育不拘泥于时空的限制，为已经就业的人提供更多的教育机会。

5. 推行闲暇教育，终身教育与生活更加一体化

大多数国家实行五天或五天半工作制，这在很大程度上增加了人们的闲暇时间。这种情况下，充足的闲暇时间为教育提供了便利。然而，传统学校教育的发展却不容乐观，因为随着闲暇时间的增多，在学校内的教育时间必然缩短，学校教育难以满足人们的需求。相比之下，在终身教育理念下利用闲暇时间进行教育的路径具有明显的优势。闲暇生活的质量越高，越有利于促进个体的健康成长及不断发展，人们可以利用闲暇时间广泛地接触和融入社会、充分地了解大自然，以此获取精神方面的营养、培养良好的道德情感，同时不间断地进行自我调节，使自己变得充实，实现个体和谐健康发展。包括闲暇教育在内的各种教育方式及其他教育形式使得终身教育获得了前所未有的发展机会和更多的发展空间，社会生活将终身教育融入其中，加速了教育的生活化进程。

（二）终身教育具有促进人的全面发展和个性发展的功能

1. 终身教育促进人的全面发展

推动个人的不断发展是终身教育的核心所指。富有个人情感和价值追求的劳动者，只有学会享受自己辛勤创造出的物质及精神财富，才是健全的个体。在联合国教科文组织看来，在21世纪全面发展的个人才是最为成功的劳动者。伴随着社会经济的不断发展，人民的物质生活水平逐步提升，与此相适应的文化生活也迫切要求提高。因此，终身教育需要将文化知识涵盖其中，不断提高个体的社会主义理想和爱国主义等方面的素养，帮助其全面转型，成为真正意义上的现代人。在终身教育中，个性化和自主化非常重要。个性化意味着终身教育将根据每个人的需求、能力、兴趣和爱好进行差异化教学，以满足不同学员的需求。而自主化则表示随着社会和物质生活水平的提高，终身学习将不再是一种谋生的手段，而将逐步转变为个体自觉自主的发展需求。正因为如此，促进个体自由且全面的发展便成为终身教育的根本目的。终身教育是为社区服务的事业，社区内的所

---

① 张维. 1990. 世界成人教育概论. 北京：北京出版社，37.

有成员都将是终身教育的服务对象，包括妇女、残疾人、老年人和其他弱势群体等。因此，社区居民都可以借助终身教育实现自身的全方面发展。

2. 终身教育促进人的个性发展

以传授知识作为主线任务的传统教育强调学习者的知识获取效果和能力，只着眼于个体某个方面的发展，终身教育则注重个体发展的全面性以及个性发展的连贯性，强调个体多个方面的全面协调发展。竞争激烈的传统教育实行淘汰制度，个体在学习和生活上都存在压力。学习的评价标准是考试成绩和筛选结果，以知识的学习和掌握程度为评判标准，从而决定人们的优劣成败。终身教育则强调教育是一个过程，需要多元评价标准，使人能够发挥自己的长处。与传统教育形成对比的是，传统教育通过竞争和淘汰产生得胜者和失败者，结局使人难以挽回和改变。因此，现代教育需要开放、减轻学习负担和心理压力，使教育更为生动、有效和实际。当教育过程绵延无间断时，人们看待成功的喜悦和失败的角度会随之改变。个体即使在某个年龄段失败，也有机会重新开始，不会一蹶不振。[①]有人认为，只有终身教育可以承担培养自由全面发展个体的重任，因为它可以整合个体的身体和心理因素，使之融为一体，在其一生发展中起作用。与一次性教育相比，终身教育使得成功和失败都具有暂时性，每一个体都拥有自我发展的充足机会，进而实现自由而全面发展的目标。终身教育是适应现代社会和人们需求的唯一教育方式，它确保每一个体都可以充分地进行自我展示、最大限度地开发自己的想象力以及培养自身的创造性，从而最大限度地发挥个体的潜力。因此，与一次性且呈现单一模式的传统教育选择机制相比，终身教育是一种多次回归教育，其中包含正规教育和非正规教育，可以伴随人的一生。它允许并鼓励人们多次、多样选择，并采用多元化的评价标准，使其能够按照自己的节奏各得其所、各展所长，以多种多样的方式提高自己，促进自己的发展以及完善。终身教育可以促进教育的生活化、民主化和个性化发展，在个体塑造和完善自身、创造未来甚至改造世界的过程中发挥更大的作用，并帮助那些因为一次选择失误而陷入痛苦的人减轻挫败感。

（三）终身教育具有促进社会（以社区为载体）整合与发展的功能

1. 终身教育促进社区的整合

"整合"与"分化"是社会学领域中两个相对应的概念。二者都是一种状态，

---

① 袁振国. 2004. 当代教育学. 3 版. 北京：教育科学出版社，353.

其中，社会整合通过对社会成员的利益关系和行为进行调节，以呈现出和谐的状态；社会分化则是专门化和分离使得社会内部呈现不协调的状态。社会整合与社会分化两个方面相互依存、关系紧密、缺一不可。伴随着经济全球化和市场经济的快速发展，我国正处于旧的社会认同趋向瓦解但新的社会认同正在建立的阶段，以至于有些人处于彷徨、迷惑、冲突和疏离之中。因此在一定程度上，社区的发展基于其较强的整合能力，即社区的整合程度决定着它的健康发展程度。很明显，传统的意识形态控制方式已经逐步失效，这就需要终身教育积极参与到提高社区居民的综合素质当中，充分发挥自身的独特作用，以达到社区有效整合的目的。当前社会整合相对滞后，需要政府采取有效的措施，提高社区整体素质，促进社会的和谐发展。

社区整合通常包括制度性、功能性和认同性三个方面。终身教育可以以这三个方面为着力点发挥应有的作用：其一，终身教育可以积极宣传和普及国家的政策法律，培养居民的法治意识，使社会关系趋向于规范化，达到制度性的整合；其二，终身教育可以利用各种培训，整合异质性的职业，确保社会的稳定，达到功能性的整合；其三，终身教育应在沿袭优秀传统文化的基础上推陈出新，使社区居民的文化素养得以提升，紧跟时代潮流，实现认同性的整合。终身教育是平衡各产业和职业供需关系的重要手段，也是劳动力重新配置的必要途径，有助于促进各产业、职业之间形成有机整体。

2. 终身教育促进社区的发展

进入新时代，越来越多的人将关注点聚集于社区建设工作。2000 年 9 月，全国创建文明社区工作座谈会在南京举行，旨在深入推进文明社区的创建工作，不仅有利于改善居民的居住和生活环境，而且有利于我党密切联系群众，还有利于加强思政工作、建设精神文明家园。[①]作为社区发展的内在动力，应建立与终身教育相适应的体系以发挥核心作用。终身教育体系在社区内通常包含有学校正规教育系统、多样化的非正规教育系统以及非正式教育系统三个子系统。通过综合这三个子系统，终身教育的功能和结构将得到不断丰富和完善，并在有序运行的基础之上构建教育网络，力争使全社区有效覆盖，提高其整体的文明程度。只有社区自我组织、自我创新能力得到提升，社区居民的综合素质不断提高，才能使得社区生活和谐宜人。终身教育可以促进社区基础设施建设，同时也可以促进精

---

① 陈乃林、孙孔懿. 2001. 终身教育促进社区发展的功能. 职业技术教育，22（1）：45-47.

神文明建设。

一方面，终身教育对社区基础设施建设有很大的促进作用。社区的绿化、卫生、文化设施等都是居民生活的重要组成部分，影响着居民的安全感和归属感。终身教育虽然不能直接带来经济效益，但可以通过培养人才，为社区建设提供智力和技术支持。终身教育特别重要，可以帮助劳动者掌握科学文化知识、通用劳动技能，并提升思想品德和职业道德等，同时也能提高他们的心理素质，增强他们接受新知识、新技术的能力。今后，除了加强计算机、法律、中文、英语、金融、经贸等热门专业人才的培养外，社区建设还要重视培养市场经济和国际经济方面的管理人才和其他紧缺人才。

另一方面，社区的终身教育对精神文明建设具有重要作用。社区物质精神文明建设需要各级各类教育机构的参与，更需要他们将社区作为重要基地开展工作。例如，在硬实力方面，学校拥有大量的图书资源、先进的教育教学设施以及雄厚的师资队伍；在软实力方面，学校拥有浓厚的学习氛围和明显的知识优势。因此，学校可以为社区的终身教育提供优质服务，促进其精神文明建设。在当今社会，诸多思想观念发生着激烈的碰撞，社会处于转型之中。在这样的背景之下，教育更应该利用不同的机制，不断革除一些陈规陋习，帮助社区居民更新思想观念，进而树立正确的价值观念，发扬民主、科学以及谦让等传统美德，同时使民风民俗得到净化。终身教育有助于实现"三个显著提高"的目标，即公民素质（科学教育水平、思想道德修养以及民主法治观念等）、文化生活质量（城乡文化建设等）以及城市文明程度（社会风气等）的显著提高。

第二节　终身教育功能的实现

终身教育功能的实现是构建终身教育体系的关键环节，它不仅涉及政策制定和资源分配，还需要个体的积极参与和教育机构的合作。在本节中，我们将深入探讨终身教育功能实现的前提、影响因素和具体路径，以更好地理解如何将终身教育的愿景转化为现实。通过对终身教育功能的实现的深入研究，我们能够更好地理解如何建立有效的终身教育体系，以满足不断变化的教育需求和应对社会的挑战。

一、终身教育功能实现的前提

实现终身教育的功能，包括促进教育民主化、生活化，个体全面化和个性化发展，以及促进社会（以社区为载体）整合与发展，这需要一系列前提条件，具体包括如下内容：

第一，终身教育政策的支持。终身教育功能的实现的一个关键前提是终身教育政策的明确支持和推动。政府和相关机构在这方面扮演着重要的角色，他们需要积极制定、执行和监管政策，以确保终身教育在社会中获得普及并实现其多重功能，从而促进教育的民主化和生活化。这些政策应该鼓励和资助个体参与终身教育，并确保教育资源的公平分配。

第二，足够资金和资源的投入。为了实现终身教育的功能，必须投入足够的资金和资源。这包括提供经济支持，以降低学习的成本，以及提供教育设施、技术和师资等方面的支持。这些要素确保了获得终身教育机会的可及性和终身教育的质量，同时也为个体提供了更广泛的学习机会，以适应快速变化的社会和职业需求。

第三，教育机构间的合作。各级教育机构、培训机构和社会组织需要合作，合作可以促进资源的共享和整合，包括教材、设施、技术和师资；促进知识和经验的交流，如分享最佳实践和教育方法，从而提高教育质量；推动课程的个性化和适应性发展，如根据市场需求和学习者的兴趣，共同设计和提供有针对性的课程；打破传统学科和领域之间的壁垒，使个体获得跨学科发展的机会。

第四，教育内容的多样性。终身教育应提供多样的课程和学习资源，以满足不同学习者的需求。首先，语言学、数学和艺术等传统学科在终身教育中仍然占有重要地位，继续提供这些学科的学习机会有助于筑牢学术基础知识，同时也为那些希望继续学习知识的人提供机会。其次，随着经济和技术的不断发展，职业领域的需求也在不断变化，职业培训在终身教育中扮演着重要的角色。再次，教育内容的多样性还包括提供与健康、创造、人际关系、领导力等个人发展相关的课程，提高个体的综合素养和生活质量。最后，终身教育还可以包括各种非正式学习机会，如兴趣小组、工作坊、社区课程等。这些非正式学习资源有助于培养个体的兴趣和爱好，同时也为社交互动和协作提供机会。

第五，评估和认证体系的建立。建立有效的评估和认证机制，以确保学习成果得到公认和证明，有助于个体在职业发展和社会融入中取得成功。首先，评估和认证体系有利于确保学习成果得到公认和证明，使他们在职业发展中更具竞争力。其次，评估和认证体系可以帮助雇主更好地了解员工的能力和技能，从而作出招聘、晋升和奖励等方面的合理决策。再次，评估和认证体系还可以激励学习者积极参与终身学习，追求知识和技能的提升，通过制定明确的学习目标和标准，提高学习质量，推动终身学习的持续发展。最后，评估和认证体系有助于提高终身学习的信誉，使终身学习更有吸引力、更受尊重，同时也有助于个体在职业发展和社会融入中取得成功。

第六，激励机制的落实。这些激励措施包括奖学金、补贴、奖励等。首先，奖学金帮助学习者降低学习的经济负担，促进教育民主化。其次，政府或其他机构可以通过提供学费减免、交通津贴等形式，使学习更加经济实惠，激励更多人参与终身学习。再次，对证书、学位或其他形式的学习成果给予认可，可以证明学习者的努力和成就，有助于个体在职业市场上更具竞争力，同时也可以使学习者获得一种自我满足感，激发其更强的学习动力。最后，长效激励机制使不同人群的需求和兴趣得到满足，从而促进了多样性和个性化。这使人们更容易探究自己感兴趣的领域，有利于提高其综合素养和职业竞争力。

第七，终身教育意识的确立。首先，通过宣传和教育活动，每个人可以更广泛地了解终身学习的益处，以及如何融入自己的生活和职业规划中，从而消除学习障碍和误解。其次，确立终身教育意识可以鼓励人们认识到学习是一个不断发展的过程，也可以使人们适应不断变化的社会和职业环境，并且使个体更具灵活性和适应能力，更容易应对新的挑战和更好地把握机会。再次，终身教育意识的推广可以激励人们不论年龄、背景或职业地位如何，都积极寻求学习机会，从而消除学习的社会差距，使更多人能够受益于终身学习，提高社会的整体素质和竞争力。最后，终身教育意识的确立还可以帮助人们认识到学习不仅涉及职业技能的提升，还包括文化、社交、创造性和自我提升等多个方面，从而提高其综合素质和生活满意度。

第八，终身教育数据研究。首先，终身教育数据的收集和分析有利于人们了解学习者的参与情况、学术成绩、职业发展、生活满意度等关键指标，以此确定哪些方面是成功的，哪些需要改进和调整。其次，终身教育数据研究帮助决策者更好地了解人们对终身学习的需求，决策者可以更精确地制定政策和资源分配策略，以满足社会和经济的发展需求。再次，终身教育数据研究有利于了解学习者的学习信息和成果质量，教育机构可以据此识别哪些教学方法和课程是成功的，哪些需要改进。最后，终身教育数据研究还有利于调整教育政策和法规，以满足学习者的需求，同时也有助于确保资源的有效使用。

二、终身教育功能实现的影响因素

终身教育功能的实现受到多种因素的影响，包括但不限于以下几个方面：

第一，教育政策和法规。政府的教育政策和法规对终身教育的推动和发展起着重要作用。首先，政府通过官方政策文件和法律法规的制定，可以将终身教育视为国家教育体系的一个重要组成部分，这种明确的定位有助于引导各级教育机构、培训机构和社会组织更好地融入终身教育的发展及实施。其次，政策可以影响终身教育的可及性，如果政府提供慷慨的经济援助，将减轻人们终身学习的经济负担，鼓励更多人积极寻求学习机会。再次，教育政策和法规还可以规范终身教育的质量和认证体系，保障学习者获得高质量的教育，同时确保学习成果得到认可和证明，提高学习者的竞争力。最后，教育政策还可以推动教育资源的公平分配，减少社会不平等现象的发生，使残疾人等弱势群体都能够受益于终身学习。

第二，个体的经济基础。个体的经济因素对终身教育的可及性起着关键作用。其一，家庭收入水平决定了个体是否能够负担学习所需的费用，如学费、教材、交通和住宿等。其二，就业机会和职业发展也受到个体经济基础的影响，个体的经济地位通常与其就业机会和薪资水平直接相关，参与终身学习有利于个体增加就业机会，并提高其职业发展的可能性。其三，成本承受能力也是一个重要的经济因素，高学费、高昂的生活成本和丧失工作机会都可能成为经济基础较差的人参与终身教育的障碍。

第三，社会文化和社会认知。社会对终身教育的认知和文化也会影响个体是否愿意参与终身教育。首先，社会文化鼓励人们将学习作为一个持续的过程，而不仅仅是有限的教育时期，这种文化将鼓励人们在不同阶段和情境中寻求学习机会，提高了终身教育的普及度。其次，如果社会将学习视为一种积极的行为，并鼓励人们不断提升自我，那么人们更有可能受到鼓舞和激励，愿意参与终身学习。再次，不同文化和社会背景可能强调不同领域的学习和知识，因此多元文化社会可能会更容易推动终身教育的多样性。最后，如果社会对终身教育持积极态度，人们更有可能感到被社会认可和支持，愿意积极参与学习，这样可以为个体和社会的发展提供更多机会。

第四，技术和资源。技术的发展和资源的可用性对终身教育的实现至关重要。首先，在线学习、数字教育和其他技术工具的不断发展，使学习不再受制于地理位置和时间，为个体提供了更广泛的学习机会。其次，技术的可用性对这些机会的实现至关重要。如果人们无法获得必要的技术设备，如电脑、智能手机和互联网接入，那么他们将无法利用这些学习资源。再次，资源的可用性也是终身教育的重要影响因素。学习需要教材、课程内容、教师的讲解等支持资源。如果这些资源不足或无法获得，终身教育的质量将受到影响。最后，通过技术，个体可以访问职业培训和技能发展所需要的学习资源，从而满足不同需求和兴趣的人群。这有助于推动终身教育的个性化和多样化发展，提高学习的吸引力。

第五，教育机构和教育者的支持。教育机构和教育者的态度及支持程度对终身教育功能的实现也有很大影响。首先，不同的学习者可能有着不同的需求和学习方式，教育机构需要具备灵活性，包括提供多样化的课程、灵活的学习时间安排，以及多样化的学习资源。其次，教育者需要具备教育个性化的能力，了解学生的需求和兴趣，并根据这些需求进行教学和指导。再次，教育机构和教育者的态度和支持程度也直接影响了学习者的学习动力。积极支持终身教育的教育机构和教育者可以激发学习者的兴趣和动力，使他们更愿意积极参与学习。最后，教育机构和教育者的能力和教育质量也是影响终身教育的重要因素。教育机构和教育者可以提供支持和指导，帮助学习者规划自己的终身学习路径，提高他们的技能和知识水平，增加他们的职业发展的机会。

第六，个体的学习动机和兴趣。个体的学习动机和兴趣对其终身教育的参与度至关重要。首先，个体的内在动机，如追求个人成长、提高职业竞争力、追求兴趣和满足好奇心等是个体参与终身学习的重要驱动力。其次，个体的兴趣对于终身教育至关重要，学习与兴趣相关的主题和领域，往往更容易激发学习者的热情和积极性。再次，个体的多元化兴趣可能会引导他们探索不同领域，推动终身教育的个性化和多样化。最后，个体的学习动机和兴趣会受到外部因素，如社会认知、家庭支持和职业发展机会的影响。

第七，社会需求和职业发展。社会需求和职业发展趋势也会影响终身教育的方向及内容，进而影响终身教育的功能实现。首先，社会需求是终身教育发展的重要驱动因素。社会不断发展和演变，对各种技能和知识的需求也在变化。人们通常会倾向于选择学习与社会需求相关的领域，以提高自己的就业竞争力和满足社会的需求。其次，职业发展趋势也直接影响个体的学习选择。个体通常会关注自己职业领域的发展趋势，并根据这些趋势决定自己的学习路径。再次，个体还会根据个人的兴趣、价值观和职业目标来选择学习领域。这意味着不仅仅是社会需求和职业前景，个体的职业道德也会影响其学习决策。最后，终身教育机构和教育者通常需要根据社会需求和职业发展趋势来调整课程和教学内容，以帮助学习者提高职业竞争力。

第八，全球化和技术变革。全球化和技术变革对职业和经济结构产生深远影响，这会激励人们积极参与终身教育，以适应这些变化。首先，在全球化时代，市场和就业机会不再受限于国家边界，而是跨国和跨文化的，这意味着人们需要积极参与终身教育，以获得跨文化和国际化的知识和技能。其次，自动化、人工智能和数字化技术的普及改变了许多企业行业的工作方式和需求，也创造了新的职业领域。这鼓励人们积极参与终身教育，以跟上技术变革的步伐。再次，全球化和技术变革也加速了职业的多样化和流动性，终身教育使人们可能在不同企业行业、不同地区或不同职业之间进行职业转换。最后，终身教育机构和教育者需要根据全球化及技术变革的趋势来调整教学内容，以满足学习者的需求。

三、终身教育功能的实现路径

实现终身教育的功能需要一系列具体的实施路径和策略予以支持。以下是一些可能的实现路径：

第一，制定终身教育政策和法规。政府可以通过制定支持终身教育的政策和法规，包括经济支持、法律保障和激励措施，以鼓励和促进终身学习。首先，政府可以通过政策来提供经济支持，以降低学习的成本，这包括提供奖学金、贷款和补贴，以帮助学习者支付学费和购买学习材料的费用。其次，政府可以制定法律确保学习者的权利和利益得到保护。这包括确保学习者不受歧视，有平等的学习机会，以及维护他们的学习成果和证书的合法性。法律的存在可以为学习者提供信心，鼓励他们积极参与终身学习。再次，政府可以采取包括奖励计划、税收优惠、学费减免和就业机会的提供等激励措施，激发学习者的兴趣，使他们更愿意投入时间和精力来学习。最后，政府还可以制定政策来确保教育资源的公平分配和可及性。这包括提供学习设施、技术和师资等，以确保学习机会对所有人都是平等的。

第二，加大财政投入与支持。政府可以提供奖学金、补贴、贷款或其他形式的经济支持，以帮助学习者降低终身学习的成本。首先，政府可以提供奖学金，这是一种直接的财政支持形式。奖学金可以帮助学习者支付学费和学习材料的费用，从而降低学习的成本。其次，政府可以采取补贴的形式，为学习者提供部分或全部学费补贴，补贴可以针对特定学习计划或群体，以确保终身学习的可及性。再次，政府还可以提供贷款，为学习者在学习期间提供资金，要求在其学业完成后的规定年限内还款。贷款可以帮助那些无法负担学费的学习者获得学历和证书，从而提高他们的职业竞争力。最后，政府还可以提供其他形式的经济支持，如税收优惠和就业机会的提供。

第三，推广终身学习文化。社会可以通过宣传和教育活动来推广终身学习的文化，使人们认识到学习对于职业和生活的重要性，从而提高终身学习的社会认知度和接受度。首先，社会可以通过广告、社交媒体、宣传活动和教育课程等渠道传达终身学习的重要性。其次，教育系统是推广终身学习文化的重要渠道，如学校和教育机构可以将其纳入教育课程，鼓励学习者形成终身学习的习惯和具备终身学习的技能。再次，社区可以举办包括研讨会、讲座、学习小组和社区教育项目等在内的活动，为民众提供学习机会，同时建立起学习者之间的社交网络，鼓励互相学习和分享知识。最后，新闻媒体和社交媒体也可以提供学习资源和平台，促进知识共享和讨论，提高其学习的社会认知度。

第四，开发多样化的学习途径和资源。教育机构及培训提供者可以为民众提供多样化的学习途径和资源。一是依托传统学校教育提供结构化的课程和资格认证；二是通过在线课程提供灵活的学习机会，使学习者能够根据自己的时间表和地点学习；三是学习者通过各种学习资源，如书籍、在线教程和开放式课程进行自主学习；四是通过技术学校、培训课程和工作坊的职业培训为学习者提供直接应用于工作的技能；五是通过社区教育实现从文化活动到职业技能的参与和训练，为社区成员提供各种学习机会；六是借助混合学习实现课堂上面对面的互动与在线资源的延伸学习。

第五，建立学习评估和认证体系。建立有效的评估和认证机制，以确保学习成果得到公认和证明，这有助于学习者在职业发展和社会融入中取得成功。其一，学分系统作为常见的评估和认证方法，将学习成果以学分的形式记录下来，可以帮助学习者在不同学习机构之间转移学分，以获取更高级别的学历或证书。其二，由专业组织或行业协会颁发的职业认证用于验证学习者是否具备特定职业或企业行业所需的技能和知识。其三，由政府或独立的考试机构举办的竞争性考试用于测量学习者在特定主题或领域的知识水平。其四，学习成果框架描述了学习者在特定学习领域应该达到的知识和技能水平。其五，由大学、学院和培训机构颁发的学位和证书是最常见的学习成果认证方式之一，这些文凭可以帮助学习者证明他们在特定领域获得了相应的知识和技能。

第六，促进教育机构间的沟通与合作。各级教育机构和培训机构可以合作，共享资源和经验，以提供多样化的学习机会。这有助于整合教育资源，提高教育的质量和可及性。其一，跨学科合作。例如，合作的学科可以共同开发跨学科课程，将多个学科的知识和技能融入学习经验，以满足不同学习者的需求。其二，学校和社区合作。学校和社区组织可以合作，包括共同开发社区教育项目、文化活动和职业培训，如此学校可以更好地了解社区的需求，并提供相应的教育资源。其三，合作学习项目。教育机构可以合作开展学习项目，如学生交流计划、国际合作项目和跨校区课程。这些项目可以拓宽学习者的视野，使学习者具备在不同文化背景下学习的经历。其四，职业培训合作。培训机构和行业组织可以合作，提供与职业相关的培训和认证。这有助于确保培训内容与实际工作需求保持一致，提高学习者的就业竞争力。其五，数据和资源共享。教育机构可以共享教育数据和教育资源，以提高教育的质量和可及性。共享数据可以帮助机构更好地了解学习者的需求，根据数据进行决策，以提高学习成效。其六，教育政策协调。各级政府教育部门可以协调出台相应的政策，以促进教育机构间的合作。政府可以制定政策，鼓励学校和培训机构共享资源及合作以提供更多的终身学习的机会。

第七，积极引导和鼓励个体主动学习。个体可以积极寻求学习机会，根据自己的需求和兴趣选择适合的课程及计划。具体而言，其一，政府和教育机构可以提供学习咨询及指导服务，帮助个体制定学习目标和计划。其二，政府和教育机构可以提供包括在线课程、教育应用程序、图书馆资源和学习社区等学习资源及工具，以帮助个体自主学习。其三，政府和教育机构可以提供相应的培训及相关学习工具，如帮助个体制定明确的学习目标，并跟踪他们的进度，或者对时间管理方法、自我评估方法和问题解决方法等学习技能进行培训，帮助个体提高其学习效率和效果。其四，政府和教育机构可以提供奖学金、奖励和给予学习认证，以鼓励民众积极学习。其五，政府和教育机构可以支持学习社区的建立，为学习者相互支持和合作提供必要条件。

第八，持续改进和创新终身教育内容及形式。教育机构和政府可以不断改进终身教育的内容和形式，以适应不断变化的社会和职业环境。这包括与企业行业合作，提供与市场需求相关的培训课程等。其一，教育机构可以与企业行业合作，使教育机构更好地了解当前和未来的职业需求，开发与市场需求相关的培训课程，以便为学习者提供实践建议和更多的职业发展的机会。其二，教育机构可以建立反馈机制，以了解学习者对课程和培训的满意度与效果，及时调整和改进课程，以满足学习者的需求。其三，教育机构可以积极采用在线学习、虚拟现实和人工智能等技术，提供更丰富和交互性的学习体验，提高教育质量和可及性。其四，教育机构可以开发跨学科和综合课程，帮助学习者跨越学科界限，获得多方面的知识和技能。其五，政府可以制定政策，并提供经济支持和法律保障，鼓励教育机构不断改进和创新终身教育。其六，政府和教育机构可以采取措施吸引及培养高素质的教育者，以促使其提供高质量的教育。

第九，建立数据收集和研究机制。通过数据收集和长期研究，评估终身教育的实施效果，并根据研究结果不断改进和完善终身教育和学习体系。具体而言，其一，政府和教育机构可以建立系统化的数据收集程序，收集包括学习者背景信息、课程完成情况、成绩和就业情况等在内的信息，以更好地了解终身教育的实际影响和存在的问题。其二，长期研究是追踪学习者的学习经历和职业发展情况的重要方法。这种研究可以帮助确定终身教育的长期效果，包括学习者的就业、薪资增长和社会参与情况，同时还可以揭示学习者的需求和挑战，以便进一步完善教育体系。其三，数据和研究可以用于评估终身教育的质量，政府和教育机构可以使用这些数据来识别实践情况，然后采取措施改进教育内容、形式和其他支持工具等。其四，数据和研究的结果可以用于指导政策的制定，政府可以根据研究结果制定支持终身教育的政策，以提高教育的效益和可及性。其五，研究和数据收集可以促进教育机构和政府之间的经验分享。不同机构的研究结果可以起到互相启发的作用，帮助其改进教育实践和完善政策。

第三节　终身教育体系的内涵及构建

终身教育体系的内涵及构建是一个涵盖广泛的复杂话题，它涉及政策、资源、制度和实践的统一，以确保每个人都能够获得持续的学习机会。在本节中，我们将深入探讨终身教育体系的内涵及其构建，以更好地理解如何建立全面的、灵活的终身教育体系，满足不断变化的需求和挑战。终身教育体系的构建不仅关乎教育机构的改革和创新，还需要政策的支持和社会的参与。为了更好地实现终身教育的功能，故应建立更具包容性和可持续性的终身教育体系。通过对终身教育体系的内涵和构建的深入探讨，我们能够更好地理解如何实现教育的民主化、个体全面发展和社会整合与发展的目标。

一、终身教育体系的内涵阐释

（一）终身教育体系为个体提供终身教育支持与服务

终身教育体系的核心理念是以个体人生全过程为中心，为个体发展提供终身教育支持和服务。这一理念旨在通过整合社会各种教育资源，建立一个连续且统一的教育体系，强化社会、学校和家庭之间的教育融合与衔接。该体系涵盖个体成长的各个阶段。[①]在这个教育体系中，每个人都应该能够获得符合自身特点和需求的教育服务。各种教育资源应当得到充分利用，确保所有人都能够接受高质量的教育，并有机会在一生中不断发展和成长。随着教育理念和理想人格的不断发展，教育体系也在不断分化和整合。同样，终身教育理念下的教育体系也应该符合这一理念。

（二）终身教育体系以培养"完人"为理想追求

为了实现"完人"的人格理想追求，终身教育体系必须以培养适应未来社会、人格高度完善的人为目标，并以终身教育的基本理念为指导。因此，终身教育体系的范围应该包括能满足个体发展需要的各种教育形式。从正规到非正规、从纵向到横向、从出生到生命终结，终身教育体系内部的各个教育子系统都应该统一和结合起来，以便实现教育的有机衔接和连贯性。这些理念和观点在国际上得到了广泛的认可和支持。例如，联合国教科文组织国际教育发展委员会指出，"教育必须认识，它本身是为什么的"[②]，终身教育体系的建立正是为了让教育更好地服务于人的一生发展。戴夫（R. H. Dave）认为，终身教育力图以全面的视角对正规、非正规以及非正式这三种教育形式进行审视，从横向（空间）和纵向（时间）两个方面着手试图将教育的所有阶段和结构结合并统一起来。[③]朗格朗（P. Lengrand）则认为，一系列思想、实验以及成就构成包括所有内容和方面的完全意义上的教育，即终身教育的各个发展阶段有机联系，贯穿于每个人的一生。[④]

（三）终身教育体系实现了教育形式的整合统一

终身教育体系并不是简单地将各种教育形式堆叠在一起，而是将各种教育形式有机地整合起来，以构建一个连续、统一和明确的教育过程。[⑤]在这里，"体系"所表示的意义是将不同方面和不同阶段的相互联结的教育机构和教育过程有

---

① 吴遵民. 2019. 终身教育研究手册. 上海：上海教育出版社，16-17.

② 联合国教科文组织国际教育发展委员会. 1996. 学会生存：教育世界的今天和明天. 华东师范大学比较教育研究所，译. 北京：教育科学出版社，137.

③ 李维. 1990. 国际教育百科全书（第一卷）. 贵阳：贵州教育出版社，123.

④ [法]保尔·朗格朗. 1985. 终身教育引论. 周南照，陈树清，译. 北京：中国对外翻译出版公司，15-16.

⑤ [法]保尔·朗格朗. 1985. 终身教育引论. 周南照，陈树清，译. 北京：中国对外翻译出版公司，51.

机地整合起来。终身教育被称为"终身统合教育"（lifelong integrated education），"统合"既是实施终身教育的具体方法，也是对教育进行整体把握的原则。^①终身教育体系的"统合"原则意味着整合不同教育资源和形式，使得不同的教育阶段和领域可以相互衔接与统一，为每个人的全面发展提供支持和保障。同时，"统合"原则也要求不同教育形式之间的协调和融合。终身教育论以综合统一教育的各阶段、各领域以及教育内容、方法的原则为根本。^②终身教育体系与传统教育体系之间的差异在于其教育系统的分化和整合程度。终身教育的核心理念是通过横向沟通和纵向衔接的方式整合各种教育形式，并将之作为整体的有机组成部分，不同的教育阶段、层次以及类型应做到"整合、统一和沟通"。终身教育在历史上的分化及整合程度远超于任何一种教育形式，其任务是建立一个体制化的系统，利用这个系统将正规教育和非正规教育结合起来。^③

总之，"综合统一"的终身教育体系并非僵化不变，而是高度灵活和路径畅通的内部关系网络。终身教育体系需要具备较强的灵活性，以满足个体终身发展的需求。在体系内部，学习者应能够自由地在不同的教育子系统之间转换，避免不必要的障碍。同时，那些离开教育体系后有学习需求的人也能够重新进入体系，接受所需的教育。

二、终身教育体系构建的理论探索

通过对知网、独秀等数据库相关研究成果的梳理，借助 Citespace 和 Bicomb 软件数据分析，我们发现学界对我国终身教育体系构建的理论探索可大致概括为九大主题，即"终身教育体系构建的必要性、可能性研究""终身教育体系构建面临的困境研究""终身教育体系构建的思路与对策研究""终身教育体系构建的基本原则、条件和框架研究""终身教育体系与国民教育体系关系研究""不同层次或类型的教育在终身教育体系构建中的定位与作用研究""国内终身教育体系构建案例研究""国内外终身教育体系构建实践经验总结研究""与终身教育体系构建有关的其他研究"。

---

① 刘雅丽. 2008. 终身教育与终身学习的现代思考. 长沙：湖南人民出版社，34.

② [日]持田荣一，森隆夫，诸冈和房. 1987. 终身教育大全. 龚同，林瀛，邢齐一，等译. 北京：中国妇女出版社，120.

③ 刘雅丽. 2008. 终身教育与终身学习的现代思考. 长沙：湖南人民出版社，34.

（一）终身教育体系构建的必要性、可能性研究

关于终身教育体系构建的必要性、可能性研究，学界普遍认为社会经济发展对人力资源开放的迫切需求、扩大教育对象的需要、满足多样化教育需求的需要、科教兴国战略下传统学校教育改革的迫切需要等使终身教育体系构建成为必然。关于终身教育体系构建的可能性，研究者总结为五个要素，即可持续发展战略是原动力、社会主义市场经济体制是推动力、信息化社会是物质保证、办学体制多元化是有利环境、教育现代化是理论基础。

（二）终身教育体系构建面临的困境研究

学界认为终身教育体系的构建面临如下困境：第一，对终身教育体系内涵、特征等的认识尚不清晰，体现在教育对象不断特定化、教育目的趋于功利化以及教育形式逐步固定化等方面。同时，对终身教育体系与既有国民教育体系的概念界定不明，终身教育理论研究整体滞后，从而导致终身教育立法与实践出现被误读与误导的情况。第二，校外教育的体制方面问题尚未有效解决，成人教育的发展进入瓶颈期。第三，终身教育"立交桥"与各种教育资源的整合还不够科学合理。第四，国家层面的终身教育立法难以实现，地方层面的终身教育立法又易窄化终身教育内涵。第五，在教育经费方面投入不足且分配不均。第六，具体的政策导向较为模糊，一定程度上存在机构人员配置失调的问题。第七，激励机制不够健全，实施领域狭窄。

（三）终身教育体系构建的思路及对策研究

关于终身教育体系的构建思路与对策研究，学界主要有以下观点：第一，提出了"四个需要"，包括需要在理论上形成共识，明确终身教育的内涵和体系构建框架；需要对校外教育形态和活动内容进行梳理，并在体制机制层面予以规范；需要通过有效的方式将学校教育和校外教育有机连接和融合；需要在学校层面实现教育的开放化和终身化。第二，认为构建终身教育体系这一实践需要准确把握现实依据，严格遵循其中蕴含的内在逻辑，重点把握社会发展的知识化进程和终身学习推进、终身学习的推进和终身教育的发展，以及终身教育发展和终身教育体系构建这"三对关系"。第三，认为在我国推进终身教育体系构建时，需要遵循"四个统一"原则和"四个推进"策略。这意味着要将理念引导与实际国情、整体规划与重点推进、持续发展与具体实施、区域试点与全局推广统一起来。为

明确构建终身教育体系的具体任务，应当在具体实践中采取阶段、区域、协同分类推进策略。第四，提出了八个机制维度来推动终身教育的发展及其体系机制的创新，这八个机制分别为政府主导机制、社会协同机制、质量评价机制、开放运行机制、成果认证机制、资源整合机制、学习激励机制以及经费保障机制。

关于终身教育体系构建的对策，学界主要形成了如下观点：第一，转变传统教育观念，积极推进成人教育、远程教育和开放教育，同时建立新型的职业资格制度、继续教育制度、回归教育制度、岗位培训制度、企业教育制度以及现代农村成人教育制度等。第二，将社区教育制度在试点地区推广，为终身教育的发展奠定基础，积累经验。第三，关注并建设学习化社区，体现民族特征和教育传统，促进教育一体化建设。第四，组织终身教育理论研究和推进终身教育思想的普及。第五，加快招生考试制度改革，大力发展非学历教育、自学考试，鼓励社会力量办学。第六，建立动力和激励机制以刺激终身教育的发展，健全终身教育管理机构。

（四）终身教育体系构建的基本原则、条件及框架研究

关于终身教育体系构建的基本原则、条件及框架，学界形成了如下观点：第一，主张终身教育体系构建应当遵循以下原则，即整体设计、系统优化；因地制宜、分类指导；确定有限目标、集中突破；经过试验、分阶段推进，基于物质基础、教育基础和思想基础，围绕内容、形式、目标和本质的框架，突破"转变观念、领导重视、制度改革"的重难点。第二，认为终身教育体系构建的基本标准应是：公民受教育程度达到相当水平、终身教育机构比较完善、教育立法、制度建立、终身教育观念确立、教育形式和手段丰富多彩，基本实现教育现代化等。第三，认为终身教育体系的构建原则应具有整体性、灵活性、开放性、多样性和联系性，终身教育体系运行机制应涵盖教育教学机制、立法保障体系、激励与约束机制。第四，认为终身教育体系构建的基础条件应考虑政治意愿、经济支持、社会需求、先进的教育传播手段、各级各类教育的发展水平以及社会参与程度等多方面因素。

（五）终身教育体系与国民教育体系关系研究

有学者认为，终身教育体系和国民教育体系是两个互相联系的系统。国民教育体系强调了教育的基础地位，主要关注教育的形式和内容，包括各级各类学校

教育以及学校外的正规和非正规教育等。终身教育体系则强调了教育的全过程和全方位性，包括成人教育、远程教育、职业培训、非正式教育等多种形式，这些要素之间相互交叉重叠，表明终身教育体系也是一个较为复杂的系统。[①]有学者认为，终身教育体系以对个人生命、生涯发展起促进作用的各类教育为基本构成，而现代国民教育体系则以具体的教育形态为基本构成。二者可以视为对同一概念的表述，只是内容构成和层次不同而已。在这种关系中，终身教育体系的思想和理念被用来构筑一个国民教育体系，该体系兼具整体性、综合性以及多样性，在满足现代社会发展的要求基础之上，帮助每一个体实现终身发展。[②]

（六）不同层次或类型的教育在终身教育体系构建中的定位与作用研究

1. 成人教育在终身教育体系构建中的定位及作用研究

关于成人教育在终身教育体系构建中的定位及其发挥的作用，学界不少学者认为成人教育始终含有终身教育的意义，成人高等教育可通过促进精英教育不断转向大众教育，促进教育途径趋向多样化，促进教育普及转向教育提高，促进教育从面向自身转向面向社会，体现终身教育体系的民主性、合理性、全面性、适应性。

2. 社区教育在终身教育体系构建中的定位及作用研究

有研究者认为，终身教育与社区教育是"时"与"空"的关系。[③]社区教育与终身教育在理念和目标上是相一致的，体现了教育的整体性、开放性和一体化的特点。作为成人教育的一个新的增长点，社区教育以全员、全程、全面、社会化教育为突出特点，基本可以使社区居民逐步多样化的学习需求得以满足，这是建立终身教育体系的一个重要依托和必要途径。

3. 远程教育在终身教育体系构建中的定位及作用研究

远程教育在构建终身教育体系中的定位及作用已经得到学术界的广泛认同。首先，远程教育能够满足不同专业、不同层次的学生学习需求，为大规模培养人才和个性化创新人才提供支持，同时也提高了工作效率，节约了学习时间和成本。

---

① 朱玉泉. 2012. 完善现代国民教育体系与构建终身教育体系研究. 沈阳农业大学学报（社会科学版），14（5）：557-560.

② 吴遵民. 2004. 关于完善现代国民教育体系和构建终身教育体系的研究. 中国教育学刊，（11）：39-42.

③ 李文波，李家成. 2021. 以共同学习赋能终身教育的未来——来自第七届终身教育上海论坛的观点. 中国远程教育，（2）：59-65，75.

其次，远程教育通过突破时空限制，创新了教育方式，为教育体系注入了新的活力。最后，远程教育可以提供给社会成员充足的机会使其参与终身学习，促进了个人的终身发展和社会的进步。

4. 继续教育在终身教育体系构建中的定位及作用研究

学界达成了以下共识：第一，继续教育被视为终身教育的重要构成要素，成为终身教育体系得以构建的重要路径，通过提供各种形式的学习机会，促进了人们的不断学习和提升。第二，继续教育有助于构建学习型社会，为人们适应现代社会的快速变化提供了必要的知识和技能。第三，继续教育的发展作为一种思想依据和实践基础，对形成和发展终身教育理论起到了促进作用，同时，终身教育理念的推广和实践也推动了继续教育的发展。因此，继续教育在拓展教育市场、扩大教育功能、营造全社会的学习氛围以及实现全民参与、终身学习、终身教育目标方面发挥着重要作用。

5. 老年教育在终身教育体系构建中的定位及作用研究

有研究者认为，终身教育的重要组成部分之一——老年教育具有独立性和特殊性，是终身教育的一个重要阶段，我们可以从时间、空间和内容三个维度，教育形态、教育目标以及教育对象三个领域，去找准老年教育在终身教育体系中的位置。[1]

6. 高等教育在终身教育体系构建中的定位及作用研究

有学者认为，高等教育在终身教育体系中的地位取决于高等学校所扮演的角色及其蕴含的职能和资源。高等学校是终身教育体系中纵向和横向的重要连接点，其拥有的资源和职能的发挥至关重要。终身教育体系构建过程中的重要物质基础便是高等教育资源，终身教育的使命得以履行的重要保证就是高等教育的功能以及高等学校的职能。[2]因此，在当前若想实现终身教育的新突破，就需要以高校为中心，在加速构建终身教育体系的过程中充分利用高校的优势资源。

（七）国内终身教育体系构建案例研究

研究者以江苏、浙江、四川、黑龙江、吉林、广东等地的终身教育体系构建为例，通过依托学校、企业行业（包括各类产业）和社会三种教育系统，其中学

---

[1] 岳瑛. 2011. 终身教育体系构建中老年教育的合理定位及发展任务. 天津市教科院学报，（2）：33-35.
[2] 高体健. 2002. 论高等教育在构建终身教育体系中的地位和作用. 中国成人教育，（2）：8-12.

校教育系统以学历教育为主，企业行业教育系统以职业资格教育为主，社会教育系统以文化生活教育为主，并且从普及终身教育和终身学习理念、改革学校教育系统、发展素质教育、提升高等教育开放度、健全岗位培训、建立职业资格认定制度、建立健全相关的政策和法规、设立各种机制保证终身教育得以有效运行、搭建终身教育一体化和信息化平台、大力推进社会力量办学等方面提出了构建终身教育体系的对策。

（八）国外终身教育体系构建实践经验总结研究

有研究者归纳出了澳大利亚和新西兰构建终身教育体系的成功经验，其中包括学历资格框架的统一建立，学习机会和途径趋向于多样化，各教育机构之间有效沟通和衔接，教育培训机构和政府、社区以及企业行业形成合作关系，提高教育机构对需求的反应能力和服务质量，加大政府的投入并实行财政干预政策，各级各类教育应有效促进教育力的培养，注重提升教育体系中信息技术的作用，促进教育的转型和创建学习社区，等等。[①]有研究者分别从观念层面、理论层面和制度层面总结了构建终身教育体系过程中发达国家的基本经验，提出我国应加强终身教育理论研究、加强终身教育理念宣传、建立和完善终身教育制度体系、创建多元化的终身教育实施载体。[②]有研究者通过介绍欧美社区教育的经验，提出了我国构建终身教育体系的建议，认为应从社区教育出发，并借鉴欧美国家社区教育的教育方式，包括提供学习技能方面的教育、帮助学习者学会学习、获取人力资源和物力资源、向学习者证明经验学习的重要性和意义。[③]还有研究者通过比较美国、英国和法国的终身教育模式，提出了以下建议：制定和推广国家法规、政策和制度以支持终身教育；设立专门的终身教育机构；建立终身教育保障和监督机制；加强学校教育制度的改革。[④]

（九）与终身教育体系构建有关的其他研究

1. 不同群体的终身教育体系构建研究

研究者主要研究了普通高等学校教师的终身教育体系构建、职业技术学校教

① 郝克明，王建. 2003. 构建终身教育体系 创建学习化社会——澳大利亚和新西兰的经验与启示. 北京大学教育评论，（4）：105-112.

② 周ది安，杨丽丽. 2005. 论发达国家构建终身教育体系的基本经验及启示. 继续教育，（1）：55-57.

③ 骆建艳，张晓明. 2007. 欧美社区教育经验对构建我国终身教育体系的启示. 中国远程教育，（1）：72-74.

④ 徐又红. 2008. 我国终身教育体系的构建：美、英、法终身教育比较的启示. 学术论坛，31（3）：202-205.

师的终身教育体系构建、护理学科的终身教育体系构建、国税干部的终身教育体系构建、民航业的终身教育体系构建、财经业的终身教育体系构建、图书情报人员的终身教育体系构建、博物馆的终身教育体系构建、企业的终身教育体系构建、资产评估师的终身教育体系构建、农民的终身教育体系构建、中医药终身教育体系的构建、中小学教师终身教育体系构建、艺术设计终身教育体系的构建、流动人口终身教育体系的构建、残疾人终身教育体系的构建等。

2. 终身教育体系构建中的弹性学分制及资历框架研究

学者主要从以下角度展开了终身教育体系的研究：第一，提出通过推广学分制和弹性学习制度来建立全方位的开放制度，以多样化和多层次的方式服务于各类社会成员。第二，从农民工职业教育融入终身教育体系的角度出发，提出可以将"用户选择""灵活教学""培训套课"等措施外化为学分。第三，借鉴国际上的资历架构法，以成果为导向，通过对社会资历进行梳理及排列，构建资历架构及其相对应的知识和技能架构。第四，借鉴国家开放大学研制的"框架+标准"技术路径，以学习成果框架为引领，对海南省的终身教育学分银行学习成果认证及其转换标准体系进行了深入的思考和构建。

3. 终身教育体系构建相关政策研究

关于终身教育体系构建相关政策的直接研究的成果较少，在为数不多的成果中，有研究者梳理了我国构建终身教育体系政策的历史进程和现状，提出了构建我国终身教育体系的政策设想。[1]有研究者通过对 2010—2020 年终身教育政策进行梳理，发现政策制定方面存在专项政策和法律缺失、政策制定出现断层，以及终身教育体系与国民教育体系并存等问题。为此，研究者提出了推动终身教育立法和加强政策顶层设计与底层跟进等对策。[2]

4. 以终身教育为背景的相关研究

研究者主要研究了终身教育背景下学生闲暇教育体系的构建、泛在学习支持服务体系的构建、可持续性课程体系的构建、中高职衔接一体化课程体系的构建、高职环境监测与治理技术专业课程体系的构建、智慧学习平台的构建、社区亲职教育支持服务体系的构建、新型职业农民培养体系的构建、在职研究生培养模式

① 张昌波. 2003. 构建我国终身教育体系的政策分析. 成人教育，（2/3）：17-19.
② 赵紫芮. 2021. 我国终身教育体系构建政策的成就、问题与建议——基于《国家中长期教育改革和发展规划纲要（2010—2020 年）》实施十年的思考. 成人教育，41（1）：8-13.

的构建、全程化职业生涯教育体系的构建、构建现代职业教育体系的思考、创新创业教育生态体系的构建、开放大学的发展定位等。

三、终身教育体系构建的逻辑理路

（一）明晰基本概念，把握终身教育体系内部各层次的关系

2002 年党的十六大报告提出两个发展目标，即"构建终身教育体系"和"形成比较完善的现代国民教育体系"，旨在开创中国特色社会主义事业的新局面。2007 年，党的十七大沿用了这两个"教育体系"的提法，并进一步提出了"现代国民教育体系更加完善，终身教育体系基本形成"的发展目标。随后在 2010 年，《国家中长期教育改革和发展规划纲要（2010—2020 年）》进一步将发展目标表述为"现代国民教育体系更加完善，终身教育体系基本形成"。2012 年，党的十八大报告强调，"积极发展继续教育，完善终身教育体系，建设学习型社会"。党的二十大报告指出，"推进教育数字化，建设全民终身学习的学习型社会、学习型大国"。国民教育体系和终身教育体系的概念如何界定？二者究竟是什么关系？后者能否完全替代前者？厘清基本概念和定位，是开展终身教育体系构建研究的前提条件。另外，在终身教育体系内部，成人教育、社区教育、继续教育、老年教育以及职业教育等各种教育类型的边界如何把握？如何应对这些概念外延交叉的问题？对已有的教育类型能否以及如何合并？是否需要建立终身教育学科作为统领？这些问题都值得我们深入研究。

（二）加强与教育实践的对话，深化理论研究成果

理论与实践在终身教育体系构建研究中的关系，应以"魂体相融"[①]来表达。但在实际的研究中我们发现，当前的理论研究远远滞后于实践，可以说"魂体难融"。在研究层面，一些学者沉迷于终身教育体系构建的必要性、重要性、面临的困境、解决的思路等学理性问题的自说自话，且重复性研究居多。虽然其中也有以"关于某地终身教育体系构建的经验"为主题的研究，但也是丢失了原初实践形态的"理论化的实践"，对现实实践中终身教育的政策制定与立法、终身教育机构与平台设置、现有教育资源的整合与利用、终身教育评价指标体系的建立、终身教育师的培养与资格认证、学分银行与资历框架的建设等问题关注不够或研

---

① 叶澜. 2021. 转化融通在合作研究中生成——四论教育理论与教育实践的关系. 教育研究, 42（1）: 31-58.

究不深。理论层面的浅尝辄止致使理论之于现实实践的引领作用难以发挥。我们现在所处的时代，应该将对教育实践的关注作为教育研究的主旋律。然而，教育实践的深入介入和有效改造问题仍值得我们深思。[1]有研究者提出了一套研究实践的路径，包括自愿组建理论研究队伍、合作形成研究方案的总体设计、研究者与实践层主要领导者达成共识、制定研究活动的常规制度以及对理论进行概括和提升等。[2]这一思路将有助于我们在终身教育体系构建研究中实现理论研究与现实实践的深度对话，使理论适度前行。

（三）立足本土实际，合理借鉴国外终身教育经验

自20世纪70年代末终身教育理论被我国引进开始，终身教育理论深深影响着中国教育实践的发展与变革。近年来，学界对法国、韩国、日本、俄罗斯、澳大利亚、新西兰等国家终身教育体系构建展开了比较研究，并对我国江苏、浙江、福建、广东、黑龙江、吉林等省份的终身教育体系构建展开了探索研究，这些研究为全国性的终身教育体系构建提供了诸多经验和启示。此外，中国终身教育事业因起点不同而形成的实践强于理论的特点，也为我们提供了独特的理论发展空间和想象力。在此基础上，我们一方面应继续同国际接轨，合理借鉴国际范围内终身教育体系构建的经验；另一方面应认真回顾国内各地对终身教育体系构建的探索历程，深刻总结其中的宝贵经验，探索各地开创的新思路、新方法和新途径，沿着"从个别到一般"的逻辑，寻找终身教育体系构建的普遍性规律，走出终身教育体系构建的理论困境，开辟中国本土的终身教育体系构建之路。

（四）树立超学科思维，协同推进终身教育体系构建研究

超学科（transdisciplinary）是一种新的研究形式，与跨学科有所不同。它不仅仅是一种方法，更是一种研究思维。超学科的动力源自对学术研究应用和新知识产生的需求，旨在通过整合学科和非学科观点，把握整体现实世界。与跨学科相比，超学科更具有整体性和系统性。[3]在终身教育体系构建研究中树立超学科思维主要有以下原因：第一，终身教育体系构建涉及的领域复杂，仅依靠教育学科推动还远远不够，还需要超越学科界限，到学科之外寻找政策和实践经验，以高度整合的视角展开研究。第二，终身教育体系构建最终服务于"人"，"没

---

① 李政涛. 2008. 论教育实践的研究路径. 教育科学研究，（4）：3-7，19.

② 叶澜. 2009. 大学专业人员在协作开展学校研究中的作用. 中国教育学刊，（9）：1-7.

③ 蒋逸民. 2009. 作为一种新的研究形式的超学科研究. 浙江社会科学，（1）：8-16，125.

有真实意义上人的变化与发展，则难有理论和实践意义上真实且有发展价值的推进"①，因而在终身教育体系构建研究中，也应联系更多学术界之外的人（如家长、企业行业管理者、政府工作人员等）共同致力于研究问题的解决。第三，终身教育体系构建研究需要包括教育学科在内的多学科领域研究者的参与，超学科思维的一个重要任务是避免不同学科知识文化的分离和相互限制。为此，政府要依托研究中心、学科群、创新平台以及学科组等载体，建立终身教育体系，构建研究知识共同体或是知识联盟。这有助于在不同学科主体之间实现跨越制度和跨越文化的交流对话，在此基础上形成整体有序的行动力以及增强为达到共同目标而共同努力的凝聚力。因此，超学科思维的一个主要任务是建立起有机的、跨学科的合作网络。

四、终身教育体系构建的实践策略

（一）树立终身学习的观念

在建立终身教育体系的过程中，首先要在整个社会范围内树立全新的教育理念，以指导终身教育的发展。其中，有三个方面需要注意：其一，树立全员学习的观念。终身教育的对象是整个社会，因此需要树立现代教育观念，认识到终身教育与传统学校教育不同，它的教育对象是所有社会成员，需要强调全员参与学习的理念。其二，树立持续学习的观念。终身教育的关键在于连贯性的教学和持续性的学习，为实现终身教育的目标，就需要重视持续性学习观念的培养。其三，树立互助学习的观念。终身教育的目的在于实现个人自由而全面的发展，为营造良好的学习氛围和创建学习型社会，就需要大家互助、合作学习，形成协作。

（二）营造良好的社会环境

建立终身教育体系需要良好的政治经济环境，这是建设学习型社会的必要条件。为实现社会成员的终身学习目标，需要从以下三个方面入手：其一，确保政治环境的相对稳定，极力营造出政治文明、法律保障的理想氛围。这将为构建终身教育体系打下坚实的政治基础，为社会成员提供可持续学习环境。其二，要建立一种健康的经济环境。因为经济和资金的投入可以为终身学习的发展及其体系的构建提供重要的物质支撑。其三，创建良好的文化氛围。广泛推崇文化学习，

---

① 叶澜. 2021. 转化融通在合作研究中生成——四论教育理论与教育实践的关系. 教育研究, 42（1）: 31-58.

以潜移默化的形式为终身教育体系的发展和学习型社会的建设提供有力的文化支持。这将有助于营造社会中的学习氛围，使学习成为一种普遍的价值观念。

（三）建立学习评价机制

学习型社会的构建依赖于终身教育体系的支持，而为了建立这一体系，必须满足一系列现实要求。这些实际需求的达成需要通过一个有效的评价标准，因此建立完善的学习评价机制对于学习型社会的建设至关重要。为实现这一目标，应建立一种全面的学习评价机制，通过多种手段对学生的学习能力、学习成果和学习效果进行评价。评价机制的建立必须考虑终身教育体系的独特性，包括教育对象、内容和方式等多方面因素。同时，该机制的构建需与社会实际情况相适应，考虑到社会的多样性和个体差异，制定适应不同需求和特点的评价标准是不可或缺的。为实现终身教育体系的最大化价值，评价机制的建立还需充分考虑社会的发展需求和未来趋势。随着技术的不断进步和社会的变革，评价机制需要不断创新和改进，以适应未来的发展需要。同时，评价机制还需与政策和法律相协调，构建完善的评价体系，以确保评价的公正性和科学性，推动学习型社会的建设。

（四）建立教育责任机制

在学习型社会中，建立终身教育体系需要不同的教育机构和对象以及职能部门之间相互协作，才能形成科学有效的责任机制。具体而言，政府应当肩负领导责任，通过政策、资金、设施和制度等手段，推动终身教育的实施。政府的引导作用体现在为终身教育提供必要的支持和资源，从而确保其顺利开展。教育机构应该主动承担相应的责任和义务，包括课程的改进、教育方式及内容的创新等，以促进终身教育的高质量发展。教育对象也有属于自己的责任，即培养和树立积极的自主学习意识，不断提高自身的学习能力，积极互动和相互帮助，共同营造良好的学习氛围。这些责任机制的建立需要注重协调与分工，实现各司其职，共同创造学习型社会的良好局面。通过政府、教育机构和教育对象的共同努力，可以建立一种有效的责任机制，为终身教育体系的发展提供坚实支持。

（五）提升资源共享水平

为了构建学习型社会并确立终身教育体系，有必要强化资源共享体系的建设，提高对教学资源的有效利用效率，并创建更多的资源共享平台。鉴于一系列现实的情况，为实现机会均等，政府需要整合多种多样的资源，在此基础上普及终身教育。实施资源共享可以将更为广泛的教育资源及知识体系提供给社会成员。在学习型社会下，促进个人全面发展的终身教育需要借助于资源共享平台来实现。这样的资源共享平台将有助于消除信息壁垒，促使各个层面的学习者充分受益于多样化的学习资源。因此，加强资源共享体系建设不仅有助于提高教学资源的利用效率，还能够为社会各层面人群提供更多、更丰富的学习机会，为学习型社会的建设打下坚实的基础。

第四节　终身教育体系衔接的范围、前提及载体

"衔接"一词在《现代汉语词典》（6版）中的定义是指"事物相连接"[①]。在教育体系中，它指的是按照一定规律和方式将不同层次、类型的教育子系统连接起来。[②]终身教育体系是一个高度整合的系统，"整合"一词指的是在符合特定客观规律或者要求和条件的基础上，汇聚不同的事物、过程、关系、现象、能量、信息以及物质属性，使之成为一个较大的整体[③]。作为一个有机统一的整体，教育系统中的各个部分之间都存在着联系，需要相互依存，同时每一部分都是无法或缺、不可替代的。[④]因此，我们需要将个体一生中所接受的教育从时间维度上统一起来，将各种类型和形式的教育从空间维度上统一起来，通过衔接不同层次、类型、形式的教育子系统，使它们相互联系、相互补充，共同运行，以最大限度地发挥教育体系的整体功能。[⑤]

一、衔接的范围：存在于不同层次、类型和形式的子系统之间

教育衔接的基本理念是促进教育系统内部各子系统之间的合作、竞争、补充和促进，以达到整体和谐统一的理想状态，从而满足受教育者对不同层次、类型和形式的教育需求。德国学者戴夫（R. H. Dave）曾经在联合国教科文组织担任汉堡教育研究所的研究员。他主张从纵向角度寻求终身教育的一致性以及连续性。终身教育包括普通教育和职业教育两个领域，这两个领域应该相互联系、相互作

---

① 中国社会科学院语言研究所词典编辑室. 2015. 现代汉语词典. 6版. 北京：商务印书馆，1412.

② 王琪. 2014. 终身教育体系的衔接问题研究. 厦门：厦门大学出版社，71.

③ 周守仁. 1993. 对称—整合思维模式. 成都：四川教育出版社，9.

④ [法]保尔·朗格朗. 1985. 终身教育引论. 周南照，陈树清，译. 北京：中国对外翻译出版公司，52.

⑤ 王琪. 2014. 终身教育体系的衔接问题研究. 厦门：厦门大学出版社，71-75.

用，而不是相互孤立的。在实施方面，要实现终身教育，就应该为所有教育领域提供完整的体系[①]。日本教育家桑原敏典基于终身学习体系的建立视角，明确指出存在于整个教育体系中的三种联系：第一，上下衔接（articulation），即通过灵活地采用适应不同生活阶段（如幼儿期、儿童期、青年期、成人期）的教育组织形式，实现学习者的统一发展，就要解决上下级教育阶段之间的联系问题，即上下衔接问题。第二，平行统合（integration），即为了使具有不同生活方式的个人能够作为同一社会的成员与他人共同生活，同一教育阶段中不同类型的教育组织之间应相互统合或交流。第三，多方面结合（combination），即从培养学习者的生活问题解决能力的角度出发，要将生活中的教育与教育组织中的教育相结合，包括学校教育、校外教育和教育外的实际生活各个方面相互结合或配合。[②]桑原敏典的这一观点提供了一个基本的分析框架，即衔接问题纵向存在于不同层次的教育子系统之间，横向存在于不同类型、形式的教育子系统之间。在这样的教育系统划分方法之下，家庭、学校甚至社会教育之间可能存在着衔接问题，正规、非正规以及非正式的教育之间也可能存在着衔接问题。根据我们对终身教育体系的界定，我们所探讨的衔接问题仅限于组织化程度较高的正规教育与非正规教育的范围内。

总体而言，研究终身教育体系的衔接问题需要关注以下三个方面。其一，需要关注教育系统内部各子系统是否能够有效结合为一个整体，以及个体在各级各类教育之间是否能够顺畅流通。其二，我们需要重视教育各个领域之间的协作问题，以及是否建立了青年教育和成年教育之间的良好关系。其三，我们需要关注教育体系内部是否存在盲区，并确保每个人都能够在任何时候通过获得所需的知识追赶潮流，不论他们的年龄如何。我们还应该允许人们自由进出学校，并根据他们在私人生活或社会生活中获得的经验灵活地进入学校，即使他们晚一些进入学校。[③]

（一）不同层次教育间的衔接

为了实现终身教育的理念，需要在学制设计上建立完善、相通的纵向学制系统，打破教育终结性，促进低层次教育向高层次教育的顺畅衔接。学制相通是指

---

① 王英杰，刘宝存. 2005. 国际视野中的大学创新教育. 太原：山西教育出版社，28-30.

② 转引自张德伟，梁忠义. 2006. 国际后期中等教育比较研究. 北京：人民教育出版社，99.

③ 联合国教科文组织国际教育发展委员会. 1996. 学会生存：教育世界的今天和明天. 华东师范大学比较教育研究所，译. 北京：教育科学出版社，103-104.

学生毕业于低一级教育层次学校后，只要符合入学条件，通过一定的手续，即可升入高一层次学校继续学习。[①]我国目前的学制结构尚不够完善，主要表现在高中与大学之间，以及大学内部的不衔接。职业中学、中专和技校曾经都是终结性教育，即毕业生只能就业而不能继续升学；大学专科和高职也是终结性教育，毕业生只能就业而不能继续升学。这种不衔接的教育体系影响了学生进一步求学的积极性，也反映出我国学制的不完善。[②]因此，由初级层次向高级层次不断递进、合理衔接，各教育层次之间相互依存，共同完成整体功能的系统才称得上健全的教育体系。我国终身教育体系的建设需要解决不同层次教育间的衔接问题，实现从低级到高级教育层次的有机整合。

（二）不同类型教育间的衔接

教育的类型差异实际上反映了人才培养规格的不同。这种差异既满足了不同个体发展的需要，也适应了社会分工的发展。但是需要注意的是，个体的发展路径并非不可变，其中会出现一些"分叉"。因此，教育体系的设计需要为个体提供重新选择的机会和条件。从分类的角度来看，我国的教育可以分为普通教育和职业教育两类。目前，这两类教育之间存在割裂。为了衔接这两个子系统，需要建立相应的通道，使个体能够在不同类型的教育之间自由转换。这种衔接不仅有利于培养人才，也有助于促进社会的发展。因为个体的能力和职业兴趣都不同，他们需要有自由选择的权利，以便在自己擅长和感兴趣的领域得到更好的发展。同时，教育体系的设计应该不断地进行改进和优化，以满足社会对各类人才的需求。

（三）不同形式教育间的衔接

教育的形式因具体教育过程活动方式的不同而有所差异。这些差异为满足个体对不同学习方式的需要提供了可能。从宏观角度来看，教育形式可以分为组织较为严密的正规教育和组织相对灵活的非正规教育。在终身教育体系建设的角度上，正规教育和非正规教育是相辅相成的，它们以不同的形式来满足个体不同的教育需求。终身学习在教育系统层面上要求将学校教育和其他贯穿于人们生活各个阶段的教育联系起来。[③]尽管我国正规学校教育系统相对完整、组织严密，但非正规教育系统却比较薄弱。非正规教育机构规模小、承担的社会职能不如正规

---

① 余立. 2003. 教育衔接若干问题研究. 上海：同济大学出版社，76.

② 余立. 2003. 教育衔接若干问题研究. 上海：同济大学出版社，76.

③ 经济合作与发展组织. 2007. 教育政策分析 2004. 清华大学教育研究所，译. 北京：教育科学出版社，4.

教育，同时社会重视程度也远不如正规教育。此外，非正规教育机构分散于不同企业行业和部门，组织比较松散，缺乏衔接，导致非正规教育之间以及非正规教育与正规教育之间存在隔阂。因此，需要整合正规教育和非正规教育，建立二者融通的通道，促进整个教育体系的协同。

二、衔接的前提：各子系统的准确定位

教育体系是由多个子系统组成的复杂系统，旨在实现"完善个体"的最终目标，这是终身教育体系内部的共同追求。然而，每一个体成长路径独特，在不同的发展阶段会有不同的教育需求。同时，从社会发展的角度来看，其也需要拥有不同类型和层次的人才。"完人"是指终身教育理念及体系的最终目标。在实际教育中，各子系统需要按照"完人"理念，针对不同的个体、不同的阶段、不同的类型和不同的层次，分别满足其教育需求。同时，各子系统之间应该相互贯通，以保证个体发展的连贯性，在类型和形式上应具有互补性，以满足不同个体的发展目标和学习形式的差异化需求。因此，随着历史的发展，教育系统已经分化成了多个不同的子系统。这些教育子系统具有各自独特的性质和结构，并发挥着不同的功能，以满足个体发展和社会发展的多种需求，它们之间不会发生冲突。为了让不同的子系统之间建立联系，教育衔接就显得尤为重要，因为它可以为不同的教育子系统之间打通通道，使它们更好地为个体发展和社会发展服务。

如果教育系统没有分化成不同类型、层次和形式的子系统，而是一体化的话，那么教育衔接将无从谈起。但如果分化后的子系统定位不准确，彼此在功能上相互重叠乃至产生冲突，不仅会影响整个教育系统的运行，也会使教育衔接失去其应有的意义。例如，幼儿教育的"小学化"就是由幼儿教育定位不准确而引起的，这种"小学化"不仅不利于儿童的身心健康发展，还使得"幼小衔接"变成了"幼小重复"。另外，职业教育本应该为社会培养生产、管理一线的技能型人才，但由于受到重视学习而轻视实践技能思想的影响，我国的高职院校一度纷纷模仿普通院校的人才培养模式，淡化了职业教育的职业性，结果导致人才培养同质化，形成人才"结构性过剩"的情况。在培养职业人才的过程中，如果只是按照普通高等教育的模式进行培养，就难以完全满足职业教育的要求。此外，无论是在普通教育体系内还是在职业教育体系内接受相同的教育，都会削弱"普职衔接"的意义。因此，在终身教育体系中，各子系统需要根据自身的性质准确定位，充分

发挥自身的功能，这不仅是整个教育体系有效运行的必要条件，也是实现教育体系衔接的重要前提。

三、衔接的载体：各子系统的构成要素

教育衔接涉及两个方面，即教育体系设计和教育活动要素。教育体系设计的衔接是在宏观层面上考虑，主要是连接不同类型、层次和形式的教育，如小学至大学之间的升学通道、中职教育与高职教育之间的对口升学等。而教育活动要素的衔接是在微观层面上考虑，主要是教育活动中各构成要素的连续性，如高层次教育的培养目标需要低层次教育培养目标的支持，高层次教育内容的学习需要基于低层次教育内容的学习。这些衔接不仅仅是为了教育体系的有效运行，更是为了实现个体的全面发展和社会的持续进步。

教育衔接是指在教育体系中，从宏观层面和微观层面两个层面设计，以保障在不同教育子系统之间的个体培养目标、教育内容和教育资源的连续性。在宏观层面上，教育体系设计的衔接是为不同类型、层次或形式的教育之间建立连接的通道，包括学制上的设计，如小学至大学的升学通道、中职教育与高职教育之间的对口升学等。而在微观层面上，教育活动要素的衔接则体现了教育活动各构成要素的连续性，如高一层次教育的培养目标是低一层次教育培养目标的延伸，高一层次培养目标的实现以低一层次培养目标的实现为前提，高一层次教育内容的学习则以低一层次教育内容的学习为基础。目前，我国的教育体系设计存在宏观层面上的制度设计不衔接和微观层面上培养目标、教育内容、教育资源使用等方面的不衔接。例如，中等职业教育、高等职业教育的终结性，职业教育与普通教育之间的封闭性，当前我国普通高中学生进入高等职业教育体系、中等职业教育学生进入普通高等教育体系学习时，在培养目标、教育内容上并不能做到很好的衔接。终身教育体系的衔接应该是教育体系设计衔接与教育活动要素衔接的统一，既需要在制度设计（学制）上建立不同的教育子系统之间的通道，也需要在教育活动要素（如培养目标、教育内容等）的综合统一上下功夫，使得终身教育体系不仅学习路径畅通，而且学习目标和学习内容也能够顺畅转换。

因此，研究终身教育体系的衔接问题需要明确各教育子系统的性质、功能和定位，并对各子系统的构成要素进行分析。前者是教育体系衔接和顺畅运行的前提条件，后者则是教育体系衔接的具体表现。终身教育体系内部衔接通道的建设需要打通学制设计上的人为壁垒，建立个体在不同子系统之间流通的通道，同时

需要综合设计各教育子系统的构成要素，以保证各子系统之间的培养目标、教育内容、教育资源等要素在层次上具有连续性，且在类型和形式上具有互补性。这样，个体在成长的阶段性和类型、形式的差异性上也能够实现统一。

第五节 终身教育体系衔接的案例——江苏

遵循系统论的观点，我们需要深入研究，积极实践，构建终身教育体系，调整教育结构，扩大教育规模，提高教育质量。具体来说，需要实现以下五个方面的"结合"[①]：

第一，推进教育体制改革，实行公办、民办和外办教育相结合的办学模式，放宽市场准入条件，加大对新的教育增长点的培养力度，广泛利用各类教育资源，不拘一格培养各类人才。政府应扶植民办教育，取消限制，使其与国办教育享有同等待遇。这将拓展教育市场，壮大中国教育事业，提高人口素质，促进经济和科技的发展。我国应积极创造条件，引进境外优质教育资源，为实现这些目标提供支持和便利。

第二，教育结构需要改革，将传统正规教育和非正规教育相结合。传统的学校式正规教育已难以满足需求；相反，拥有巨大生命力和市场潜力的各种职业技术培训等，能够在职前职后有效地对人力资源进行开发，并使教育的整体功能得以延伸。为提高社会劳动者素质和发展教育事业，需要将各类成人教育和职业技术培训纳入教育整体功能范畴。这些非正规教育应与其他各级教育相互沟通、衔接、协调发展，将各种教育手段融合到整体功能中，能够更高效地满足不同层次、领域的教育需求。

第三，教育领域应将普及教育和提高教育结合，覆盖群体广泛，包括高、精、尖专业人才和一般社会劳动者，服务于社会人力资源整体开发和全体社会劳动者素质的提高，以及经济社会发展的客观需求。逐步普及高中阶段教育，适度扩招各类高等专业教育，优化高校的资源配置，使其办学条件得以改善，进而提高教学的质量。同时，各行各业的非学历教育应按照"统筹规划、分级管理、分类指导"的原则进行覆盖。要转变人才观念，理顺学用关系，深化干部人事制度改革，规范人才和劳动力市场，改变以文凭取人的用人观，健全各类在职从业人员的教

---

① 任湘郴,李先骐. 2002. 走中国特色之路,构建以终身教育为目标的教育发展新格局. 湖南医科大学学报(社会科学版), (S1): 92-96.

育培训考核制度，对关键岗位实行持证上岗，并运用激励机制来促进教育培训，提高非学历教育培训的效益和地位。

第四，让学校教育、社区教育和家庭教育有机结合起来，就要在教育实施的范围和方式上下工夫。学校、社区和家庭是人们生活、工作和学习的重要场所，也是教育活动的重要场景。为了促进教育大众化和学习社会化，应该采用多种形式将教育融入人们的日常生活中。在学校、家庭以及社区这三个教育模块中，学校教育和家庭教育的连接得益于社区教育所发挥的重要作用。教育职能部门和社区党政部门在总体规划社会"双文明"建设过程中应结合国家的决策以及社区的实际，将教育事业的发展纳入其中，制订各种人才培训计划，调配和利用社区教育教学资源，采取多种方式促进社区教育的大众化和学习的社会化，如邀请专家到基层单位授课、传授技能，组织科研攻关、新产业和新产品开发等活动。

第五，为了提高教育综合效益，需要平衡提高教育覆盖率和提升教育教学质量。只有注重教育教学质量，才能实现教育的大众化和社会化，推动教育的持续发展。但当前，我国教育面临着资源不足和短缺的问题，一些教育部门因教育创新的意识和能力有所欠缺，无法适应时代的要求，也无法摆脱传统模式，只能在低效益的办学误区中停留，导致教育事业难以建成坚固的"混凝土结构"。

一、江苏对终身教育公共服务体系的认识定位

只有对终身教育体系和公共服务体系这两种概念进行准确把握，才能够明晰终身教育公共服务体系的概念。2006年10月出台的《中共中央关于构建社会主义和谐社会若干重大问题的决定》首次强调，在提高政府管理及服务水平过程中基本公共服务体系得以完善的重要性，由此"公共服务体系"这一概念问世。①之后，2012年，《国家基本公共服务体系"十二五"规划》提出要"以人为本"，"着力增强服务供给能力，着力创新体制机制，不断深化收入分配制度改革，加快建立健全符合国情、比较完整、覆盖城乡、可持续的基本公共服务体系，逐步推进基本公共服务均等化"。《国家中长期教育改革和发展规划纲要（2010—2020年）》于2010年发布，提出"构建灵活开放的终身教育体系……大力发展现代远程教育，建设以卫星、电视和互联网等为载体的远程开放继续教育及公共服务平台，为学习者提供方便、灵活、个性化的学习条件"。2011年，江苏省政府发布

---

① 中华人民共和国中央人民政府. 中共中央关于构建社会主义和谐社会若干重大问题的决定. （2006-10-11）[2022-11-20]. http://www.gov.cn/govweb/gongbao/content/2006/content_453176.htm.

《省政府关于加快完善终身教育体系的实施意见》，对"终身教育体系"这一概念进行了明晰。该实施意见强调，加快完善终身教育体系，办好人民满意的教育"是保障和改善民生，推进和谐社会建设，创造更加美好幸福生活的重要保证"[①]。教育部在 2012 年印发的《教育信息化十年发展规划（2011—2020 年）》中明确强调，"加快信息化终身学习公共服务体系建设"。该规划的目标在于，到 2020 年"形成与国家教育现代化发展目标相适应的教育信息化体系，基本建成人人可享有优质教育资源的信息化学习环境，基本形成学习型社会的信息化支撑服务体系，基本实现所有地区和各级各类学校宽带网络的全面覆盖，教育管理信息化水平显著提高，信息技术与教育融合发展的水平显著提升"[②]。简言之，通过对开放大学的信息化支撑平台建设模式进行探索，建立起满足现代远程教育的发展和学习型社会需要的多功能、一站式开放学习中心。

江苏省推进终身教育体系的目标是实现资源配置的合理、协调和均衡，增强教育在家庭、学校、职业和社会中的衔接性，使得整个教育体系的布局科学，每一个体都能按照自己的喜好选择不同的机会和方式进行终身学习。为了提供教育支持以满足人们生活和发展的需要，江苏省整合各种教育资源和教育类型，建立了全新的终身教育体系。[③]这一体系涉及教育的管理问题、各种不同的教育结构，甚至科研经费的使用等诸多问题。

"终身教育体系""公共服务体系""终身教育公共服务体系"三者都非常注重公平正义的问题，其内涵更是密不可分。不可否认，总体上看江苏省的教育事业发展很快，但是我们也应该正视其中存在的问题，尤其是南北教育发展资源的不均衡问题，需要我们迫切解决。通过社会资源的合理培植使得社会公平正义得以实现正是公共服务体系的核心要义。江苏省政府印发的《省政府关于加快完善终身教育体系的实施意见》在终身教育体系建设的总体目标中提出，"教育质量整体提升，教育公平有效维护"[④]。在江苏省政府召开的第十二次党代会上，与会代表特别提出并强调了终身教育公共服务体系中的教育公平问题，认为应注重均等和公平效益，由此丰富了终身教育公共服务体系的内涵。公共服务体系包括

① 江苏省人民政府. 省政府关于加快完善终身教育体系的实施意见. （2011-09-09）[2022-11-20]. http://www.js.gov.cn/art/2011/9/9/art_46143_2544233.html.

② 中华人民共和国教育部. 教育部关于印发《教育信息化十年发展规划（2011—2020 年）》的通知. （2012-03-13）[2022-11-20]. http://www.moe.gov.cn/srcsite/A16/s3342/201203/t20120313_133322.html.

③ 吴遵民. 2004. 关于完善现代国民教育体系和构建终身教育体系的研究. 中国教育学刊，（11）：39-42.

④ 江苏省人民政府. 省政府关于加快完善终身教育体系的实施意见. （2011-09-09）[2022-11-20]. http://www.js.gov.cn/art/2011/9/9/art_46143_2544233.html.

公用设施、社会保障、教育教学以及医疗卫生等相关领域的服务。终身教育公共服务体系为全民提供相关服务，是公共服务体系的重要构成要素。除此之外，终身教育体系强调不同的教育形式之间的衔接，终身教育公共服务体系强调公共服务及其产品的供给、资源的配置，二者强调的侧重点是不同的。建立在信息技术基础上的江苏终身教育公共服务体系，充分利用各种教育资源，吸引多元主体积极参与，为供给公共服务提供保障。①

二、江苏对终身教育公共服务体系的理念设想

（一）建设目标：依托信息技术，为学习者提供个性化的终身学习服务

政府可以带领社会团体甚至是私人机构充当终身教育的供给者，利用"学习护照"这一新颖的形式帮助社会中的学习者参与正式的或者非正式的学习活动，同时根据"学习护照"真实记录的情况进行学分的转化和认证工作。学习者通过互联网进入终身学习系统，享受供给者提供的多种多样的学习资源。学习者也可以基于自己的需求参与各种正式的或非正式的学习，从中选取适合自己的学习资源。根据学习者的浏览记录，学习中心后台会在学习过程中自动推送适合学习者的资源和课程，甚至是社区活动。除此之外，第三方机构或者组织可以对学历、学分、资格以及工作和生活中的非正规学习成果（这些成果并非为了获取学历、学分或资格证书）进行认证。

（二）功能定位：立足江苏省，服务各类民众的终身学习需求

众所周知，江苏省一贯推行教育强省的制度，总体发展效果良好，但是剖析其发展过程，我们可以发现在终身教育中存在苏南苏北教育资源配比不均衡的问题。具体而言，苏南地区汇集了较多的教育资源，相应的教育教学设备也更为完备，终身教育的普及程度相较于北部地区更高；相反在徐州等苏北城市，则在一定程度上存在着终身教育流于口号和形式的问题，因缺乏资源，部分弱势群体较难得到应有的教育机会。为推进公平教育，贯彻终身教育公共服务体系的目标和精神，江苏省在构建该体系时立足于不同个体和群体的学习需要，为其提供适合的教育服务，因此，江苏省依据"终身学习"的导向机制，以"四个面向"为要

---

① 朱燕菲，周蔚. 2018. 终身教育公共服务体系设计研究——基于江苏省的实践. 成人教育，38（7）：19-24.

求建设终身教育公共服务体系。首先，面向基础教育，为中小学提供在线答疑辅导、信息化支持服务以及必要的教育资源；其次，面向高等教育及继续教育，将在线教育支撑服务和各类教育项目运营提供给网络学院和开放大学；再次，面向职业教育，将有利于知识完善和技能更新的非学历教育和终身教育服务提供给党政机关和企事业单位的工作人员，甚至是社会人员；最后，面向社区教育，开发全民教育资源和在线平台支持服务，将其提供给社区教育系统。[①]

（三）运行模式：多元化主体共同参与、共建共享

终身教育公共服务体系的运行、操作以及维护需要有熟悉该体系的专业人员来进行，但是这些人的来源、报酬等问题是不容忽视的。在构建这一体系时，人才、物资等任何一项都是不可或缺的。对于政府来说，独当一面是困难的，需要向其他主体寻求帮助，以协作完成公共服务体系的建设工作。单一的政府驱动会降低行政操作的时效性，也会浪费经费和人力。江苏省政府应起到有力的主导作用，同时吸纳学校和企事业单位等更多的主体加入。为此，政府可以利用资金委员会，程序正当地为高校等提供必要的资金援助，用于推广终身教育。可以优先在经济较为发达并且教育资源密集的地区开展终身教育工作，进而让先进的地区不断推广和拓展，以带动落后地区，实现共同发展。除此之外，江苏省还应积极引进并更新终身教育理念，政府应借助外部力量，邀请高校专家和企业里的专业人士给相关单位的工作人员授课，为彼此间的交流学习搭建平台，有效推动终身教育的发展。

三、江苏终身教育公共服务体系构建的启示

通过分析江苏省终身教育公共服务体系的成功经验，可以发现这一庞大的系统工程需要面向所有的社会公众甚至整个社会区域。终身教育公共服务体系需借助多元化主体的合力，实现教育真正意义上的公平公正以及资源的整合贯通。基于多资源、多主体、多场所、多功能和以人为本的理念，终身教育公共服务体系应该包括组织管理、成果认证、学习资源、学习网络以及学习场地等系统，这些系统的目的是满足学习者的政策、场地和移动学习的需求。

（一）构建多元化的学习资源系统

在终身教育的学习资源多元化发展过程中，应充分发挥各级各类教育机构的

---

① 王学珍. 2013. 广州数字化终身学习公共服务体系的建设与探索. 西北成人教育学报，（5）：8-11.

作用，使学习者多样化的资源需求得以满足。学习资源并非封闭或孤立的，而是应在不同的教育形式下互相融通。为此，学习资源应以深入浅出、通俗易懂的方式呈现，注重生活化的表达和学习个体的差异，设立社区教育实践等生成性的课程，使得文化素养、休闲娱乐、兴趣培养、职业技能以及现代生活等方面囊括其中。教育场所应对辐射区域内的所有个体开放，并将不同类型的学习资源提供给具有不同教育层次或文化背景的个体。例如，面向企业职工、失业人员、农民、进城务工人员、老年人群、青少年以及残障人士等不同群体，应开展相应的终身教育课程，如职业技能、农业实用技术培训、法律法规、市民守则、社会保障、传统文化、科学技术、思想品德、生活休闲和保健养生等。

（二）构建完善的组织管理系统

终身教育促进委员会是设立在政府部门之中，对终身教育工作进行推动与协调的指导机构，是各省（区、市）进一步推进终身教育和学习型社会建设的有力举措。目前，福建、上海、湖南等地已设立了终身教育促进委员会。[①]为满足学习者的需求，我们应继续在终身教育方面采取"两手抓"的策略：一方面，应设立专门的机构管理终身教育公共服务的相关工作；另一方面，应发挥政府在终身教育方面的导向作用，不断完善终身教育相关的法规政策。终身教育专门机构应扮演政策设计者和领导者的角色，针对终身教育制定合适的发展规划以及实施方案，建立五级（省、市、区、县和村）终身教育机构框架。政策制定、机制建立等功能应包含在五级终身教育机构的组织框架之中。各地政府可以基于实际情况制定相应的"终身教育促进条例"或相关规章制度等地方性法规，使得政府和社会团体等价值主体明确自己在终身教育方面的权利、责任和义务，在纳入法治化的进程中推进学习型社会的建设和终身教育公共服务体系的完善。目前，上海、宁波、太原及河北等省（市）已经建立了相应的"终身教育促进条例"，此外，政府还应该尽快制定并颁布符合本地情况的地方性法规。

（三）构建开放式的学习场地系统

为满足学习者对场地多样化的需求，我们需要构建分布较广的开放式学习场所。具体来说，可以从两方面着手：一方面，对于社区教育的五级网络建设应持续推进，建立包括社区大学、社区教育中心、社区学院、社区培训机构以及居民

---

① 吴遵民. 2019. 终身教育研究手册. 上海：上海教育出版社，159.

学校在内的市民教育场所。充分利用这些社区场所，为市民提供形式内容多样、层次丰富的社会文化生活教育，使其学习职业技能。另一方面，应全面开放公共文化设施，如向市民免费开放文化馆、博物馆、图书馆、电影院及档案馆等场所，并拓展其学习和服务的功能。定期举办终身学习周（月）、读书报告会、市民大讲堂以及艺术鉴赏课堂等常规的群众性终身学习活动，为市民提供充分的交流学习机会。

（四）构建合理化的成果认证系统

作为终身教育公共服务的重要组成部分，学习成果认证需要实施学分银行措施，以满足学习者的需求。江苏省率先出台了相关认证办法和流程，包括《江苏省终身教育学分银行管理暂行办法》《江苏省终身教育学分银行实施细则（试行）》等，使得学习成果认证的范围得以明确，同时实现了课程学分和资格证书的互认。然而，我们需要建立一个合理的成果认证系统，进一步解决存在于认证操作过程中的空白多、程序烦琐等问题。[①]政府应从以下两方面着手建立一个合理的成果认证系统：一方面，重点关注学分银行建设，建立继续教育的学分制度，在可转换的前提下使之趋于规范和科学，对于授予学分的标准及其质量要求应予以明确，立足于学分构建学习管理制度。为了逐步实现这一目标，建议从具备条件或基础良好的学习平台开始试点实施，并结合实际情况逐步推进。另一方面，政府应该建立认证、评估和转换制度，以激发学习者的积极性，对于需认证和转换的学习成果，应提供科学的机制，以满足他们更高一级的学习需求或在其他领域的就业需求，而不需要转换那些以提高生活质量和丰富精神生活为目的的学习成果。

（五）构建信息化的学习网络系统

当前，随时随地的移动学习已成为学习者的重要需求。正因为如此，信息化学习网络系统应对各类教育资源进行有效整合，在为其他四大系统提供技术支持的基础上，为市民打造兼具自主和交互形式的智能学习网络系统，以促进政策的公开和信息的交流，从而在丰富民生、提高便利等方面发挥积极有效的作用。例如，江苏省教育厅基于"江苏学习在线"网站，创建了网络学习资源平台，旨在

---

① 江苏省人民政府办公厅. 江苏省教育厅关于印发《江苏省终身教育学分银行管理暂行办法》的通知.（2022-02-10）[2023-03-10]. http://www.jiangsu.gov.cn/art/2022/2/10/art_64797_10344586.html.

为各种类型的学习者提供服务。截至 2024 年 1 月 31 日，"江苏学习在线"平台访问量累计已达 8706 万人次，开设课程资源 45 218 个，提供 13 个专题学习项目和学习证书 21 个，开设活动 44 次，注册学员数达到 271 万人。由于表现突出，教育部将其评为"全国终身学习公共服务平台建设示范基地"[①]。

---

① 朱燕菲，周蔚. 2018. 终身教育公共服务体系设计研究——基于江苏省的实践. 成人教育，38（7）：19-24.

第五章　终身教育制度及立法

　　终身教育作为 20 世纪最重要的教育思潮之一,其诞生和发展可与哥白尼学说引发的革命相媲美。[1]很多国家,尤其是发达国家,将终身教育视为 21 世纪教育发展战略的重要组成部分,并已经建立了相应的终身教育体系。新时代,提升教育质量、促进教育公平和资源流动,以满足不断多样化和个性化的学习需求成为新呼唤。[2]为实现这一目标,我们应强化终身教育理论研究、实践探索和制度创新。[3]此外,中国在 20 世纪 90 年代提出了构建终身学习体系的目标,以促进终身学习理念的深入人心。现如今,"十四五"规划更加强调我国需要进一步完善终身学习体系,建设学习型社会。为了保障公民的学习权,一个国家层面的终身教育立法显得迫在眉睫。这项立法将贯通各级各类教育和培训,搭建一座"立交桥",以满足公民的学习需求。

第一节　终身教育制度确立的意义

　　终身教育制度的确立在当今社会发展中具有至关重要的意义。随着科技、经济和社会结构的快速变化,传统的一次性教育模式已经无法满足人们不断变化的需求。因此,建立和完善终身教育制度成为迫切的任务。这个制度的确立不仅关系到个体的职业发展和生活质量,还影响着国家的竞争力和社会的可持续发展。在本节,我们将探讨终身教育制度的重要性,以及它在个体和社会层面所产生的深远意义。

　　① 张斌贤,丛立新.1997. 高屋建瓴——当代教育新观念. 北京:中国铁道出版社,4.
　　② 王海东、张若仪.2020. 试析我国终身教育制度创新的路径. 宁波大学学报(教育科学版),42(2):31-36.
　　③ 张翠珠.2012. 我国终身教育制度建设的创新方向. 江苏广播电视大学学报,23(2):41-47,69.

一、终身教育的制度化有利于保障个体的终身教育权

终身教育在制度层面的目标是确保每个人的教育权利都得到充分保障。学习不应只限于学校内部，而需要巧妙地结合学校教育和自主学习。这样的机会应当成为每个人的权利，制度应以确保这一点为目标。通过这种制度性保障，人们将在有限的生命中拥有挑战无限教育的机会，从而构建持续学习的保障系统。[①]为了实现终身教育，需要建立完善的外部支持体系，并要求教育体系本身具备较强的适应性和弹性。在各国进行教育改革时，一方面，终身教育应被纳入国家发展规划，加强法律法规和体制建设；另一方面，需要积极推动建立弹性学习制度，完善学习成果评价机制，并建立健全学习保障机制。通过这些措施，不仅能够在外部进行强化监管，而且能够在内部保持灵活性和紧张感，以更好地实现终身教育的目标。这样的制度性安排旨在在整个生命周期中促使个体持续学习，为适应不断变化的社会和工作环境作好准备。这种制度性的安排不仅仅意味着政策的制定和规定，更代表着一种社会责任感和对每个人教育权利的重视。它使个体可以根据自身需求和兴趣进行学习，不受时间和空间的限制。这样的教育体系将塑造更具活力和适应性的社会，培养更具创造力和适应力的个体。

二、终身教育的制度化有利于改变教育财政的窘况

过去，学校教育一直是教育财政支出的主要部分，然而这种情况导致教育财政支出急剧膨胀。尽管全球对教育的需求不断增加，但教育服务的供应却未能跟上需求的步伐，这加剧了人们对教育不满的情绪，甚至让公共财政陷入困境。在这一困境中，人们开始认识到探索更为高效的教育形式的迫切性，并动员社会上所有可用资源更大力度地投入教育领域。因此，亟须对封闭、僵化的教育制度进行改革，建立开放、具有弹性的终身教育制度。这种改革的优势在于其能更好地适应社会变革和不断发展的需求，同时更有效地利用各类资源，提高教育效益。改革教育体系的好处不仅在于更灵活地满足学习者的需求，还在于更经济、高效地利用社会资源。通过构建这样一种开放性和富有弹性的终身教育制度，社会将更好地应对个体不断变化的知识需求，同时更好地推动社会进步和个体发展。这种变革性的教育模式将鼓励创新和个性化学习，让学习者在不同阶段都能获取所

① [日]持田荣一，森隆夫，诸冈和房. 1987. 终身教育大全. 龚同，林瀛，邢齐一，等译. 北京：中国妇女出版社，9.

需技能，而不再局限于传统教育的范畴。这样的开放教育模式将为人们提供更多选择，并激发其学习兴趣，从而使其更好地迎接社会的变革和挑战。[①]通过使教育更灵活、更贴近人们的实际需求，这种开放性的终身教育制度将有助于建设更加智慧、富有活力的社会。

三、终身教育的制度化有利于保障教育过程的一体化

终身教育不仅是一个贯穿整个人生的教育过程，更与社会整体紧密相连。尽管各种教育技能存在于生活的各个领域，但并非每个人需要在每个领域都进行学习。终身教育的目标在于有机整合社会各个领域的教育技能和学习机会，构建衔接顺畅的教育体系，确保人们在终身学习过程中获得所需的教育资源。为了实现这一目标，需要在终身教育制度中进行协调和统一，使得不同的教育过程能够最大限度地发挥作用。这就要打破各个教育阶段之间的壁垒，实现教育体系的有机衔接，确保个体在学习过程中不会因为环境变化而失去学习机会。通过协调和整合终身教育的各个层面，社会可以更好地满足个体的学习需求，使其在不同生活阶段都能够获取并应用适当的教育技能。这不仅有助于提高个体的终身学习动力，也促进了社会更好地适应不断变化的知识和技能要求。因此，终身教育制度的协调和统一是构建富有弹性和可持续发展的学习型社会的关键。[②]这样的教育体系不仅使个体在面对变革时更具韧性，也有助于整个社会更好地适应并迎接不断演变的知识和技能挑战。

四、终身教育的制度化有利于提高教育应对危机的能力

20世纪60年代以来，针对教育危机，各国采取了多种对策。然而，这些应对措施往往只是应对单一危机的短期解决方案，零散而缺乏整体性，它们的实施需要大量经费，但大多并未达到期望的效果。因此，在制定应急措施的同时，迫切需要制定系统性对策，以打破个别政策所造成的僵局。[③]现代终身教育已从自发的教育理念逐渐转变为世界各国政府的政策目标，并逐渐演变为一种强制性教育制度。政府在其中扮演着主动推动者的角色，通过积极的政策制定和资源投入

---

① 华桦. 2004. 从破制度到立制度——论终身教育的发展. 教育探索，（6）：59-61.
② 国家教育发展研究中心. 2001. 2001年中国教育绿皮书——中国教育政策年度分析报告. 北京：教育科学出版社，170.
③ 华桦. 2004. 从破制度到立制度——论终身教育的发展. 教育探索，（6）：59-61.

来推动终身教育的发展。同时，教育对象也表现出更高程度的自觉性。他们不再是接受教育，而是积极参与学习过程，追求不断提升自身知识与技能。这种变革性的终身教育制度有望打破过去应对危机的零散性和片面性局面，实现教育体系更加有条理、整体性的发展。它将不再是临时性的解决方案，而是建立起一种长期性、可持续性的教育框架。政府的积极作用和个体的自觉参与相辅相成，共同推动着教育体系向着更加全面、有效的方向发展。

五、终身教育保障机制有利于促进知识的发展与更新

建立终身教育保障机制是确保知识持续更新与发展的重要措施。在知识经济时代，建立这样的保障机制显得尤为紧迫和必要。它不仅有助于确保知识不断更新，更为学习型社会的建立奠定坚实的基础。这种保障机制提供多样化的学习机会和资源支持，鼓励个体持续追求新的知识和技能，让其更好地适应不断变化的社会和职业环境。这个保障机制的建立激发了社会个体的学习兴趣和动力，使其具备更强的竞争力和适应性。它为个体的自我提升提供支持，同时也为社会的创新和进步奠定了强有力的基石。终身教育保障机制不仅仅关乎个体的发展，更涉及整个社会的繁荣。通过营造鼓励不断学习的氛围，这一机制为个体和整个社会创造了更加丰富、充满活力的未来。它使每一个体都有机会不断完善自我，从而为社会增添更多的创新力量。在追求知识和技能的过程中，个体变得更加灵活、适应变化更快、面对未来时更有信心。因此，终身教育保障机制成为推动知识社会的核心工具，为个体和整个社会打造更为充实、富有活力的未来注入力量。

六、终身教育保障机制有利于建立普通教育和职业教育的联系

从社会的视角来审视，未来经济的进步将更加依赖知识的商品化。这表明知识会更多地转化为外在形式，并体现程序化及可操作化特征。这一转变将使知识不再只是个人心智中的抽象概念，而是会被转换成可以被交易、共享和利用的实体。这种商品化的趋势将推动着经济的发展，使得知识成为创新和发展的引擎，促使社会更加进步。终身教育的发展应当紧密契合这一趋势，使其成为适应经济变革和社会需求的有力工具。终身教育的目标应当是整合文化教育和职业教育，衔接职前教育和职后教育，以打破传统教育的划分方式，使学习路径更加灵活多样，满足不同个体的需求。在这一多元化的教育形式中，建立终身教育保障机制显得至关重要。这一机制可以通过提供资金、资源和其他支持，鼓励个体在各个

生命阶段持续学习，从而更好地适应快速变化的社会和经济环境。终身教育保障机制的建立不仅有助于实现社会对多途径教育的期望，同时也为个体提供更多的学习机会，以促进人的全面发展。

第二节　终身教育制度的具体确立

在当今快速演进的社会背景下，教育不再被视为青年时期的独立阶段，而是成为一种持续不断的、贯穿整个职业生涯的重要支持系统。本节将深入探讨的是如何从法律法规、领导体制、组织协调制度和学习资源与服务制度等多个层面确立终身教育制度[①]，这不仅涉及教育领域的变革，更是为了满足现代社会对于技能、知识的需求。

一、终身教育制度确立的基本思路

终身教育制度是在特定历史条件下建立的，包括终身教育体系及其子系统要素间的关系、结构，以及运行的规范和规则。它是为了确保终身学习的顺畅进行而建立的。制度是一套办事规程和行动准则，它可以为终身教育提供指导和支持。[②]

（一）终身教育制度体系的基本架构

终身教育制度体系被构建成一个错综复杂、层层叠加的系统，其广泛覆盖决策、实施和支撑三大核心部分。这个系统是复杂的，因此需要全面综合考虑各个方面的因素，确保其协调运作、有序推进。在这一庞大的体系中，决策体系是制度体系能否顺利实施的关键，它涉及立法政策、领导体制、决策机制、协调与监督制度等要素，它们共同塑造了制度框架。实施体系是终身教育体系的重要组成部分，旨在构建一套健全的管理体系和教育运作体制，以促进各级各类教育的有机协调发展，推动教育事业的蓬勃发展。支撑体系是终身教育体系的基础，它搭建了一个能提供服务信息的平台，以确保经费保障制度及各项奖惩制度的顺利执行。这些制度和机制对建立全面的终身教育体系至关重要，它们为终身教育提供了必要的支持和保障。通过终身教育体系，国家可以实现教育资源的优化配置，促进人才培养和社会的持续进步。

---

① 王海东，张若仪. 2020. 试析我国终身教育制度创新的路径. 宁波大学学报（教育科学版），42（2）：31-36.
② 张翠珠. 2012. 我国终身教育制度建设的创新方向. 江苏广播电视大学学报，23（2）：41-47，69.

（二）终身教育制度体系的主要内容

终身教育制度体系是为了保障终身教育的顺利实施而建立的一套组织架构和规章制度。从实施和保障终身教育的角度来看，图5-1呈现了终身教育制度体系的主要构成内容：

第一，法律法规。制定和完善相关法律法规，明确终身教育的政策目标、法律责任和管理规范，为终身教育提供法律保障。

第二，领导体制。建立健全领导体制，明确终身教育的组织架构、职责分工和权责关系，确保终身教育的有效实施和监督管理。

第三，组织协调制度。建立协调机制，包括跨部门的协作机制和政府与社会组织的合作机制，以确保终身教育各方面资源的合理配置和协调发展。

第四，学习资源与学习服务制度。建立健全学习资源和服务体系，包括建设多样化的学习平台、提供高质量的教学资源和学习支持服务，满足个体的学习需求。

第五，投融资制度。确保终身教育的可持续发展，建立健全投融资机制，包括政府投入、社会资本参与和个体自费学习等多元化的资金来源。

第六，质量保证与评价监测制度。建立质量保障体系和评价监测机制，对终身教育的教学质量和学习成果进行评价与监测，确保终身教育的质量和效果。

第七，学习成果认证制度。建立学习成果认证体系，包括颁发学历证书、职业资格证书和其他学习成果证明，为个体的学习成果提供官方认可和权威认证。

第八，学分积累与转换制度。建立学分积累与转换机制，将不同学习经历和学习成果进行统一计量与转换，实现学分的互认，增强跨领域学习的灵活性。

第九，激励与奖励表彰制度。建立激励机制和奖励表彰制度，鼓励个体积极参与终身教育，给予其相应的奖励和荣誉，促进其学习动力和积极性的提升。

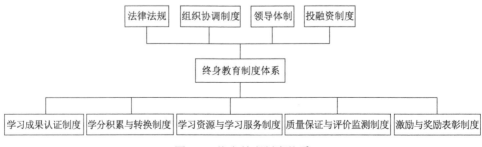

图5-1　终身教育制度体系

二、终身教育制度确立的基本过程

（一）从实际出发，明确终身教育制度的建设目标

未来的十几年是我国实现社会主义现代化的重要时期，同时也是我国经济、产业和技术迅速发展、城乡结构发生变化的时期。这一时期对提升社会成员素质和创新能力至关重要，同时对推动我国终身教育的发展也显得尤为关键。我们需要认识到，我国教育供需矛盾是终身教育体系建设的基本问题。因此，在建设终身教育体系时，需要了解各地区情况和人才需求特点，遵循逐步推进、分区规划和分类指导原则，以满足广大社会成员对学习的需求。此外，政府还需要特别注重核心制度建设，如终身学习资源与服务制度、学习成果认证制度、学分积累与转换制度等，以提升终身学习的效能。①

（二）建立和完善适应终身教育体系和学习型社会的公共管理机构

在构建学习型社会的过程中，政府需要进行职能转变，主动承担起具有公共服务性质的教育培训的主要责任。为提高公共管理与服务的效率和水平，政府必须持续改进管理机制，以确保公共经费的使用效率不断提升。这就需要建立健全适应终身教育和学习型社会要求的公共管理机构，以更好地适应学习者的学习需求和教育培训的多样性。政府在这一过程中需要充分认识到教育培训的公共服务性质，努力提高服务水平，为学习者提供更加灵活、贴近需求的教育服务。在管理机制上，政府应采取创新性的措施，推动公共管理体系更加符合学习型社会的特点，从而更好地促进社会的全面发展和个体的终身学习。

（三）建立满足全民终身教育需求的教育培训投入和学习资助体制

全民终身教育社会的建设需要各方面共同进行资源投入，这是一项长期而艰巨的任务。政府在这方面扮演着重要的角色，应确保终身教育机会的公平性和教育培训的公正性，同时加速国民收入分配调整，贯彻科教兴国和教育优先发展的战略，调整财政性教育经费的分配结构。政府还应该制定一系列相关政策，如规定财政性教育经费占 GDP 比例②、各级政府对教育发展所担负的责任③以及教育

---

① 城镇化进程中教育管理体制改革问题研究课题组. 2015. 城镇化进程与教育管理体制改革. 北京：教育科学出版社，117.

② 胡卫，唐晓杰，等. 2010. 中国教育现代化进程研究. 北京：教育科学出版社，93.

③ 郝克明. 2008. 教育·社会·未来：郝克明教育文集. 广州：广东教育出版社，255.

如何合理收费。①同时，建议政府采用多种拨款方式相结合的综合拨款模式，如一般事业费拨款和专项拨款相结合等，以增强拨款的透明度和科学性。为增加社会各部门、组织和企业对教育培训的资金注入，政府必须构建激励机制，明确企业在教育培训方面的责任，并完善税收等激励机制，以推动企业加大对教育培训的投入。唯有在政府、企业、社会和个人共同分担终身教育成本的情况下，方能实现终身教育体系和学习型社会的可持续发展。

（四）加快法治化进程，建立相应的终身教育促进条例

我国在制定终身教育相关法律时应该注意以下几个方面：①为了进一步完善终身教育体系，需要研究和借鉴国外的经验，同时也要考虑符合中国国情的特点；②在法律层面，应该明确"终身教育"的概念，并规定个人拥有在整个生命周期中持续学习和提升能力的权利和机会；③政府在终身教育体系和学习型社会建设中应承担明确的责任和义务；④制定相关法规，明确各种利益相关者的权益、职责和义务；⑤为了确保终身教育质量，我们应建立有效机制，对学习成果进行评估并进行认证；⑥管理机制应确保权益与责任相平衡、管控与自主相融、公平与效能兼顾，以建构一套较为完善的终身教育体系；⑦将社会各种教育资源整合起来，并向公众开放教育、文化和体育设施；⑧为了确保所有人都能够平等地参与终身学习，需要制定具体的措施来帮助那些弱势群体；⑨预测并考虑采取措施应对可能出现的各种问题，在学习型社会建设中加强终身教育的推广和实践。

（五）建立终身教育的质量保障和认证机制及评估鉴定体系

建立一个适应终身教育的评价体系需要人们重新审视学习的多元价值，不仅要充分认可传统学历和职业资格的重要性，还注重将各种形式的学习有机地结合起来。地区终身教育体系的完善让人们开始更加重视工作经验的价值。因此，工作经验也应被视为一种能够补充学历和专业技能的学分。这样一来，人们不仅能通过学习获得学分，还能通过实际工作经验来积累学分，从而为职业发展提供更多可能性，也促进了社会范围内的终身学习和职业发展。因此，我们有必要进一步完善我国的资格认证体系，以更好地适应终身教育的发展需求。这样的评价体系将不仅仅注重知识的获取，也将重视技能和实践经验的贡献，从而为个体成长和社会发展创造更加全面、多元的认证路径。

---

① 《中国物价年鉴》编辑部. 2005. 中国物价年鉴 2005. 北京：《中国物价年鉴》编辑部，228.

三、终身教育制度的具体分类建设

（一）学分银行制度

我国大多数高校在使用学年学分制，学生必须在规定的时间内达到一定的学分要求。与国内学年学分制相比国外大学的弹性学制和完全学分制更加灵活，学生可以根据自己的兴趣和能力选择课程，并根据个人的学习进度来安排学习时间，这种灵活性使得学生能够更好地平衡学业与其他活动，培养自主学习和时间管理的能力。[①]选课的基础是学分制，学分被用于衡量学生的学习量。学分制通过给予不同课程不同的学分，反映课程的难度和学习时间的长短。学生在选课时需要根据自己的学分要求和兴趣选择适合的课程。学分制的引入有助于学校管理学生的学习进展情况，同时也能为学生提供更多的学习选择。[②]相对于传统的学年学分制，弹性学制和学分制是以学生每学期所修学分为基准来安排的。这种学制更加注重学生的个体差异和独特性，更加重视个性化的教育方式，旨在更好地促进学生的发展和成长。学生可以根据自己的学习进度选择适合自己的课程和学分数量，大学通过允许学生根据自身能力和兴趣进行学分选择及安排，培养学生的自主学习能力和解决问题的能力，这种学制能够更好地满足学生的学习需求，提高教育的效果。

1. 建立学分银行制度的思维

（1）开放思维，重新审视学分银行定位

在学分银行的建设过程中，我国应该以开放的思维重新审视学分银行的建设主体。如果只有政府的学分银行存在，各种机构可能被忽视，或者只是被迫遵循相关的行政命令。通过学分银行的建设，不仅可以促进各类教育机构之间的合作与交流，也可以增强学习者的学习灵活性和提高学习成果的转换能力。因此，在学分银行的发展中，需要重视各个学分银行主体的积极参与和协作，以确保学分银行的建设能够真正为学习者和社会带来实际的效益。[③]因此，学分银行的建设主体应该多样化，各种教育机构的积极参与将为学生提供更多的学习机会和学分积累途径。

① 徐中兵，徐金花. 2009. 对完全学分制下高校教学管理的思考. 河北师范大学学报（教育科学版），11（2）：90-93.

② 王海东，张若仪. 2020. 试析我国终身教育制度创新的路径. 宁波大学学报（教育科学版），42（2）：31-36.

③ 周晶晶，孙耀庭，慈龙玉. 2016. 区域学分银行建设的困境与思考. 开放教育研究，22（5）：55-60.

（2）平台思维，重新忖量学分银行功能

平台思维的核心在于形成一个可以促成各方观点交流、成本节约、效率提升，并实现合作共赢的生态圈。有学者认为学分银行也可被视作这样一个平台，即作为学分转换的服务平台。[①]学分银行是连接学习者和教育机构的平台，协助学分的认定和转换，但这只是其部分功能。更重要的是，它应成为教育机构间交流、合作和协商的媒介，推动对话与整合。为此，应汇聚各类教育机构，建立以专业与学习成果为基础的合作共同体，并制定相关标准，促进各类学习成果在不同教育机构间的衔接。在平台思维的指导下，学分银行首先要充当教育机构间的合作平台，为学习者和教育机构的学分转换提供支持。通过吸引各级教育机构，建立以专业与学习成果为中心的合作体系，学分银行才能确立学分认定和转换的共同标准。这样的合作鼓励了机构之间的对话与资源整合，也要求采取特定机制和激励措施激发各机构的积极性。

2. 建立学分银行制度的方略

学分银行制度的建立需明确构建主体、构建前提、构建内容和构建步骤，具体如下：

（1）构建主体：政府履行职责、教育机构主动参与、企业行业配合

第一，政府在终身教育体系中扮演着重要角色，其引领作用不可或缺。学分银行作为这一体系的重要组成部分，在学习者与教育机构之间搭建了一座桥梁。政府应深刻理解学分银行的价值，通过明确的发展路径和负责任的指导，为其建设负责。这包括借助有效机制进行顶层规划，同时提供资金支持，以推动学分银行的持续发展。

第二，教育机构在学分银行建设中扮演核心角色，它们提供高质量的课程，促使学习者创造可兑换的学习成果，并在符合兑换规则的情况下颁发相应的学历资格证书。教育机构积极参与学分银行的构建，致力于推动其发展。

第三，学分银行的目标在于培养更多、更优秀的人才，企业行业需要以此为出发点，为教育机构提供指导，并参与标准的制定。同时，企业行业应该认可学分银行的学习成果，并给予质量反馈，以促进其持续发展。

（2）构建前提：理性认识学分银行的价值

政府在经济转型中的作用至关重要，特别是在推动学分银行发展方面。学分

---

① 周品品，孙耀庭，慈龙玉. 2016. 区域学分银行建设的困境与思考. 开放教育研究，22（5）：55-60.

银行被认为是推动弹性学习和终身教育发展的关键工具[1]，它的出现旨在确保每个人都能获得平等的学习机会。不仅如此，学分银行也有助于推动教育机构的多样化发展，为它们提供共享和多元化的教育资源，这有助于机构特色的进一步凸显。更重要的是，学分银行还为学生提供个性化学习的路径，通过这一平台，学生可以按照自身需求定制学习计划。为了推进学分银行的发展，政府需要构建更加完善的激励机制，并且在政策、监管、激励等多方面提供全面支持。这种支持应该是综合性的，旨在促进学分银行的全面发展和有效运行，以满足社会和经济的不断变化需求。

（3）构建内容：动力机制、控制机制与保障机制

学分银行的运行机制包括动力机制、控制机制和保障机制三部分。[2]动力机制提供社会运行的推动力，控制机制确保社会运行的持续，保障机制确保社会运行的稳定。对于学分银行的建设，政府也应该重视这三大机制的重要性，动员整个终身教育系统参与，加强过程控制，保持学分银行的严肃性和严谨性，侧重"有质量的学习成果"，做好学分的认证与兑换工作，促进利益相关体持续参与。此外，政府也要提供外围环境支持，加快终身教育立法进程，制定终身教育法相关法律法规，为学分银行提供法律和经费支持，建立一体化机制，推动学分银行运作和发展。

（4）构建步骤：上下联动、多维联合、系统推进

学分银行的价值体现在社会、经济、教育和个人成长方面，但这些价值并非自动产生作用，还需要我们明确其运作机理，并采取有针对性的措施来实现。[3]具体而言：第一，学分银行建设需要政策支持和法律立法的保障，应重点关注标准设定、平台转换和课程对接。第二，建立协同组织和联盟，吸引多方参与，促进教育机构间的连接，并确保学习成果得到可靠认证。第三，不断进行阶段性评估，完善认证流程，维护认证的公信力和有效性。第四，关注学习者的"获得感"[4]，扩大学分银行的影响力，持续拓展教育资源，激发学习者的学习积极性，着重体现学分银行对个体的实际价值和意义。

---

① 叶瑞祥. 2017. 简明学习科学全书. 北京：团结出版社，246.

② 吴南中，胡娜. 2019. 学分银行建设的基本理论. 昆明：云南大学出版社，79.

③ 吴南中. 2017. 学分银行建设的动力机制及其构建研究. 中国远程教育，（4）：72-78.

④ 本书编写组. 2017. 十九大报告关键词. 北京：党建读物出版社，104.

（二）成果认证制度

1. 建立成果认证制度的思路

第一，强化终身教育的顶层设计，建立学习成果认证政策，促进正规和非正规学习成果的认证，制定终身学习法等法律，并修订相关教育法规。第二，设立资历认证指导委员会，以及学习成果认证研究、管理机构，成立终身教育研究院并下设学习成果认证中心。第三，建立全国统一的学历与资格证书制度，打通教育和培训之间的壁垒，鼓励各类学习成果认证试点。第四，建立互联网信息服务平台，为学习者提供认证服务，确保认证公正和专业。第五，建立质量评估和保障机制，特别关注学习者和使用者的意见和体验信息，确保服务对象的利益。

2. 建立成果认证制度的方略

在国家构建终身教育体系的战略引领下，我国正逐步加快学习成果认证制度的建设。[①]目前，全国各地和众多机构都在进行形式多样的试点和试验探索。研究数据显示，国内已经建立了30余家学分银行，这些银行的类型各不相同，大小也不一。[②]尽管这些试点刚刚启动，并遇到了一些问题和挑战，但我们可以看到，人们的相关意识逐渐增强，经验也在不断积累，改革正在逐步推进。与此同时，国外已经建立了相对完善的学分认定、积累和转换制度，这些经验可以为我国建立学习成果认证制度提供借鉴。

（1）美国——以院校合作协议为主流的学分认定

美国的学分认定主要是通过院校之间的合作协议来进行[③]，因为美国各州在教育自主和院校类型方面具有多样性，所以采用了灵活的学分转移形式。[④]在评估学分时，美国的院校主要考察三个方面：第一，学生所转到的大学是否得到认可。这主要取决于该大学的声誉和学习项目的质量情况等。第二，由各校共同制定的学分转换协议。这个协议主要用于确定学分是否能够转换和被认可。第三，转移学校与接收学校课程的相似度。尽管缺乏全国性的学分衔接框架和标准课程，但是专家会对比双方课程来评估相似度。总之，美国的院校在评估学分时会综合

---

① 王海东. 2018. 学习成果认证制度的构成要素与建设路径. 中国职业技术教育，（27）：13-18.

② 王海东，李佳. 2017. 我国学分银行建设的实践探索：现状与问题. 终身教育研究，28（4）：42-50.

③ 杨晨，顾凤佳. 2011. 国外学分互认与转移的探索及启示. 现代远距离教育，（4）：9-14.

④ 杨晨，顾凤佳. 2014. 国外学分银行制度综述. 中国远程教育，（8）：29-39.

考虑大学认可度、学分转换协议和课程相似度等因素。[①]

（2）欧洲——基于学习过程定量和学习结果定级的学分认定

欧洲的 ECTS[②]旨在整合学分互换和累积功能，以实现欧洲高等教育的一体化和协调。教育部门在推进学分互认制度的过程中，采取了一系列措施。首先，教育部门制定了一套学分认证标准，以便评估学生的学习成果。根据这些标准，不同的学校将被分配相应的学分。其次，为了确保学习成果能够得到积累和转换，教育部门要求学生在转学时必须提供重要文件，并制定了相应的转学规定。这样一来，学生的学习成果不会因为转学而受到影响，而是能够得到有效的积累和转换。通过这些措施，教育部门希望促进学分互认制度的顺利实施，为学生提供更好的学习机会和更加广阔的发展空间。

ECTS 学分认定标准还涉及学分计量和学分分配。其中，学分计量方法基于学生的学业负荷量来确定学分，传统方法将学时量与 60 个学分关联。然而，这种方法更偏重学习投入而不能全面反映学习本身。[③]2009 年，欧洲委员会更新了学分计量方法，将学分与明确定义的课程学习成果相关联，以确保学分与成果匹配。学分分配方法则是将总体学习任务以模块化形式呈现，以评估各模块的课业负荷量，并据此分配学分。在课程划分中有两种系统，在非模块化系统中各课程单元的学分值可不同，在模块化系统中每个课程单元都有固定的课业负荷量。[④]

（3）韩国——基于标准化课程和教学大纲的学分认定

韩国是首个提出"学分银行"，即 ACBS（Academic Credit Bank System）的国家，旨在科学认定学生在各类校内外的学习成果。学生只需获取足够学分银行认可的学分，即可向学分银行申请大专或学士学位。韩国的学分银行认证分为个体学习成果认定和机构认定两部分。[⑤]个体学习成果认定以个人的学习经历和成果为核心，强调个人在不同场景下所获得的技能、知识和经验。这包括通过非正式途径获得的学习成果，如自主学习、工作经验或参与特定项目所获得的能力和知识。这一认证方式鼓励并允许个人根据自身学习历程和实际成果来获取相应的

---

① 赵宇红. 2013. 我国学分银行制度建设的研究与构想——区域性继续教育领域中的思考. 中国远程教育，（2）：32-37.

② ECTS 是指欧洲学分转移和累积系统（European Credit Transfer and Accumulation System），又可译为欧洲学分互认体系，是在 1999 年欧洲 29 个成员国发表的《博洛尼亚宣言》后推出的学分转换系统。

③ 袁松鹤. 2011. 欧洲学分体系中 ECTS 和 ECVET 的分析与启示. 中国远程教育，（5）：30-39，95.

④ 袁松鹤. 2013. 搭建终身学习"立交桥"的四个关键问题——基于国际比较的视角. 现代远程教育研究,（3）：104-112.

⑤ 朴仁钟，刘音. 2012. 终身学习型社会与韩国的学分银行制. 开放教育研究，18（1）：16-20.

学分，为他们的学习旅程提供更加灵活的支持。与个体学习成果认定相对应的是机构认定，这一部分强调的是正规教育机构、培训机构或其他教育机构的课程、项目和学习成果。通过机构认定，学生可以获得正规教育或培训机构认可的学分，这些学分通常与特定的课程或项目相对应。这种认证方式能够确保学生在正规教育环境下所获得的成果得到权威认可。[①]

（三）终身教育师制度

自 20 世纪 70 年代初引入终身教育理念起，韩国政府出台了一系列法律法规和政策，如《终身教育法》和《终身教育振兴基本计划》，旨在保障终身教育事业的健全与蓬勃发展。为了推进终身教育及其相关领域教育的发展，韩国重视专业化工作人员的培养，并培养了一大批专业人才，如 20 世纪 40 年代的"成人教育指导者"[②]、70 年代的"新村运动指导者"[③]、80 年代的"社会教育专员"[④]制度，这些都是终身教育及其相关领域教育发展的有力保证。1999 年，《社会教育法》进行全面的扩展与修订，《终身教育法》颁布，实现了"社会教育专员"向"终身教育师"的全面转型。此外，韩国政府还构建了以大学及相关组织机构为主要依托的终身教育服务体系，实施了以学习型城市建设为标志的发展路径等具体措施。

四、终身教育制度的创新方向

（一）关注终身教育制度的价值及理念问题

早期制度主义学派认为，制度是多种观念和结构的组合。观念决定了制度的目标和功能，结构则是实现这些思想的方式。在制度设计和完善过程中，该学派强调价值取向的重要性。[⑤]终身教育的核心价值在于满足学习者的需求，突出以人为本的原则。它代表了现代社会教育思维，专注于促进和发展终身学习。这需要改变观念，营造良好的学习氛围，以培育全新的学习文化，其中涉及政府、社会各界和每个个体。因此，政府亟须积极推进社会参与，激发个体自主学习的热

---

① 刘安，王海东. 2013. 韩国国家学分银行制度及经验. 中国考试，（5）：32-38.

② 李金. 2015. 韩国成人教育的发展历程及趋势展望. 职教通讯，（13）：52-55，60.

③ 周文夫，彭建强. 2017. 农村现代化问题研究. 石家庄：河北人民出版社，236.

④ 齐红深，徐冶中. 1989. 中国教育督导纲鉴. 沈阳：辽宁大学出版社，231.

⑤ 张翠珠. 2012. 我国终身教育制度建设的创新方向. 江苏广播电视大学学报，23（2）：41-47，69.

情，同时建立联系不同机构、组织和个人的学习网络。[①]

（二）加快现代远程教育及终身学习资源、平台建设

信息技术的迅速发展为终身教育带来前所未有的机遇，特别是对于发展中国家而言，这是建设学习型社会的重要支撑。政府需要加大投资力度，构建灵活、开放的终身教育系统，积极推进现代远程教育，并应充分利用电视、互联网等各种媒介。通过建立开放的继续教育平台，政府可以为民众提供满足个性化学习的条件和机会。此外，政府还可引入信息技术，建立覆盖城乡的全国性终身教育服务平台，以此提升教育质量。同时，政府还应鼓励地方进行制度探索，支持现代远程教育和终身学习资源建设，以推进学习型社会的全面建设。

（三）探索建立终身教育的"立交桥"制度

终身教育的挑战在于打造完善的教育体系，并将不同形式、层次、类型和内容的教育有机地结合起来。[②]这需要建立灵活多样、尊重学习者意愿、连接不同学习方式的教育制度，使规则清晰、灵活性强、管理井然有序。建立国家资格框架是实现终身教育的重要手段，实现职业资格和学历资格之间的互通，无论通过何种教育方式获得的学分都应被认可。一些地区已经启动了开放大学和自学考试改革，利用现代信息技术建立"学分银行"和远程学习资源网络也得到了发展。未来需要进一步加强改革，提供宽松的学习条件，并确立严格的学习标准，促进开放大学的高质量发展，完善高等教育自学考试制度，并建立继续教育学分积累与转换制度，这是构建终身教育"立交桥"的关键。

（四）促进终身学习网络的形成

为实现人人参与、随时随地学习的终身教育和创建学习型社会，需要社会各界和个人积极参与学习。这就要求建立庞大、紧密的学习网络，并支持企业和非政府组织的参与。当前，终身教育和学习型社会正在转型，不再完全依赖政府单方面推动，而是采用上下结合的模式。在这种新模式下，终身教育的发展不仅仅是政府的责任，还吸引了更多企业和非政府组织参与。这种多元参与的方式体现了终身教育是全社会的共同责任。政府、企业、非政府组织以多种方式参与终身教

---

① 张翠珠. 2012. 我国终身教育制度建设的创新方向. 江苏广播电视大学学报，23（2）：41-47，69.
② 庄毅. 2002. 构建终身教育体系 建立学习型社会. 继续教育，（6）：22-24.

育实践，增加了民众终身学习的机会。这一趋势预示着我国终身教育将迎来更大的发展。为推动这一发展，需要制度创新，建立更灵活的教育制度，深化合作，促进终身教育全面发展，更好地满足不同需求，创建更具包容性和创新性的学习社会。

（五）终身教育保障机制的具体建立

在我国，建立终身教育保障机制应考虑国情和经济水平[①]，需要从立法、投入、就业、制度层面入手，具体如下：

第一，建立终身教育的法律法规保障体系。政府可以采取一种分阶段、有条件的方式来推动终身教育的发展；同时，需要对现有法律法规进行修订和补充，重点突出终身教育的内容；最终，在条件成熟的情况下，制定国家的"终身教育法"[②]。从战略发展的高度规范、约束和指导终身教育的开展，这是实现终身教育目标的重要战略举措。

第二，建立终身教育的经费投入保障体系。为了建立终身教育体系，政府需要拓宽经费筹措渠道。[③]具体来说，国家层面可以通过增加全民终身教育专项经费，设立全国终身教育发展基金会，吸引民间资金和接受社会组织、个人、海外友好人士捐赠等途径增加经费投入；地方层面也可考虑建立类似的基金组织，这有助于为终身教育体系提供所需的经济支持。

第三，建立终身教育的人才就业保障体系。逐步改进人才就业制度[④]，政府需要改进就业管理机制和体系，以促进非学历教育从边缘地位逐渐提升到核心地位。提高宏观管理水平，消除跨地区和跨企业行业就业的限制。为了营造公平、合理、宽松的就业环境，政府需要扩大就业渠道，市场导向的就业机制是基于市场需求和竞争需要，通过市场机制来促进人才的流动和分配。政府在其中起到调控和监管的作用，学校则通过推荐和培养人才来满足市场需求，最终实现学生和用人单位的双向选择。

第四，建立终身教育的制度保障体系。教育法规的保障是确保教育公平和质量的重要前提，但仅有法规保障还不足以满足现代社会对终身学习的需求。因此，

① 仝慧娟. 2015. 老年护理学. 上海：上海交通大学出版社，6.
② 吴遵民. 2018. 终身教育国际视野与中国经验：吴遵民终身教育文集. 上海：上海教育出版社，276.
③ 王延寿. 2004. 教育的探索与追求. 合肥：安徽大学出版社，160.
④ 王艺波，丛志仁，刘凤朝，等. 1997. 大连市跨世纪人才开发战略研究（1996年—2010年）. 大连：大连理工大学出版社，72.

建立终身学习成果评价制度和应用机制也非常重要。[①]这些制度和机制应包括企业行业学习制度、教师培训制度、学习考核制度、榜样激励制度等，它们可以帮助个人或组织更好地了解自己的学习成果，并激励他们不断学习和进步。这些评价标准和活动可以促进个人或组织的学习，同时还可以传播和推广好的学习经验及实践。

第三节　终身教育立法的依据

终身教育的立法是确保这一重要教育理念得以有效实施的关键一步。在相关法律的支持下，终身教育可以成为社会和国家教育体系的稳定的组成部分。本节中，我们将深入探讨终身教育立法的调整对象、目标、原则和取向，以更好地理解为什么需要相关法律法规来规范和推动终身教育。终身教育立法不仅需要关注国内的教育政策和法律的制定，还需要考虑国际上通用的教育政策和发展趋势。通过对终身教育立法依据的深入研究，我们将能够更好地理解如何制定合适的法律框架，以促进终身教育的发展和实施。

一、终身教育立法的调整对象

终身教育的概念在理论界和实践中存在着多种解读方式，这导致在制定终身教育法时面临多种挑战。确立终身教育法律框架时，首先面临的挑战之一就是界定终身教育的范围，即在法律条文中明确法律调整的对象。在理论界，有学者认为终身教育体系是独立于国民教育体系之外的[②]，另一些学者认为终身教育包括国民教育体系。[③]在实践中，也出现了文件表述不一致的情况。比如，在2010年发布的《国家中长期教育改革和发展规划纲要（2010—2020年）》中，终身教育被描述为各级各类教育的有机融合，包括普通教育在内的全方位整合。但是，在2015年修订的《中华人民共和国教育法》中，终身教育则被独立于国民教育体系之外。由此可以看出，目前，我国在终身教育概念的基本定义方面还没有形成权

---

① 马俊哲，等. 2009. 北京郊区农村成人教育发展研究——基于新时期的社会主义新农村建设. 北京：中国农业大学出版社，53.

② 徐莉. 2019. 中国终身教育体系构建改革试点研究（2010—2015）. 福州：福建教育出版社，35-36.

③ 兰岚. 2020. 论我国终身教育立法的调整对象、立法目标与立法原则. 首都师范大学学报（社会科学版），（2）：179-188.

威的共识，这意味着在促进终身教育立法方面将面对一些新问题。

针对这一问题，研究者需要加强对终身教育概念的理论研究和实践探索，不断探索和完善终身教育的内涵和范畴。同时，各地政府和相关部门应该在借鉴国际先进经验的基础上，充分考虑当地的社会、经济和文化背景，结合实际情况，逐步制定出符合当地特点的终身教育立法措施和政策。此外，我国还需要加强对终身教育相关立法的协调与整合，避免各地立法之间存在矛盾和冲突，确保全国范围内终身教育立法的协调性和有效性。最后，我国应该加强对终身教育立法实施效果的监测和评估，及时发现问题和不足，为进一步完善和提高终身教育立法的实施效果提供有力支持。

二、终身教育立法的目标

终身教育立法旨在为所有人提供终身学习的机会，以使其承担新的社会使命。[①]我国在制定终身教育相关法律时，应着重关注以下五个方面的内容。

（一）保障终身学习权

联合国教科文组织发布的《学习权宣言》提出"终身学习权"的概念。[②]日本的《终身学习振兴法》也提出"满足国民对终身学习机会的需求"[③]。保障终身学习权意味着每个人都有学习的机会和权利。这既需要基础和职业教育的保障，也需要构建成熟的继续教育系统，以满足个体不断学习的需求。在当今快速变化的社会，终身学习成为个体提高竞争力、适应发展的关键。因此，保障终身学习权成为各国政府的重要责任之一。实现这一权利需要多方面努力。其一，从提升综合素质、学习基础知识技能角度出发的教育改革至关重要。其二，建立多样化继续教育系统，包括在线学习、远程教育、成人培训等也同样关键。其三，鼓励企业和社会组织推动继续教育，促进个人和社会共同发展不可或缺。其四，完善终身学习评价和认证机制，激励个体参与学习，此外提高学习成果的可信度尤为必要。

---

① 郑曙光. 2019. 地方立法中促进型立法探析——以浙江地方立法实践为分析视角. 宁波大学学报（人文科学版），32（1）：114-121.

② 孙毅. 2013. 国外终身教育立法的经验与启示. 中国远程教育，（10）：41-46.

③ 陈晓蔚. 2010. 中日韩终身教育法律法规内容的比较研究. 福州：福建农林大学.

（二）关注社会教育

终身教育法应涵盖家庭、学校和社会教育。初次立法可根据当前经济发展需求有所偏向，不需过度追求"大而全"。在我国，学校教育与家庭教育已有相关法律予以保障，社会教育尚未获得同等关注。但在国际上，美国的《成人教育法》、日本和韩国的《社会教育法》可以为我国制定终身教育法提供重要参考。[①]终身教育法涉及多个方面，尤其要注意社会教育，它包括成人学历教育、职业技能培训、社区休闲教育等，这些对提升劳动力素质、适应产业调整、推动国民经济至关重要。具体而言，首先，终身教育立法应重视社会教育，确保教育机构合法、质量可靠，并设定相关管理和监管机制；其次，加大资金投入和政策支持力度，拓展学习机会；再次，提升教师水平，加强教师队伍建设；最后，加强社会宣传，激发学习者的学习积极性。

（三）引导多元投入

终身教育的经费应由政府、社会和个人共同负担，这也是保障终身学习权的重要方面。具体而言：第一，依托政府投入。政府应不断增加经费投入，政府投入是终身教育的主要财政来源。举例来说，我国上海市在 2011 年出台的《上海市终身教育促进条例》中提出，"将终身教育工作纳入同级国民经济和社会发展规划"，"各级人民政府应当将终身教育经费列入本级政府教育经费预算，保证终身教育经费逐步增长"[②]。法国政府和地方政府在终身教育领域分别投入了占 GDP 的 17%和 12%的经费[③]。第二，依托社会支持。法律规定社会应当提供经费支持。例如，韩国的《终身教育法》明确规定了对学习假期的经费支持，并强调以直接资助学习者为原则。[④]我国上海市对社会捐赠给予奖励，并为相关企业提供税收优惠。第三，依托个人负担。个人通过教育消费支持终身教育经费。例如，在我国一些大城市，设立了教育消费积分作为户籍变动的参考标准。此外，个人也可以选择贷款等方式支付教育费用，如美国实施了"终身学习税收信贷计划"[⑤]。

① 孙毅. 2013. 国外终身教育立法的经验与启示. 中国远程教育，（10）：41-46.

② 上海市终身教育促进条例. （2011-01-05）[2024-01-31]. https://flk.npc.gov.cn/detail2.html?NDAyOGFiY2M2MTI3Nzc5MzAxNjEyN2VkOTk3NTJkNTU.

③ 丁晨玥. 2010. 法国终身教育政策的特点与发展趋势探析. 河北大学成人教育学院学报，12（4）：60-62.

④ 李晓媛. 2011. 韩国终身教育法制建设及对我国的启示. 太原：山西大学.

⑤ 孙昭磊. 2010. 美国终身教育的特色. 成人教育，30（6）：94-96.

（四）健全组织机构

多数国家和地区的终身教育法都设立了机构来管理或协调。这些机构的设立旨在促进终身学习的发展，并提供相关支持和资源，以满足个人在不同阶段的学习需求。通过制定政策、设定课程和提供培训，这些机构努力确保每个人都能够获得高质量的终身教育。此外，这些机构还鼓励各界合作，以建立全面发展的终身学习体系，为个人的职业发展和社会参与提供更多机会。为了推动终身教育的发展，我国福建省设立了终身教育促进委员会，这个委员会的主要任务是负责制定并推动终身教育的政策和计划的实施，以提高人民群众的终身学习能力和素质。这些举措表明中国各地方政府对终身教育的重视程度不断提高，为人们提供了更多的学习机会和更大的发展空间，促进了社会的进步和发展。

（五）完善立法基本框架

我国在制定终身教育法的基本框架时应考虑总则、实施组织、保障措施、监督管理和法律责任，具体如下：

第一，总则部分应体现宗旨和价值理念，以确立公民学习权和保障公正性为立足点。这包括强调终身学习的重要性，确保每个公民都能够平等、全面地获得终身学习的机会。此部分还可以明确终身教育的目标，如促进人的全面发展、提高社会整体文化素质等。

第二，实施组织部分涵盖不同主体在终身教育中的权利和义务，包括政府、教育机构、企事业单位等的责任和参与方式，明确不同主体在终身教育中的具体角色，激励各方积极参与，共同推动终身学习的普及。

第三，保障措施部分应对经费、师资、认证方式等方面进行规定，以确保终身教育体系得到足够的财政支持，保证师资的质量和数量，同时规范认证体系，确保学习者所获得的学分和证书具有公信力。

第四，监督管理部分规定相关职能部门依法对终身教育实施监督检查和督导评估的职责，包括明确监管机构的职能，建立监督体系，确保终身教育的质量和效果，防范出现各种违规行为。

第五，法律责任部分规定违法后果，包括对违反终身教育法规的行为进行法律追责，建立明确的法律责任体系，强化法治手段，确保终身教育法规的有效执行和维护。

这样的终身教育法将有助于满足终身学习的迫切需求。同时，我国可以通过借鉴国内外终身教育立法的实施经验，并结合国情，确保法规的实施取得实质性成果。

三、终身教育立法的原则

（一）注重非正式制度在终身教育法律制度建设中的作用

终身教育的法律体系涉及正式和非正式制度的系统性构建。正式制度是通过法律、法规和相关制度所建立的框架，明确了终身教育的方向、要求和指导原则。它规范着教育体系各个环节的运作，确保教育的全面性、连贯性和有效性。非正式制度则包括社会习俗、传统、价值观念等因素，通过道德约束、社会期许等方式促使个体内化终身学习的观念，强调个人的自主性和内在驱动力。政府利用宣传和社会舆论影响来传递终身教育理念。通过各种传播渠道，包括媒体、宣传资料和社区活动等，政府向公众传达终身学习的重要性和价值，促进社会对终身教育的认知和支持。同时，政府组织多种形式的活动，如教育展览、公益广告和专题讲座，旨在普及终身教育理念和实践方式。社会舆论则通过网络、传媒等渠道积极传播终身学习的文化，引导并鼓励公众树立正确的学习态度和价值观，以提升整体学习能力和个人素质。

（二）建立和完善终身教育的法律与制度体系

建立和完善终身教育的法律与制度体系是构建一个完整、科学、规范的终身教育法律框架的必要步骤。在这个过程中，需要关注以下几个方面：

第一，需要制定与终身教育相关的法律、法规和制度，以确立终身学习的公民权利和保障公正性为立足点。这些法律、法规和制度应该包括终身教育所涉及的不同主体权利（或权力）的行使和义务的履行，以及终身教育的实施、监督和管理等方面。此外，还需要对终身教育法律法规的相关条款进行修订和完善，以适应新时代的需求和发展。

第二，需要完善终身教育的保障措施，针对经费渠道、师资队伍、学习成果认证和转换等实施有效的保障措施。这些措施需要通过政策和制度的改进来加强，以确保终身教育的实施和普及。

第三，需要建立健全终身教育实施机构和组织，包括各级政府机构、社会团体、企事业单位等，以及与终身教育相关的人员和专业机构。这些机构和组织需要通过制度和规范的建设来推进终身教育的实施与发展。

第四，需要建立完善的终身教育监管体系，其中相关职能部门应根据法定权限和程序履行监督、检查和督导评估终身教育的职责。这些职能部门需要通过制度和规范的建设来加强终身教育的监管与管理。

第五，需要加强终身教育的宣传和推广，以提高社会公众对终身教育的认识和意识，同时营造终身学习的社会氛围和文化氛围。这需要政府、社会团体、学校等多方合作，通过宣传推广、研究交流、示范引领等手段来推动终身教育的普及和发展。

（三）加强与终身教育的法律与制度相配套的体系建设

加强与终身教育的法律与制度相配套的体系建设，是为了推动终身教育的发展和实施，确保终身教育制度的健康运行。这需要政府加强终身教育的法律与制度配套体系建设，在政策、资金、机制等方面给予支持，不断优化完善制度体系，加强监管和评估，提高终身教育的质量和效益，推动终身教育事业的发展。具体而言：

第一，加大对终身教育的投入力度。终身教育发展需要得到大量的资金支持，政府可以通过设立终身教育基金、加大财政补助等方式，增加对终身教育的投入，以保障终身教育的运行和发展。

第二，加强政策研究，制定科学合理的法律、法规和制度。政府可以组织专家学者、企业行业协会等各方力量，共同研究终身教育的制度建设问题，制定符合国情和实际需要的法律、法规及制度。

第三，建立和完善终身教育的监管和评估体系。政府可以设立专门机构，对终身教育的开展进行监管和评估，及时发现问题和不足，提出改进建议，推动终身教育的发展。

第四，提高终身教育的质量和效益。政府可以通过加强师资队伍建设、推广创新教学方法、加强学习成果认证和转换等措施，提高终身教育的教学质量和学习效果，让更多的人受益于终身教育。

四、终身教育立法的取向

（一）终身教育取向

在中华人民共和国第十三届全国人民代表大会第四次会议期间，有参会代表提出关于制定终身教育法和终身学习促进法的议案。教育部于 2013 年启动终身教育立法研究，从全民学习角度，结合相关法律衔接、现有制度整合和健全终身学习保障体系等重难点问题，大力推进终身教育和学习立法。[①]全国各地也相继制定了以终身教育为名的地方性法规，强调立法必须以终身教育之名进行。尽管"终身教育"的概念在某一特定历史时期才兴起，但使用"终身"这个词却使得人们对其含义产生了各种不同的理解。因为终身教育具有特定性和选择性，导致概念的混淆、交织和对立，这是当前概念混乱的根源。要解决这一问题，就需要明确终身教育的定义和范围，为实施终身教育提供法律依据。终身教育的立法工作需要政府、教育机构和社会各界的共同努力，以确保终身教育的顺利推进和实施。通过建立健全的法律体系，政府可以为每个人提供平等、全面和持续的教育，促进个人的全面发展和社会的进步。终身教育法的制定是一项重要举措，将给我国的教育事业带来积极的影响。

（二）终身学习取向

在我国，对终身教育的法律法规还未真正落地。一方面，相关终身教育法律法规的确立可以保障成年人获得更多学习机会和资源的权利，鼓励他们在不同阶段不断学习和更新知识，从而不断提升自己的素质和能力。终身教育法的实施还可以促进社会的全面发展和进步，为经济转型和人力资源的优化提供有力支撑。因此，制定终身教育法是我国教育领域的重要举措，有助于构建学习型社会和促进个人、社会、国家的可持续发展。[②]另一方面，要以终身学习取代终身教育，就需要颠覆目前的法律结构和体系。保障学习权利固然重要，但规范社会主体责任是当务之急。

（三）继续教育取向

法国在20世纪70年代和80年代先后颁布了《终身职业教育法》及《职业继续教育法》，推动了终身学习和职业教育的发展。我国也对继续教育和终身学习提出了符合自身实际需要的发展目标。2012年，"加快发展继续教育，促进学习型社会建设"专题研究班在国家行政学院开班，研讨中与会者提出"建立健全继

---

① 制定终身教育法 总结地方立法经验.（2022-01-25）[2024-01-31]. http://www.npc.gov.cn/npc/c2/c30834/202201/t20220125_316002.html.

② 王保星. 2003. 从"终身教育"到"终身学习"：国际成人教育观念的根本性变革. 比较教育研究, 24（9）：67-71.

续教育管理体制，加快继续教育立法进程"的建议。^①此后，继续教育成为终身学习的重要组成部分。^②在党的十七大至党的二十大会议中，相关报告都强调了发展继续教育、建设学习型社会的重要性，如党的十七大报告强调"发展远程教育和继续教育"^③；党的十八大报告强调"积极发展继续教育，完善终身教育体系，建设学习型社会"^④；党的十九大报告强调"办好继续教育，加快建设学习型社会，大力提高国民素质"^⑤；党的二十大报告提出"统筹职业教育、高等教育、继续教育协同创新"^⑥。在我国教育法律体系中，继续教育占据重要地位，是促进终身学习的重要方式之一。终身教育大致分为学前教育、学校教育和继续教育，这种分类能最大限度地减少法律冲突。从终身教育理念或学校本位立场来看，继续教育都是必不可少的组成部分。

（四）社区教育取向

2016年8月，成都市人大常委会通过了《成都市社区教育促进条例》，开启了我国社区教育立法的先河，正式确认了其在终身教育体系中的地位。社区教育以其独特性和包容性在终身教育中扮演重要角色，各类教育活动在其中广泛展开。这一现象源于多重原因：其一，作为社会教育的具体表现，社区教育能够涵盖各个教育阶段，并提供了多元选择。其二，社区拥有特定的区域、人员和组织结构，便于组织学习活动，促进了学习资源的整合。社区居民在闲暇时间渴望学习，这凸显了社区在群体学习中的重要作用。其三，规范社区教育有助于提高教育质量，确保学习的有效性。其四，社区教育的规范化有助于提高教育质量，确保学习的有效性。这包括在法规中明确社区教育的地位、职责和权利，规范社区教育的组

① 加快发展继续教育 促进学习型社会建设——中组部教育部组织专题研究班培训政府及大型企业负责人.（2012-04-24）[2024-01-31]. http://www.moe.gov.cn/jyb_xwfb/gzdt_gzdt/moe_1485/201204/t20120424_134494.html.
② 国家中长期教育改革和发展规划纲要（2010—2020年）.（2010-07-29）[2023-04-03]. http://www.moe.gov.cn/jyb_xwfb/s6052/moe_838/201008/t20100802_93704.html.
③ 高举中国特色社会主义伟大旗帜 为夺取全面建设小康社会新胜利而奋斗——在中国共产党第十七次全国代表大会上的报告.（2007-10-15）[2024-02-27]. https://www.cntheory.com/tbzt/sjjlzqh/ljddhgb/202110/t20211029_37372.html.
④ 坚定不移沿着中国特色社会主义道路前进 为全面建成小康社会而奋斗——在中国共产党第十八次全国代表大会上的报告.（2012-11-08）[2024-02-27]. https://www.cntheory.com/tbzt/sjjlzqh/ljddhgb/202110/t20211029_37373.html.
⑤ 决胜全面建成小康社会 夺取新时代中国特色社会主义伟大胜利——在中国共产党第十九次全国代表大会上的报告.（2017-10-18）[2024-02-27]. https://www.cntheory.com/tbzt/sjjlzqh/ljddhgb/202110/t20211029_37371.html.
⑥ 高举中国特色社会主义伟大旗帜 为全面建设社会主义现代化国家而团结奋斗——在中国共产党第二十次全国代表大会上的报告.（2022-10-16）[2024-02-27]. https://www.gov.cn/xinwen/2022-10/25/content_5721685.htm.

织和管理，确保其在终身教育体系中的协调发展。

（五）老年教育取向

根据《老年教育发展规划（2016—2020 年）》，"2015 年底我国 60 岁以上老年人口已经达到 2.22 亿，占总人口的 16.1%。预计 2020 年老年人口将达到 2.43 亿，未来 20 年我国人口老龄化形势将更加严峻"[1]。我国正面临日益严峻的人口老龄化挑战，老年人口数量不断增加，对制定老年教育法的呼声日益高涨。虽然政策基础和实践基础都很坚实，但制定该法律可能会与现有的法律重叠，如可能会与《老年人权益保障法》产生重叠。因此，是否应该制定老年教育法以及如何制定，需要认真思考。

（六）学前教育取向

2003 年，全国人民代表大会教育科学文化卫生委员会启动了学前教育立法调研计划，涉及多个地区，专注于调查研究，随后委托教育部起草《学前教育法》（草案）。尽管 2017 年底，全国人民代表大会常务委员会批准将学前教育法纳入立法规划或年度立法计划，教育部也在积极推进学前教育的立法工作，但目前学前教育依然被普遍视为基础教育的基础，尚未普及认知，将其作为终身教育的一部分。因此，迫切需要加速制定学前教育法，明确学前教育的终身教育属性，并突出其在完善国民教育体系、建设终身学习体系中的重要地位。[2]因此，加快立法、弥补现有不足已经成为当务之急。

第四节　终身教育立法的实践

终身教育立法的实践是将理念付诸现实、确保终身教育体系有效运行的关键一环。通过法律的制定和实施，终身教育可以得到合法的保障和规范，为个体提供公平的学习机会，促进社会的进步和发展。在本节中，我们将深入探讨国内外具有代表性的终身教育法，反思我国终身教育立法存在的问题，探索终身教育立法的未来之路。终身教育的立法实践需要政府、教育机构和社会各界的共同合作，

---

[1] 中华人民共和国国务院. 国务院办公厅关于印发老年教育发展规划(2016—2020 年)的通知. (2016-10-05) [2023-04-03]. http://www.moe.gov.cn/jyb_xxgk/moe_1777/moe_1778/201610/t20161019_285590.html.

[2] 吴遵民，黄欣，屈璐. 2018. 我国学前教育立法的若干思考. 复旦教育论坛，16（1）：35-41.

以确保法律的实施和能够获得有效监督。通过对终身教育立法实践的深入研究，我们将能够更好地理解如何推动终身学习的法治建设，以满足不断变化的教育需求和社会挑战。

一、国内外具有代表性的终身教育法

（一）美国终身教育立法

美国在终身教育领域取得了显著的成就，这得益于先后颁布了三部关键性法律[①]，按照法律的立法原则，接受终身教育是每个公民的权利，政府和社会都应积极采取有效的措施，为公民提供多种形式和丰富的学习资源，保障每个人的学习能够有效展开。[②]为了促进美国终身教育的快速发展，议会成立了一个专门负责终身学习工作的委员会。这个委员会的设立标志着政府对终身教育的高度重视，并通过制定相关政策和法规来推动其发展。此外，各州和地方政府也积极响应，纷纷设立了终身教育处，以加强对终身学习的管理和支持。联邦政府也在此背景下设立了终身教育局等多个管理机构，以提供更全面的支持和指导。

为了确保终身教育的顺利进行，多种经费保障机制被建立起来。政府的财政拨款是其中一项重要的经费来源，通过拨款将资金直接投入到终身教育项目中，可以为个体提供更多的学习机会和资源。此外，企业的捐赠也起到了积极的作用，它们通过捐款或赞助项目等方式来支持终身学习的发展。地方财政的税收也起到了一定的作用，利用税收来为终身教育提供资金支持。奖学金和基金会也是终身教育经费保障体系的重要组成部分。奖学金的设立既激励了学生积极参与终身学习，又为他们提供了经济上的支持，使得更多人能够获得接受终身教育的机会。

综上所述，美国政府和社会各界的共同努力为终身教育提供了强有力的支持。通过政府组织和相关管理机构的资金投入、经费保障机制的建立，以及企业和基金会的捐赠，终身学习得以快速发展，为广大人民提供了更多的学习机会和更广阔的发展空间。

（二）日本终身教育立法

为了促进都道府县的振兴和终身学习，1990 年，日本制定了《终身学习振兴

---

① 应一也，耿俊华，周晶晶. 2017. 从过去到未来：美国先前学习评价的发展轨迹. 中国远程教育，（7）：60-68.

② 吴遵民，黄欣，蒋侯玲. 2008. 终身教育立法的国际比较与评析. 外国中小学教育，（2）：1-9.

法》，并建立了一套特殊的终身教育管理机制。该机制有两个显著的特点：一是采用自上而下的方式，从中央到地方建立了管理机构和监督机构，由教育委员会和终身学习审议会负责推进和监督终身学习机制的有效实施；二是为了推动终身教育的发展，政府制定了适合本地区的方针政策。这些政策包括为人们提供获得终身学习的机会和相关资源的措施，以满足不同人群的学习需求。此外，政府还提供资金支持和融资渠道，以确保终身教育的可持续发展。为了更好地整合社会资源，政府还积极与各界合作，建立合作机制，共同推动终身教育的发展。[①]

（三）韩国终身教育立法

韩国在 1999 年 8 月 31 日正式颁布并实施了《终身教育法》，这一法律为韩国的终身学习事业确立了具体的管理机构、政策目标、推进机制以及经费保障等方面的规定。这部法律的实施为韩国的终身学习注入了新的活力，促进了社会的全面发展和个人的持续成长。[②]该法律的出台标志着韩国对终身学习的重视，它确立了专门的管理机构和制度框架，为终身教育设定了明确的政策目标和推进机制。这包括建立终身学习的基础设施、提升教育水平、鼓励个人学习和发展、推动教育机会的平等分配等多方面的内容。此外，法律还规定了必要的经费保障，确保终身教育体系的持续运转。这一法律的实施对韩国的教育体系产生了重要影响，使得终身学习成为韩国社会发展的重要推动力量。它鼓励人们持续学习、不断提升自我，同时也为个体提供了更多的发展机会和资源，促进了技能的提升、知识的传播以及全民教育水平的提高。因此，该法律的实施对韩国的社会进步和个人成长产生了积极而深远的影响。

（四）英国终身教育立法

2000 年，英国政府颁布了《学习与技能法》，这一重要文件为促进英国的终身教育发展注入了新的活力。[③]这个法案的实施为建立一个全新的终身教育管理体系奠定了基础。其中，学习与技能委员会的设立将为个人提供更多学习和技能培训的机会，帮助他们不断提升学习能力和满足学习需求。成人教育监管机构的建立则能够加强对成人教育的管理和监督，确保教育质量和教学效果。个人学习账户制度的引入则为每个人建立个人学习记录和积累的平台，帮助其更好地规划

---

① 吴遵民. 2019. 终身教育研究手册. 上海：上海教育出版社，174.

② 姚来燕，孙鸿飞，黄胜天. 2015. 韩国国立开放大学研究. 北京：中央广播电视大学出版社，39.

③ 肖巍，钱箭星. 2017. 福利体制改革对劳资关系的复杂影响. 湖北行政学院学报，（4）：54-61.

和管理自己的学习过程。

这些机构和制度不仅对个人有益，也对整个社会和经济发展起到重要作用。通过提升学习者的技能水平，可以有效提高劳动者的综合素质和就业竞争力，进而促进经济生产效率的提高。同时，这些机构和制度的建立还有助于社会的持续快速发展。因为一个良好的终身教育体系将为社会培养更多具备专业知识和技能的人才，推动各行各业的创新和发展，从而为社会进步和经济繁荣作出贡献。

（五）中国终身教育立法

福建省率先颁布终身教育地方性法规——《福建省终身教育促进条例》，这是一个具有历史意义的举措。这项条例由福建省人大委托福建师范大学成人教育学院的专家进行研究和起草。这项条例历时两年多的时间，在多次调研、论证和完善之后，在 2005 年 7 月 29 日经过福建省十届人民代表大会常委会第十六次会议高票通过，并于 2005 年 9 月 28 日正式颁布并实施。制定这一条例的过程涉及广泛而深入的研究和合作。福建省本地专家与来自日本，以及我国的北京、上海、广东、山西等地区的专家学者共同参与和相互协助，经过他们的共同努力，该条例得以最终完成。这标志着中国在终身教育立法领域迈出了重要的一步，为推动终身教育的发展和普及奠定了基础。该条例的实施标志着福建省在终身教育立法领域走在了前沿，为终身学习提供了法律保障和指导。它为个人提供了更多的学习机会和更大的发展空间，促进了社会教育的多元化和全面化。福建省的这一举措为其他省份在终身教育立法上树立了榜样，并为全国范围内的终身教育体系的建立和发展提供了宝贵的经验和启示。

二、我国终身教育立法存在的问题

（一）认识层面的片面化和误解

目前已有的终身教育法规和地方性立法通常将终身教育定义为在国民教育体系以外的教育活动，并将其与国民教育体系并列提出。[①]然而，这种定义容易使人误解终身教育只涉及非学历教育和非正式学习，从而限制了终身教育的适用范围。实际上，终身教育应该被视为一种全面的、跨学段的教育，包括个人在各个

---

① 吴遵民. 2004. 关于完善现代国民教育体系和构建终身教育体系的研究. 中国教育学刊，（11）：39-42.

阶段的学习和职业发展。传统上，终身教育常常被视为非学历教育、职业培训或成人教育的代名词，但这种定义限制了人们对终身教育的理解。事实上，终身教育应该被看作一个更加广泛、更为包容的概念，它涵盖从早期教育到成人学习的全范围。个人在不同生命周期内都在进行学习，这包括儿童期的学前教育、青少年时期的学校教育、成年期的职业培训和成人教育，乃至老年时期的持续学习。终身教育的本质在于促进个人的持续学习和职业发展，不仅仅是关于非正式学习或特定阶段的教育，更是跨越整个生命周期的教育。

（二）实施层面的可操作性差

首先，一些地方如福建、上海、河北等省（市），出台的"促进条例"大多属于宣示性内容，缺乏实践意义，且其条款的强制性和保障性较弱。其次，大多数条例的内容往往类似于政策文件的复制，具有强烈的声明性质。再次，这些条例提及政府经费投入，但没有具体说明比例和数额，只有太原市的条例规定政府每年按每人不低于两元、企业按职工工资总额的 1.5%—2.5% 标准投资。最后，这些条例建议建立学分银行制度，但未建立有效的运作机制，学分认证和转换还停留在理论层面，缺乏具体措施。即便上海市的条例提出成人高等教育机构之间的学分转换，但限制较多，无法全面实现互通。这凸显了地方终身教育立法在理念上较为清晰但操作性较差的问题。

（三）评价层面的特色不足

在国家未出台科学规范的终身教育法案背景下，地方立法存在引导不足的问题。地方政府只能根据自身需求制定终身教育条例以促进该领域的发展。然而，目前地方终身教育条例内容存在高度雷同的问题，缺乏地方创新和对本土问题的关注。[1]例如，部分地区对区域内的农民工终身教育权利重视不够，仅有寥寥数句原则性约定，缺少对弱势群体的实质性政策倾斜。[2]因此，面对此类问题，重点在于地方立法的进一步加强，应注重地方特色和当地所面临的问题，积极寻求创新的立法形式。这样的举措将有助于增强终身教育法的实效性和可操作性，使其更加贴近实际需求并且更具特色。

---

① 张璇. 2019. 江苏推进终身学习的立法选择与实践进路. 终身教育研究，30（2）：25-33.
② 刘波. 2016. 终身教育立法的理论与实践：现状、困境及对策. 中国职业技术教育，（23）：17-25.

三、终身教育立法的未来之路

（一）明确终身教育立法的核心要义

2019 年 2 月，我国明确提出"构建服务全民的终身学习体系"[①]。终身学习法的目的是确保每个人都能够实现持续的学习和个人发展。为了保证政府在终身教育方面的主导地位[②]，我国应该采用立法的方式来推动终身教育的实施。通过制定明确的法律和政策，政府可以在终身教育的规划、资源配置和监督管理等方面发挥重要作用。这样，终身学习就能够成为社会发展的基石，为个人的职业发展和社会进步提供持续的支持和保障。为了实现这一重要任务和核心使命，我国必须有条不紊地制订计划，整合现有的教育资源，以满足人们在不同阶段对各种教育形式和资源的需求。此外，为了确保不同教育形式之间的连贯性，我国还需要建立学分银行制度，以作为学校和其他教育机构之间终身学习的纽带。通过这样的措施，可以促进终身教育的普及和发展，为个人的学习和职业发展提供更多的机会和选择。此外，终身教育立法应有效保障人一生都能接受教育。另外，建立学分银行制度，并将之作为学校与学校外教育连接的桥梁，确保不同类型教育机构之间的衔接和沟通。

（二）体现立法的专业性，保证立法的有效性

在教育领域中，不同的教育形式之间相互渗透、相互影响，使得教育立法容易陷入雷同的窘境。因此，在进行立法研究时，我国需要对每一项立法的目标进行明确思考，以充分展现终身教育立法的专业性。[③]

首先，必须特别强调终身教育立法的独特性。在制定法律时，我们必须明确阐明终身教育法与其他教育法之间的关系，并在整个法律体系中充分体现推动终身学习和促进终身教育发展的目标和宗旨。

其次，应该充分意识到我国各地终身教育存在着不同之处，以此为基础加强终身教育法规的针对性和本土特色。各个地区的终身教育发展情况存在差异，每个地方的发展特点和具体情况也各有不同，因此需要根据实际情况采取有针对性、个性化的立法措施来解决统一中存在的差异问题。通过明确终身教育立法的独特

① 中共中央国务院. 2019-02-24. 中国教育现代化 2035. 人民日报，（1）.
② 宋雯. 2021. 广东终身教育立法研究：价值意蕴、实践困境与进路选择. 大学，（9）：60-63.
③ 国育男，高晓晓. 2019. 我国终身教育立法的特点、偏差与改进——基于地方立法文本的分析. 职业技术教育，40（31）：42-48.

性和加强针对性，我们能够更好地推动终身学习和促进终身教育的发展，为实现全民终身教育目标提供有力的法律保障。

再次，在制定法律的指导方针时，应特别关注确保每个人都能够平等地获得终身教育的机会，并提供充足的终身教育资源。这意味着需要解决一些地方社区教育和老年教育的教育培训活动中资源不足的问题。因此，立法时需要认真考虑如何确保每个公民都有机会接受终身教育，并保证不同地区所提供终身教育资源的公平性。

最后，为了确保我国终身教育的发展能够得到法律保护，国家还需要及时对法规内容进行修订，使立法条文更加完善。随着时代的变迁和社会实践需求的不断变化，我国应及时调整立法内容，以满足终身教育的发展需求。在推进终身教育的过程中，立法的要求不仅应具有规范性，还应具备引导和激励的作用。通过制定完善的法律，我国能够为终身教育的发展提供有力的支持和保障。

（三）多部门通力合作共同推动终身教育法的制定及实施

制定终身教育的法律需要广泛的社会参与，需要政府机构和教育部门等多个部门协作，目的在于确立细则和规范。国家层面的终身教育法应主导相关政策制定，以保证法规之间互相衔接、协调一致。政策制定应特别关注满足经济发展需求，关注学分银行、学习成果转换和老年教育资源等重要问题。此外，适当地修订法规和政策能够增强法律体系的灵活性、适应性和时效性。通过这些努力，国家将为终身教育提供良好的法律保障和政策支持，促进全民终身学习的实施，推动教育事业的全面发展。

为了维护社会秩序，国家还必须对大部分社会活动进行监管。其中，教育作为从维护公众利益角度开展的一项活动，具有提升国民素质和推动国家经济社会发展的作用。因此，教育必须受到国家严格的监管。在职业教育领域，国家提供了相对宽松的发展条件，以激发教育资源的活力和提高职业教育水平。这种放宽监管的举措有助于职业教育的发展。尽管终身教育活动也需要国家监管，但是监管方式应与义务教育和高等教育等有所不同。可以借鉴职业教育的监管模式，以确保监管的合理性，这样的监管方式可以在保障终身教育质量的同时，也能为个体提供更多选择和发展的机会。因此，国家应根据不同教育领域的特点，灵活运用监管措施，以促进整个教育体系的健康发展。

第六章　终身教育机构

在终身教育体系中，除了相关的法律法规与政策制度外，还应有一整套相应的终身教育机构体系，包括直接实施终身教育的机构和各级管理机构。这些机构的设置能够最大限度地实现终身教育内容上的多样性、对象上的广泛性和方式上的灵活性，从而形成全方位的终身教育体系。

第一节　终身教育机构概述

终身教育机构在现代社会中扮演着重要角色，它们的存在和功能发挥对推动终身学习与教育的普及至关重要。本节将对终身教育机构的定义和分类、地位和作用、国内外终身教育机构的设立展开探讨。

一、终身教育机构的定义和分类

终身教育机构是专门为终身学习和教育而设立的组织或机构。它们提供多样化的学习机会，以满足不同年龄、背景和需求的学习者。不同类型的终身教育机构在为学生提供多样化的学习机会、满足不同需求和兴趣方面都发挥着独特的作用。它们构成了一个多元化的终身学习体系，为个体提供了在追求学术资历、职业技能或个人兴趣等方面实现自我提升的机会。这些终身教育机构大致包括：

第一，国家及地区开放大学。国家及地区开放大学是终身教育机构的核心组成部分。它们不仅提供学士、硕士和博士等学位课程，还提供各种培训项目等。这些机构涉及的学科范围广泛，从人文科学到自然科学、工程和社会科学等，覆盖所有领域。学生可以根据自己的兴趣和职业目标来获取不同学位，或者通过参加专业培训班提高自身的技能水平。国家及地区开放大学通常与研究、创新密切相关，为学生提供了接触最新知识和实践的机会。

第二，职业培训机构。职业培训机构致力于为学习者提供实践技能和职业培训，以满足市场需求。它们的课程通常更加专业化，侧重于培养职业所需的技能。这些机构通常提供短期课程，包括技术培训、职业认证和实践机会等。学习者可以通过参加这些课程快速获得所需技能，提高其在职场中的竞争力。职业培训机构通常与各行各业的专业组织和企业合作，以确保培训与实际工作要求相符。

第三，社区教育中心。社区教育中心是为社区居民提供各种课程的地方。这些课程范围广泛，包括健康、艺术、手工艺和职业培训。社区教育中心的目标是丰富社区的教育资源，提供人们在生活中持续学习的机会。它们通常是具有亲和力和开放性的机构，鼓励社区成员积极参与学习，提高他们的生活质量。这些中心还经常为成年学习者提供灵活的学习时间表，以适应他们的日常生活节奏。

第四，在线学习平台。在线学习平台通过互联网提供各种课程，使学习者可以根据自己的时间表自主学习。这种虚拟机构提供了广泛的在线课程，涵盖各种学科和主题。学习者可以通过电子学习资源、在线课堂和互动学习工具获取知识和技能。在线学习平台的便捷性使学习者能够充分利用数字技术，以自己的节奏学习。这种灵活性对于那些无法定期参加实体课堂的人来说尤其有吸引力。

二、终身教育机构的地位和作用

终身教育机构在满足不同学习者的需求、推动个体发展和促进社会整合方面发挥着重要作用。它们为人们提供了更多的学习机会，使学习更加灵活，有助于满足现代社会的需求。具体而言：

第一，让学习更具灵活性。终身教育机构的存在使学习变得更加灵活。在传统的学校教育中，学生通常需要按照固定的时间表参加课堂教育，这可能与工作、家庭和其他义务冲突。终身教育机构提供了多样化的学习方式，包括在线课程、夜校和周末课程，学习者可以更灵活地安排学习时间，以满足自己的学习需求。这使得学习对于在职人士和有家庭责任的人来说更加可行，增加了他们参与终身学习的机会。

第二，满足市场需求。终身教育机构具有快速调整和提供与市场需求相关的课程的能力。现代社会的市场需求不断演变，新技术和企业行业的兴起需要人们不断更新技能和知识。终身教育机构可以根据市场需求迅速开发和提供相关课程，帮助学习者获取实际的技能，提高他们在就业市场上的竞争力。这有助于确保学习者毕业后能够迅速适应职场的变化。

第三，促进终身学习。终身教育机构鼓励人们持续学习，将学习视为生命周期中的一部分。这有助于树立终身学习的意识，使个体认识到学习不仅仅是青少年或大学时期的事情，而是一种持续的生活方式。通过提供各种课程和培训，终身教育机构推动人们不断提升自己的知识和技能，适应社会和职业环境的不断变化。

第四，提供资源支持。终身教育机构不仅提供课程和培训，还提供支持和资源，以帮助学习者实现其学习目标。这包括教育者的指导，学习资源的提供，图书馆、实验室等基础设施的使用，以及学术和职业咨询。这种全面的支持帮助学习者更好地理解和应对学习挑战。

第五，促进教育创新。终身教育机构通常是教育创新的重要驱动力量。它们不断尝试新的教育方法、技术和教材，以适应不断变化的学习环境。这种创新精神有助于推动教育系统的发展，促进新技术的应用，提高教育质量，使学习者更好地准备面对未来的挑战。

第六，推动个体发展。终身教育机构提供了个体不断提高自己的机会。学习者可以选择参加各种不同类型的课程，以满足他们的兴趣和达到职业目标。无论是追求学术造诣、提升职业技能，还是追求个人兴趣，终身教育机构都能够满足个体的需求。这有助于促进个体的全面发展，使其能够不断提高自己的知识水平和技能，提高职业竞争力。

第七，促进教育公平。终身教育机构有助于减少教育的社会不平等，为各个社会群体提供平等的学习机会。在传统教育中，一些人可能因为经济、地理或其他因素而无法获得高质量的教育。终身教育机构的存在为人们提供了更多的学习途径，有助于减少社会不平等的问题。它们鼓励各个年龄段和背景的人积极参与学习，促进教育公平的实现。

三、国内外终身教育机构的设立

为了积极应对不断变化的社会和经济挑战，终身教育已成为全球各国高度关注的重要议题。不同国家在推动终身教育方面采取了各种不同的举措，以确保教育系统能够适应现代社会的需求和发展趋势。一些国家已经将终身教育提升至国家战略层面，成立了专门的"终身教育委员会"[①]或终身教育机构，以协调和推

---

① 林良章. 2019. 终身教育学：理论与实践. 北京：中国轻工业出版社，18.

动终身教育的发展。这些机构在国家政策制定和资源分配中扮演着重要的角色，确保终身教育得到政府的足够支持和关注。

在国外，多个国家以制定法律法规的方式，明确了终身教育在其国家教育体系中的法律地位和具体实施机制。这些法律赋予终身教育以法律保障，旨在确保每个人都能平等获得参与终身学习的机会，以促进教育资源的公平分配。无论其年龄、背景或经济状况如何，这一措施都是为了确保终身教育的普及和可及性，以满足不同人群的学习需求。此外，各国也结合自身国情和需求，将终身教育的原则和政策付诸实际行动。一些国家在特定地区设立了专门的终身教育机构，这些机构专注于提升终身教育的质量和多样化。它们的使命在于满足当地社区的教育需求，为不同年龄段和背景的学习者提供广泛多样的学习机会。这包括各种学位课程、技能培训和职业发展计划，旨在推动个体的技能提升和知识积累。这些国际实践的核心目标是促进终身学习文化的快速发展，为人们提供多元的学习机会，使其适应不断发展和变化的社会和职业环境。终身教育机构的建立以及相关法律框架的完善有助于弥合教育不平等，推动社会和个体的可持续发展。这些举措反映了各国对于终身教育的高度重视和致力于建立更具包容性、创新性的教育体系。

在国内，社区成为终身教育的特色机构，社区采用"代+理"模式为社区居民提供终身教育服务，包括儿童教育和老年教育。第一，与社区日间照料中心合作，特别是针对低龄幼儿，共同为其传授知识和技能。第二，引进政府认证并接受社区监管的教育机构，为社区居民提供多样化的课程计划，如老年人和0—3岁儿童可在日间照料中心上课，在家照顾儿童的家长也可以根据其时间就近安排相应的课程，未成年人和需要照顾孙辈的老年人则可以在16点以后或周末上课。第三，社区建立在线终身教育平台，为老年人和儿童提供在线学习服务。第四，社区终身教育机构与用人单位合作，为社区居民提供免费培训，如可以通过设立终身学习卡、发放居民大学听课证和建立终身教育学分制度等方式来推动这项工作。第五，激励社区居民积极参与终身教育事业，如有知识文化的老年人成为社区教育讲师，他们的子女可以享受部分教育项目的免费福利，政府或社区设立"教务处"，培训和管理潜在的社区教师，并对在岗的社区教师进行评估和管理，以推动终身学习的普及。

终身教育的全球兴起表明，各国都认识到终身教育对于推动个体的发展、社会的繁荣以及提升全球竞争力的重要性。通过制定政策、法律法规等，各国正积极应对终身教育的挑战，以确保每个人都能持续学习，适应不断变化的世界。社区终身教育机构在中国的兴起是这一趋势的重要体现，其为社区居民提供了多元化的学习选择，有助于提高他们的终身学习能力，促进社会和经济的可持续发展。

第二节　终身教育机构的组成

　　终身教育机构通常由四个主要部分组成，分别是终身教育专用机构、组织与管理机构、协调与推进机构以及实施与保障机构（图 6-1）。终身教育专用机构是由中央和地方分设的专门用于制定终身教育工作规划、推进终身教育工作实施的专业性机构，如终身教育振兴院、省终身教育振兴会、市（县）终身教育振兴馆。其职责包括研究政策、规划发展战略，组织推动终身学习项目的实施，建立终身学习体系，推动社会成员获取高质量的教育资源。终身教育组织与管理机构负责规划和管理终身教育机构的日常运营，这个部门的人员通常由高级管理人员和专业人员组成。其职责包括制定机构的愿景和战略、制定预算和资源分配计划、管理教学计划和项目，以及协调机构内外的合作关系。终身教育协调与推进机构的职责是促进机构的各个部门之间的协作，以及与其他相关机构、组织和社区建立合作伙伴关系。其通常需要与机构内外各方沟通，以确保机构的目标得到实现。终身教育实施与保障机构则负责开展具体的教育项目和课程，并确保这些项目和课程得到有效的实施和监督。其职责包括教学设计、课程评估、师资培训、学员管理、学习支持和评估等方面的工作。这些部门共同合作，使终身教育机构能够有效地实现其使命和目标，为个人和社会提供高质量的教育服务。下面主要对后三个机构进行论述。

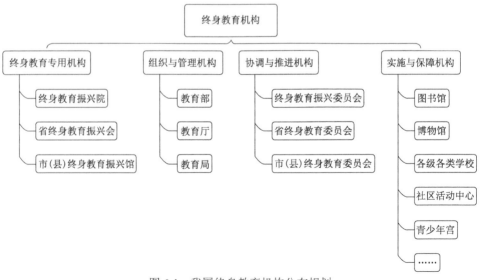

图 6-1　我国终身教育机构分布规划

一、终身教育的组织与管理机构

构建终身教育体系是一项庞大的社会工程，我们需要成立专门的机构，并明晰其职责。在我国，建议成立国家终身教育委员会，由国家领导人担任主席，各相关部门的负责人担任委员。该委员会将负责制定终身教育体系的政策、方针等，并设立执行机构，如办公室，负责统筹规划、管理和协调终身教育事务。同时，各省、市、县和乡镇政府也应该建立相应的机构来构建一个从上到下的管理系统。中央和地方政府应该密切配合，通过中央总体规划和地方政府积极探索，为终身教育体系的构建提供管理保障。这样，可以避免重复工作，提高工作效率。[①]以福建省为例，福建省终身教育服务中心是负责终身学习公共服务的管理机构，主要提供办学管理、教学示范、支持服务和科学研究等服务。该中心承担全省社区教育和老年教育的管理、研究和服务工作。该中心下设 3 个部门：社区教育部、老年教育部、数字福建终身教育大数据研究所办公室。具体如下：一是福建省社区教育指导服务中心于 2011 年 11 月成立，为全省提供社区教育方面的服务，包括政策咨询、理论研究、业务指导、教学服务和人员培训等。二是福建省终身教育服务中心由省教育厅于 2017 年 9 月依托学校成立，面向全省开展终身教育的研究、管理和服务工作，包括社区教育和老年教育等。三是数字福建终身教育大数据研究所于 2017 年 10 月批复成立，主要任务是通过对终身教育大数据的收集、整合、挖掘和分析等，建立终身教育可视化模型和应用，推进产、学、研、用协同发展，创新全民终身学习公共服务和人才培养模式。四是福建老年开放（互联网）大学于 2018 年 8 月批复成立，旨在开展全省老年教育工作，通过组织开展全省老年开放（互联网）大学的业务指导、教育示范、师资培训、资源开发、理论研究和信息服务等工作，探索实体办班与网络教学相结合、线上自主学习与线下体验学习相结合的老年教育新模式。

二、终身教育的协调与推进机构

为了促进终身教育的发展，需要在教育部设立专门的协调与推进机构，建议将原有的职业教育与成人教育司合并为终身教育司。同时，地方政府还需进行以下五个方面的工作[②]：第一，推进终身教育机构标准化建设，包括设立终身教育

① 曾天山，等. 2015. 中国教育改革进展报告 2013. 北京：教育科学出版社，268-269.
② 吴遵民，黄健. 2014. 国外终身教育立法启示——基于美、日、韩法规文本的分析. 现代远程教育研究，（1）：27-32.

公共服务机构，以指导终身教育业务和示范工作等。第二，建立标准化的岗位职责和管理制度，规范管理流程，提高机构管理工作的实效性。第三，统一规划建设终身教育公共服务机构的基础设施和场地设施，确保场所符合标准化要求，为学习者提供优质、便捷的学习服务。第四，制定专兼职队伍建设标准，对包括人员数量、专业和岗位职责等进行明确规定。其中，管理人员可以由社区管理人员或村民委员会委员等兼任，而线下教学指导可以充分吸纳当地退休教师或具备相关资质的社会专业人员参与，以保障机构人员队伍的业务素质。第五，建立学习服务标准化，并实施服务考核制度，制订奖励方案，以持续提升机构标准化服务水平。这包括建立省、市、县三级服务机构，设立直属服务点，并建设学分银行信息管理与服务平台。同时，地方政府要加强终身教育公共服务平台、省干部教育培训网络学院等学习平台的沟通衔接，开展认证服务等。

三、终身教育的实施与保障机构

为了建立健全终身教育体系，需要协调各利益部门和整合资源，避免浪费和重复建设，具体措施包括：设立专门的终身教育机构；完善终身教育基础设施，整合图书馆、博物馆、各级各类学校、社区活动中心、青少年宫等教育资源，建立网络化、立体化的全民终身学习服务平台；鼓励高校和职业院校向社会开放教育培训资源，促进资源共享和结构优化。同时，政府应通过法规或政策鼓励社会文化机构和单位提供形式多样、内容丰富的社会教育，调动社会力量开展老年教育、妇女教育、家长教育和休闲教育，推动终身教育体系的发展。[①]

四、国内外的终身教育机构设置

（一）韩国的终身教育机构

发展终身教育是韩国的一项全民事业，需要各级机构和部门共同分工合作。过去，韩国的终身教育缺乏统一的组织和管理机构。现在，韩国的终身教育的行政组织中心主要是教育科学技术部。专门管理终身教育的机构可分为三个层级：中央、道、广域市和城镇。2007 年《终身教育法》修订后，韩国的终身教育中央管理机构被命名为"国家终身教育院"，是目前负责管理终身教育的中央级政府组织。国家终身教育院整合了过去独立运作的三个单位：国家终身教育中心、设

---

① 曾天山，等. 2015. 中国教育改革进展报告 2013. 北京：教育科学出版社，269.

在韩国教育开发院下的学分银行系统和设在韩国国立开放大学下的自学学位考试院。韩国的终身教育促进院是道和广域市一级的终身教育管理机构，而城镇一级的终身教育管理机构则是国家终身学习中心。这些机构采用委员会制度，并配备有专家团队，分工明确，充分保障了终身教育的执行。除了制定相关的法律法规和政策制度外，韩国还建立了一整套比较完善的终身教育机构体系，该机构体系包括直接实施终身教育的机构和各级管理机构。这些机构的设置能够最大限度地体现终身教育内容上的多样性、对象上的广泛性和方式上的灵活性，从而形成一个比较完善的终身教育体系。[①]

韩国在终身教育机构网络建设方面取得了显著进展。以前，韩国的终身教育由多个政府部门负责，现在则由韩国教育部作为主管机构。主要的终身教育机构是国家终身教育院，并设立了专门的单位来负责统一的事务管理工作。此外，国家设立了终身教育中心，下设教育中心运作室、学分银行运作室和人力资源研究室等三个主要工作部门。地方终身教育机构包括首尔终身教育中心、省级地区终身教育信息中心和地区终身学习讲堂等，形成了一个完善的终身学习信息交流网络。

韩国的大学一直在积极推动终身教育。大学的终身教育机构通常命名为终身教育院或社会教育院，并且还有带有专业特色的机构，如产业教育院、电子计算机教育院、老年人福利教育院、营农教育院、美术教育院等。终身教育机构的学生跨越各个年龄段，从 20 岁左右的年轻人到 60 岁左右的老年人都有，不同学历背景的人也都涵盖其中，充分体现了终身教育的理念。终身教育机构主要开设传统文化教育、家庭教育、职业教育、劳动妇女教育、艺术教育、外语教育、专业技术教育等多种教育课程。

（二）日本的终身教育机构——以公民馆为例

日本的公民馆，也称作小民馆（Kominkan），是一种具有独特历史和文化特色的社区教育设施。公民馆提供多种类型的教育，如成人教育、社区教育、儿童和青少年教育等。此外，公民馆还提供各种社会福利服务，针对促进居民的自我提升、提高健康水平、改善日常生活等方面提供了多种形式的服务。[②]作为日本《社会教育法》中规定的社会教育领先提供者，公民馆在其历史社会背景中扮演着

---

① 文春英，金恩净. 2014. 韩国女子大学. 北京：中国传媒大学出版社，233-236.

② Wang Q R. 2019. Japanese social education and kominkan practice: Focus on residents' self-learning in community. New Directions for Adult and Continuing Education, (162): 73-84.

重要的角色，被认为是日本社会教育史的重要组成部分。尽管公民馆的数量正在下降，但它们仍然是日本社区教育和终身学习的重要载体，对于解决日本人口老龄化和城市化带来的种种社会问题也起到了重要作用。

在政府的支持下，日本公民馆在1960—1970年达到了顶峰。虽然公民馆受到社会教育法的规范，也得到教育局的管理支持，但它的主要思想始终围绕着当地居民的自学和鼓励居民在培育社区方面的自治。公民馆发展的一个特点是不再依靠政府和财政支持，而是依靠地方力量和人民力量生存，这为公民馆的持续发展指明了新的方向。公民馆的实践为人们提供了自由学习的资源。展望未来，在数字技术时代，在日益发达的城市可能使更多的家庭感到孤立的情况下，学习活动满足了他们充实自己的需求，解决了一定的社区问题，使当地居民和家庭之间有了安全感及联系，并共同规划了他们对未来发展的愿景。公民馆所倡导的自主学习为成人学习和继续学习提供了便利，对于其他有类似情况的国家的终身学习有重要的借鉴意义。这种类型的学习意味着，当学习由居民发起，与日常生活有关、与社区发展有关时，它可以在一定程度上提高每个人的生活质量。此外，这种社会教育将通过学习活动与社会福利联系起来。总之，公民馆的实践在地方层面有效促进了终身学习和学习型社会的发展。

（三）中国的终身教育机构——以常州市、苏州市为例

1. 常州市终身教育机构

（1）顶层设计，提升终身教育保障力

在加强学习型机关、学习型系统、学习型企业、学习型村镇、学习型社区和学习型家庭等六大组织建设的基础上，为提高终身教育保障能力，常州市成立了全市推进终身教育工作领导小组，由市长分管负责，包括发改、财政、教育等24个部门的成员，联席会议制度得以建立。该小组聚焦于终身教育体系建设、机制建立、理念宣传、资源整合、资金投入、重点人群教育等方面开展工作，加强对全市终身教育工作的组织和领导。同时，常州市教育行政部门专门成立了终身教育处，统筹推进全市终身教育工作。这些措施逐步完善了终身教育组织体系和机制，为推进学习型城市建设提供了重要保障。

（2）搭建平台，提升终身教育服务力

为建立市民终身学习的综合服务平台，整合各类终身教育资源，常州市借助常州广播电视大学和常州社区大学，创立了开放大学（即常州市社会教育服务指

导中心），并授权其承担终身教育领域的协调、指导、管理、评价、资源开发以及推广研究等职能。近 10 年来，常州市开放大学已开设 1261 门社区教育课程，提供了 10 060 次社区教育进社区的服务，惠及市民超过 100 万人次。此外，常州市还成立了老年教育发展中心，委托其承担老年教育的协调、课程设计、师资培训等任务。全市各级老年教育机构为老年人提供线上线下课程服务，已服务了 30 万人次，老年教育活动参与率达到 34.2%。[①]

（3）完善网络，提升终身教育支撑力

常州市高度重视终身教育基础能力建设，为此出台了社区教育机构建设标准及奖励政策，形成了全市覆盖的社区教育网络。该网络分为四级体系，包括市开放大学、辖市区社区学院（开放大学）、街道（镇）社区教育中心、居民（村民）学校，纵向覆盖全市；同时，横向实现共建共享，与常州工学院等九所高校共同建立社区大学分校，组建社区教育高校联盟。为方便广大市民学习，常州市还建成了"常州终身学习在线"网站和移动学习平台，形成覆盖市、辖区、镇（街）的终身教育站群系统，提供了丰富的视频课程资源和"一站式"网上服务。这些资源都是免费共享的，常州博物馆、图书馆、文化馆等近百个市级市民终身学习服务基地、社区教育游学基地也挂牌运行，无偿为广大市民提供了场所和资源。社区教育机构建设标准及奖励政策的出台，促进了常州市社区教育的全面发展，为市民提供了更加优质、便捷的终身教育服务。

（4）打造品牌，提升终身学习吸引力

常州市一直致力于满足市民的学习需求，并不断更新终身教育发展理念，积极打造受欢迎的学习品牌。其中，全国著名的终身学习品牌"龙城讲坛"每年定期邀请国内知名专家学者到常州举办讲座，已经举办了 200 多场，吸引了超过 10 万人参加，成为常州市民精神生活中必不可少的一部分。遍布城乡、各行各业的"常州道德讲堂"的受众已超过 1300 万人次。每月推出的"常州公开课"主要涵盖家庭教育和市民素质提升等方面，每次都受到广泛欢迎，常常一票难求。每年"科学家教社区行"巡回讲座近百场，备受家长们的热爱和追捧。而每年的"全民终身学习活动周"更是吸引了 1000 万名市民参与学习。此外，由常州市民自主创办的"小巷讲坛"已成为全国学习的典型之一。而 2018 年开始建设的新型智慧"城市书房——秋白书苑"，截至 2022 年 9 月已在全市建立了 35 家，累计接待读者

---

① 江苏省教育厅. "砥砺十年谱新篇 奋楫扬帆建新功"系列新闻发布会：江苏终身教育这十年. (2022-09-22) [2023-04-03]. http://jyt.jiangsu.gov.cn/art/2022/9/22/art_64084_57.html.

超过 580 万人次，借还图书超过 200 万册，成为热门学习地点。[①]

2. 苏州市终身教育机构

2015 年 10 月 16 日，苏州市举办了一场全民终身学习活动成果展和首届苏州终身教育博览会，整个活动分为"终身教育成果展区"和"终身教育机构展区"两大部分，旨在展示和推动全国和地方的终身教育发展。在"终身教育成果展区"，各地的终身教育成果得以集中展示，包括丰富的图片展、摄影展以及来自高校和职业类学校的展览。这个区域旨在通过视觉和实际案例向公众展示终身学习的重要性，强调不同学段、领域和形式的学习成果，以激发更广泛的学习兴趣。而在"终身教育机构展区"，通过按时间顺序布置教育机构，串联幼年到老年各个人生阶段，形成了一站式终身教育需求交易平台。这一平台的目标是促进各教育机构之间、机构与消费者之间的合作与对接，使之成为终身教育的核心交易平台。通过这个展区，参与者可以更全面地了解不同机构提供的学习资源，满足不同年龄和需求层次的学习需求。这一终身教育活动展会不仅为参与者提供了展示和交流的平台，还通过强调合作与对接，促进了终身教育体系更加全面和高效地发展。[②]

第三节　终身教育机构的变革

终身教育的机构变革是确保教育机构能够适应不断变化的学习需求和社会挑战的重要一步。在本节中，我们将深入探讨终身教育机构变革的必要性、核心议题、现实挑战和推进策略，以更好地理解如何将教育机构转变为灵活、多样化的学习中心。

一、终身教育机构变革的必要性

近年来，新技术的迅猛发展为企业和个体带来了新的机遇。但是，在不同的经济体、企业行业中，采用和实施新技术的准备程度存在较大差异。这种准备程度可以通过评估经济基础设施来确定，包括数字基础设施、移动和互联网连接、网络和数据中心以及数据平台，还可以通过评估业务运营情况，包括数字流程、数字支付以及客户和供应链交互等来确定。然而，随着技术改变了工作和工作场

---

① 江苏省教育厅. "砥砺十年谱新篇 奋楫扬帆建新功"系列新闻发布会：江苏终身教育这十年.（2022-09-22）[2023-04-03]. http://jyt.jiangsu.gov.cn/art/2022/9/22/art_64084_57.html.

② 吴隽. 2018. 地市级开放大学的可为之道. 苏州：苏州大学出版社，160.

所，人们对这些变化的准备将成为影响成功的重要因素。人们已经经历了技术进步及其对工作和工作场所的影响带来的巨大变化。随着技术的快速发展，人类的技能也面临挑战，这就要求对劳动力进行适当的技能管理。

未来，工作和工作场所将面临巨大的变化。由于预期寿命的延长，人们的职业生涯有望延长，这将是一项重大的政策挑战。[1]针对普通民众而言，获得满足不断变化的工作要求所需的技能，并在其一生中不断保持和更新这些技能已经变得至关重要。为了适应未来工作的要求，人们需要具备强大的认知技能，如读写和计算能力、基本信息技术，以及分析技能、解决问题的能力和批判性思维等非认知技能。此外，人际交往能力、沟通技巧以及自我意识、压力管理和适应变化的能力等情感技能也越来越重要。所有这些变化都引发人们对教育和技能培训变革的重大反思。民众需要首先认识到终身学习的必要性，看到正规教育机构已不再是政策制定者提高民众生产力的主要载体，必须认识到在一生中学习和获得技能的重要性，从而推动终身教育机构的变革，为人们提供满足多元需求的终身教育机会。

二、终身教育机构变革的核心议题

终身教育机构变革的核心议题是如何提供适应不断变化的经济和社会环境的教育服务，以帮助人们实现终身学习和职业发展目标。具体来说，以下是几个终身教育机构变革的核心议题：

第一，教育内容和课程设计。终身教育机构需要为不同年龄、背景和职业的学习者提供适合他们需要的课程和培训，包括技能培训、创新思维、跨学科和跨行业的培训等，确保内容与学习者实际需求紧密关联。

第二，教育技术和学习方式。随着科技的发展，终身教育机构需要利用先进的技术和学习方式，如在线课程、远程教育、虚拟现实、增强现实等，以增强教学效果和改进学习体验，不断跟踪科技进展，保持机构在教育技术领域的领先地位。

第三，学习评估和认证。终身教育机构需要制定适当的学习评估和认证标准，与行业协会和企业合作，以确保学习者所获得的知识和技能得到有效认证，并且使认证更具市场价值，能被广泛认可。

---

[1] Faure E, Herrera F, Kaddoura A, et al. 1972. Learning to Be: The World of Education Today and Tomorrow. Paris: Unesco, 2-20.

第四，教师培训和发展。终身教育机构需要为教师提供专业培训和发展机会，以确保他们能够掌握最新的教学方法和技术，并为学习者提供高质量的教育服务，同时鼓励教师参与学科研究，促使其保持教学的活力和创新性。

第五，企业和社会合作。终身教育机构需要与企业和社会保持紧密合作，了解培训需求和职业发展趋势，提供与市场需求相符的教育服务，使学习者能够更好地适应职场变化。

三、终身教育机构变革的现实挑战

随着社会的不断发展和经济的快速变革，终身教育机构也面临着如下挑战：

第一，终身教育机构必须灵活适应社会和经济环境的快速变化。由于社会和市场需求难以准确预测，技术和知识不断演进，这对终身教育机构造成了挑战。机构需具备对新兴趋势的敏感性，以确保培训内容和方法始终保持最新、切实可行。

第二，随着终身教育的兴起，对机构的质量和效果的关注日益增加。机构需要建立有效的质量评估和认证机制，以满足学习者对高质量教育的日益迫切的需求。透明度和可证实性将成为机构吸引学习者的重要因素。

第三，终身教育机构需持续更新和改进教育和培训内容，以满足不同阶段学习者的需求。机构必须灵活调整方法和课程，以适应市场需求的变化。持续的创新和灵活性将是机构在不断变化的教育进程中保持竞争力的关键。

第四，随着越来越多的终身教育机构进入市场，竞争变得愈发激烈。为了在市场上保持竞争力，这些机构必须不断提高服务和培训的质量，树立良好的口碑，以吸引更多的学习者。不断提升自身实力和特色将是终身教育机构在竞争激烈的环境中生存和发展的关键。

第五，终身教育机构需要充分的资金支持，以确保其运营和发展。机构需不断开发吸引人的课程和培训项目，以吸引更多的学习者和资金。此外，寻找合适的融资渠道也是机构实现可持续发展的必要步骤，这可能涉及与企业、政府或其他合作伙伴建立战略性合作关系。

四、终身教育机构变革的推进策略

（一）完善终身教育立法体系

推进终身教育机构变革是提高教育质量和服务水平的关键，完善终身教育立法体系则是推动终身教育机构变革的重要途径之一。完善终身教育立法体系不仅有利于规范终身教育市场，提高教育质量，还可以为终身学习社会的建设提供重要保障。

第一，完善终身教育立法体系可以推动教育机构转型升级。目前，国内终身教育市场的发展仍然存在一些问题，如机构准入门槛不高、缺乏有效监管、培训质量不高等。完善立法体系可以加强对终身教育机构的监管，提高准入门槛，加强对培训内容和教学质量的监管，保证学习者的权益和教育质量。同时，为了适应社会需求和学习者个性化的需求，教育机构需要进行转型升级，引入更多的先进技术和教学模式，以提高教育服务的效率和水平。

第二，完善终身教育立法体系可以促进终身教育机构与企业行业的深度合作。随着社会经济的发展，企业行业对人才的要求也越来越高，终身教育机构可以通过与企业行业的合作，增强学习者的实践能力和应用能力，提高学习者的就业竞争力。同时，企业行业也可以通过与教育机构合作，获取更多的人才和技术支持，促进企业行业的发展和升级。

第三，完善终身教育立法体系可以促进终身教育机构与高等教育机构的融合发展。高等教育机构在教育教学方面拥有更为丰富的经验和资源，终身教育机构则更加注重个性化教学和职业技能培训。通过融合发展，可以实现高等教育和终身教育的有机结合，为学习者提供更多的学习和发展机会。

（二）实现终身教育管理规范化

实现终身教育管理规范化是推进终身教育机构变革的关键措施之一。[1]随着社会发展和教育需求的不断变化，终身教育已经成为一个重要领域。要让终身教育真正发挥作用，就必须实现终身教育管理规范化。这不仅可以提高终身教育的质量和效率，还可以增强学习者的信心和动力，促进终身教育的普及和发展。

第一，实现终身教育管理规范化，可以提高终身教育机构的管理水平。目前，终身教育市场存在一些乱象，如机构准入门槛不高、缺乏监管、培训质量参差不齐等。实现规范化管理可以加强对终身教育机构的监管，提高准入门槛，加强对培训内容和教学质量的监管，规范教育市场秩序。通过规范化管理，可以提高教育机构的管理水平和服务质量，保证学习者的权益和教育质量。

第二，实现终身教育管理规范化，可以促进终身学习者的积极参与。终身教

---

① 吴遵民. 2018. 终身教育国际视野与中国经验：吴遵民终身教育文集. 上海：上海教育出版社，262-263.

育是一个长期的学习过程，需要学习者具备自主学习的能力和意愿。而实现规范化管理可以为学习者提供更加规范和稳定的学习环境，增强学习者的信心和动力。同时，规范化管理还可以促进学习者的积极参与，激发学习者的创造力和创新力，促进学习者个人和社会的发展。

第三，实现终身教育管理规范化，可以促进教育资源的合理配置和共享。在规范化管理下，终身教育机构可以更好地协调和整合教育资源，使教育资源得到合理配置和共享。例如，终身教育机构可以与高等教育机构合作，共享教育资源，促进终身学习者的职业发展。同时，规范化管理还可以促进教育资源的开发和更新，为学习者提供更加丰富和多元化的学习资源，满足不同学习者的需求。

（三）形成终身教育专业发展的规范标准

推进终身教育机构变革的途径之一是形成终身教育专业发展的规范标准。[①]终身教育的专业发展是终身教育机构变革的重要方向之一，只有形成规范标准，才能为终身教育专业发展提供可行的方向和有效的保障。终身教育专业发展的规范标准不仅有助于提高教育机构的竞争力，还可以增强学习者对终身教育的信心和认同感。

第一，形成终身教育专业发展的规范标准，可以提高终身教育机构的专业水平和服务质量。目前，终身教育市场存在一些问题，如缺乏规范的教学模式、教学标准不统一、师资力量薄弱等。形成规范标准可以规范终身教育的教学模式和教学标准，提高师资力量，提高其服务质量和推动终身教育机构的专业发展。

第二，形成终身教育专业发展的规范标准，可以增强终身学习者的信心和认同。在规范化的教学环境下，学习者可以更加清晰地了解终身教育的发展方向和目标，增强对终身教育的信心和认同感。同时，规范标准可以提高终身学习者的学习体验水平和效果，提升学习者对终身教育的满意度，从而促进终身教育的发展。

第三，形成终身教育专业发展的规范标准，可以促进教育机构的合作和共享。在规范化的教学环境下，终身教育机构可以更加容易地与其他教育机构进行合作和共享，以推动教育资源的共享和整合。同时，规范标准可以促进教育机构的协同发展，提高终身教育机构的综合实力和竞争力，推动终身教育的发展。

---

① 吴遵民. 2018. 终身教育国际视野与中国经验：吴遵民终身教育文集. 上海：上海教育出版社，262-263.

（四）推动民众终身教育活动中心建设

推进终身教育机构变革的途径之一是推动民众终身教育活动中心建设。[①]随着社会经济的发展和人口老龄化问题的加剧，人们对终身教育的需求也日益增长。民众终身教育活动中心的建设，可以为广大学习者提供更为便利和专业的教育服务，促进终身教育的普及和发展。

首先，民众终身教育活动中心的建设，可以提高终身学习者的学习效果和体验。这些中心通常拥有先进的教育设施和丰富的教育资源，可以提供更为多样化和个性化的教育课程，满足不同学习者的需求和兴趣。此外，中心的专业师资力量也可以优化学习者的学习效果，丰富其学习体验，使学习者更加积极主动地参与终身教育活动。

其次，民众终身教育活动中心的建设，可以促进教育资源的共享和整合。这些中心通常是由多个教育机构合作建设的，可以集合各方的教育资源，从而实现资源共享和整合。这种合作机制不仅可以提高教育资源的利用率，还可以促进教育机构之间的合作和交流，进而推动终身教育的发展。

再次，民众终身教育活动中心的建设，可以增强社区的教育功能，并能够营造良好的文化氛围。这些中心通常建在社区内部，成为社区内的教育中心，可以为居民提供更为便利和专业的教育服务。这种教育服务不仅可以满足居民的学习需求，还可以增强社区的教育功能，并营造良好的文化氛围，进而提高居民的文化素养和综合素质。

最后，民众终身教育活动中心的建设，可以促进教育产业的发展和创新。这些中心通常是由多个教育机构合作建设的，可以促进教育机构之间的合作和创新。此外，这些中心也可以为教育机构提供一个交流和合作的平台，推动教育机构的转型和升级，促进教育产业的发展和创新。

[①] Wang Q R. 2019. Japanese social education and kominkan practice: Focus on residents' self-learning in community. New Directions for Adult and Continuing Education, (162): 73-84.

第七章 终身教育改革

人们普遍认为，教育已经成为推动人类发展最重要的手段之一，可以为增进个人的福祉和幸福作出贡献。要想在社会上过上幸福的生活，就应该终身接受教育。教育是人类用来解决日常问题或快速适应环境的工具。换句话说，就是"教育为生活，生活为教育"[①]。在这方面，教育并不仅仅意味着通过正规的学校系统或依靠正规教育来学习。教育包括正规教育、非正规教育和非正式教育，三者的结合称为"终身教育"。目前，在全世界服务于大多数人的教育体系中，第一大类为正规教育，此类型基本上是一种正规表现的分类体系，涉及统一的、标准化的课程设置。从学制来看，正规的学校教育制度通常分为小学、初等中学、高等中学和大学。第二类为非正规教育，教育规划者用它来保证从正规教育中失学的青年和成人可以继续接受教育。非正规教育在表现标准方面不太正式，通常更关注职业培训和日常生活，如提供成人学校课程和其他短期培训课程。第三类是非正式教育，这是一个真正的终身教育过程，人们的知识与技能、态度与价值观主要从日常经验中获得。它包括正规教育和非正规教育之外的任何形式的教育，以及获得知识的任何途径和方法。例如，知识可以在谈话和旅行、观看演出或电影、读书看报、听收音机或看电视等中获得。

第一节 终身教育改革概述

终身教育改革是指对教育体系和制度进行深刻的变革和调整，以满足不断变

---

① Kanwar A, Balasubramanian K, Carr A. 2019. Changing the TVET paradigm: New models for lifelong learning. International Journal of Training Research, 17(1): 54-68.

化的学习需求。这种改革旨在打破传统的教育范式，将学习机会扩展到个体的整个生命周期，强调学习的灵活性和可持续性。终身教育改革涵盖政策、法规、教育机构、教学方法、课程内容等多个层面的变化，以确保每个人都能够获得高质量、个性化的学习机会，以提升其个体发展和社会参与的能力。这一改革旨在推动教育的民主化、个体全面发展和社会整合与发展，以适应不断变化的教育需求。在本节中，我们将探讨终身教育改革的原则、目标和内容，以更好地理解如何适应和引领教育领域的发展趋势。通过对终身教育改革的深入研究，我们将能够更好地理解如何打破传统的教育模式，提供更灵活、多样化的学习机会，以满足不断发展的个体和社会需求。

一、终身教育改革的原则

欧盟将 1996 年定为"欧洲终身学习年"，发布了《关于终身学习策略的结论》。当然，在这样一个重要的国际条约中，终身学习明确确立了其地位，这是一个我们认为极其重要的一般性意图声明。2000 年，《欧洲终身学习备忘录》围绕所谓的六个关键信息展开。我们认为这六个基本领域不仅对于实现终身学习指明了未来的方向，也为推进终身教育改革提供了新的思路。[①]

第一，确保所有人都能获得新的基本技能。我们在这里之所以提到新的基本技能，是因为在全世界基本的读写和计算能力在终身学习中仍然很重要。并不是每个人都能读写，也不是每个人都能数数，所以我们认为，当人们谈论新的基本技能时，必须意识到在新的基本技能背后，也有旧的基本技能，它们同样重要。信息技术技能、创新意识、创造力、社交技能等所有技能都非常重要，在终身教育改革中应当对新旧技能的习得予以同等重视。

第二，在人力资源方面进行更多的投资。无论是公共部门还是私营企业，都必须为终身学习和终身教育作出贡献，这不仅是为了个别企业的利益，也是为了整个国家的发展与进步。在诸多企业行业领域，员工都被赋予一定的权利，如在工作场所，在岗接受培训和享有育儿假等都是非常重要的权利。社会各机构必须联合起来，在符合法律法规的前提下，确保每个人都享有这些权利。

第三，创新教与学。如果说学习者将成为终身教育工程中的中心，那么教师就将在其中扮演一个新的重要角色，使教师实现从学校教师向终身教育师的角色

---

① Cropley A J. 2014. Towards a System of Lifelong Education: Some Practical Considerations. Oxford: Pergamon, 106-112.

转变，为此需要创新更多元的教学方法来满足学习者的多样化需求。

第四，坚持以学习为本。如果说人们应该把更多的注意力放在学习者身上，而不是教师身上，那么需要确保每一种学习方式都能得到适当的认可，因此对先验学习和经验学习的认可变得前所未有的重要。赋予价值是极其重要的，这种价值不仅体现在纸面上的证书价值，而且体现在一个人所拥有的各种能力、技能和知识的价值上。

第五，为学习者提供较为完善的指导、咨询和信息系统。终身教育和指导不应该只在人生的关键时刻提供，而应该贯穿一个人一生。这种指导需要由各方面展开，学习者需要接触到难以接触到的群体，以确保能够获得更多关于学习机会的信息。

第六，让学习更贴近家庭。很多人被学习拒之门外是因为学习的困难系数高到难以接受。新的信息技术可以为此提供帮助，国家需要发展地方和区域的学习资源中心，使学习者接触到不同的信息，确保他们将学习视为在当地社区日常生活中不可分割的一部分。

二、终身教育改革的目标

人们应该学会如何在一个快速变化的世界中生活，这样他们也可以为解决更广泛的全球问题作出贡献，或者至少不会让这些问题变得更糟。这意味着通过终身教育，人们能够积极应对变化；开展团队合作，共同解决问题；培养创造力和解决问题的能力，不断提出新的解决方案；培养批判性思维；学会终身持续有效学习；形成正确的价值观。这些学习维度实质上是一种"元课程"，涵盖识字、算术、科学、技术、艺术和其他学科的专业知识。

在一个快速变化的世界里，每个人都是学习者，我们不能再假设老一辈人拥有所有的技能和知识来应对如今人们面临的挑战。孩子们经常教他们的长辈如何使用新技术，年轻人往往站在要求环境可持续性、正义与和平的最前沿。终身教育从家庭开始，因此对父母的教育也应站在全球角度。令人鼓舞的是，幼儿所、学校和工作场所的教育开始考虑全球性问题。但是，在全球社会中，终身教育需要决策者以及教育工作者、商界人士、非政府组织等社会行动者的共同努力。将终身教育视为一种自上而下的活动是不恰当的，在这种活动中，知识由受教育程度较高的人传授给受教育程度较低的人。但是，那些受教育程度较高的人也可能从其他人那里学到很多东西。好老师总是向其他人学习，并与学习者一起学习，而不是简单地将自己的知识和技能传授给他人。因此，如何实现终身教育也是需要我们思考的，终身教育改革的目标是实现全民终身学习，以及促进人的全面发展和社会的可持续发展。具体来说，终身教育改革的目标包括以下几个方面：

第一，实现教育公平。通过推进终身教育改革，让每个人都有机会获得高质量的教育资源和服务，无论其年龄、性别、职业等背景，都能够享受公平的教育机会。

第二，建立和完善终身教育评价和认证机制，为民众提供可信赖的教育服务和学习成果认证服务。通过建立权威的教育评价和认证机构，确保学习者的学习成果得到有效的证明和认可，增强学习者的信心，并激发其学习动力。

第三，提升人才培养质量。终身教育改革高度重视人才的质量，通过完善教育课程、强化师资队伍建设、加强教学管理等措施，为学习者提供更为优质的教育服务和支持，培养更多的高素质人才。

第四，提高社会文化素质。终身教育改革也有助于提高人们的社会文化素质和生活品质。通过提供更为多样的学习机会和多元化的教育服务，让人们能够获得更多的知识和技能，提高其文化素质和社会参与能力。

第五，推动教育变革和创新，实现教育现代化。通过采用新的教育理念、技术和方法，打破传统的教育模式，创新教育内容和形式，让教育更贴近实际需求和适应社会变化。

第六，促进产业升级和经济发展。终身教育改革还可以促进产业升级和经济发展。通过加强职业技能培训和创新创业教育，提高人才的就业能力和创新能力，进而推动产业结构的转型和升级。

第七，推进经济发展和社会进步，提高国家的综合竞争力。通过终身教育，不断提高民众的知识水平和技能水平，培养更多的人才，促进经济和社会的快速发展。

第八，促进社会和谐稳定。终身教育改革可以促进社会和谐稳定，通过增强人们的终身学习能力和创新能力，提高其就业能力和生活质量，进而减少社会矛盾和冲突，促进社会和谐稳定。

总之，终身教育改革的目标是为每个人提供更为优质、更加灵活、更加多样化的教育服务，实现全民终身学习，促进国家的经济和社会发展，建设更加美好的未来。

三、终身教育改革的内容

如何教、教什么很重要。学习为个人、社会和全人类的发展增加了更多可能性。20 世纪，人类在科学、技术和经济方面取得了巨大成就，当然这是在前几个世纪的发现和研究的基础上所积累的成果。正如培根所言，"知识就是力量"，对知识的追求给数十亿人带来了许多好处。但是，技术既可以用来创造，也可以用来破坏，经济发展也可以产生负面后果。

人们需要更多地关注社会的发明和发展，关注与他人以及与大自然的关系，因为未来的世界是在今天的想象中播种的。人们的价值观和社会环境决定了学习的优先顺序。人们并不缺乏技术技能和知识，而是缺乏有效利用这些技能和知识的意愿和能力。特别是人们需要认识到，所有的学习都具有全球性。教育者的任务是通过理解这些问题来使学习者具有全球视野，促进人们学习，提升学习者的能力，创造美好的未来。在设想未来时，人们需要保持环境和人类可持续发展的平衡，创造一个和平、繁荣和快乐的世界。教育工作者要对未来和人类面临的挑战有一个预期和把握，因为这将决定开展终身教育的内容和方式。

人类面临的最严重的全球性挑战是什么？对于这个问题，每个人都会有不同的答案，这取决于价值观、经验、知识和其所居住的外在环境。但不管是什么，答案将影响教育方式。对这个问题的回答越是合理科学，教育就越有价值。如果得到错误的答案，可能对个人和社会造成严重的伤害；如果做对了，教育工作者就能以积极的方式帮助人们实现自我提升，并创造一个美好的世界。人们面临的全球性问题包括艾滋病和其他疾病、武器扩散、气候变化、武装冲突、犯罪、粮食安全、淡水枯竭、生物多样性丧失等。

世界上有相当一部分人仍处于贫困线以下，这些人在教育、健康等方面面临较大挑战。站在全球视野来看，人类正在面临贫困和疾病、气候变化、武装冲突等的困扰。因此，我们要对人类的现状和未来有一个清醒的认识，并就如何应对这些问题作出正确决定，因为如果作出错误的决定，可能遭受连绵不断的战争、灾难和经济混乱。

为什么我们需要终身教育来促进可持续发展？我们生活在同一个世界，我们生活、娱乐等与世界其他地方紧密相连。面对上述全球性问题，人类能否长期生存取决于人类的协作能力。可持续发展意味着我们以一种不破坏后代生存手段的方式生活。在整个人类历史上，某些文明因外在环境系统受到侵蚀、疾病的影响或未能与其他人类居住地保持和平关系而消亡。因为我们生活在一个全球化的社会，问题可以从世界的一个地方迅速蔓延到另一个地方，甚至会快速引发连锁反应，我们需要更加意识到相互依存的价值和意义。如果在终身教育中，教育者没有从全球范围内的人类相互依存性出发，就无法让人们充分理解他们正在学习的知识和技能的真正价值所在。因此，每个接受终身教育的人都有责任自觉树立起全球意识，了解这个世界以及学会如何融入这个世界。

接受终身教育是一个人在其一生中持续学习和发展自身能力及技能的过程。随着社会变革和经济发展，终身教育的重要性越来越受到重视。为了促进终身教育的发展和提升人民群众的终身学习水平，各国都在不断推进终身教育改革。下面将从以下几个方面探讨终身教育改革的内容：

第一，增强教育内容的多样化和个性化。传统教育注重的是知识传授和应试培训，终身教育则应该注重学习者的兴趣和需求，提供更为多样化和个性化的教育内容，例如开设兴趣课程、专业课程，进行技能培训等，以满足不同学习者的需求和兴趣。

第二，推进教育教学方法的创新。终身教育涉及不同的学习者，教育教学方法也需要针对不同的学习者进行创新。例如，开展线上教育、移动学习等，让学习者可以随时随地进行学习。此外，采用互动式教学、合作式学习等方法，可以提高学习者的学习效果和学习体验。

第三，建立健全教育评价机制。终身教育的目的是提高学习者的综合素质和个人能力，而建立评价机制则可以确保教育目标的实现。因此，建立科学、公正、客观的教育评价机制，对学习者的学习成果进行评估，可以提高教育质量和激发学习者的学习动力。

第四，完善终身教育的政策法规体系。政策法规体系是终身教育的重要保障，必须建立一套科学、完善的政策法规体系，保障终身教育的发展。例如，建立终身学习补贴制度、制定支持职业技能培训等政策，可以有效鼓励广大学习者参与终身教育活动。

第五，加强教育资源的整合和共享。建立完善的终身教育资源体系，加强终身教育的课程建设和资源整合，可以提高教育资源的利用效率。只有具备完善的教育资源，终身学习者才能够得到高质量的教育服务和支持。

第六，推进终身教育体制机制改革。改革教育体制和机制，加强教育信息化建设，可以推动在线教育、远程教育等新型教育模式的变革。同时，还需要建立终身教育的评价体系和认证机制，以确保学习者的学习成果得到有效认可和证明。

第七，强化师资队伍建设。加大对终身教育师资队伍的培养和投入，提高教师的专业水平和教学能力，可以为终身学习者提供更为优质的教育服务和支持。

第八，鼓励和推动企业终身教育的发展。加强企业与高校、培训机构等教育机构的合作，鼓励企业在终身教育方面的投入和创新，可以提高员工的终身学习能力和竞争力。

第九，注重弱势群体终身教育的发展。加强对弱势群体的教育帮扶和支持，为他们提供更为便利和专业的教育服务，可以增强他们的终身学习能力和就业能力。

第二节　终身教育改革的动力

教育总是与它所处的社会密切相关。因此，终身教育改革与基本的社会、经济甚至政治问题密切相关。未来的教育与正发生在社会、经济和政治领域的变革密切相关。终身教育改革将影响到一个国家的社会、政治，甚至会影响一个国家政策的制定。"生产系统的前景和障碍及其对未来的投射"应该是"教育学思维的基本参考"[1]。终身教育改革所需要考虑的问题包括就业、土地再分配、社区服务的发展，新的休闲模式的产生等。

国家之间的经济、社会、政治和意识形态往往有较大的差异，每个国家都有自己的终身教育政策。这意味着，尽管人们对终身教育作为一种理念或指导原则的意义已经达成广泛的共识，目前终身教育作为指导教育制度的原则，只能在概念层面加以考虑，并且终身教育没有单一的"意识形态"，几乎所有的社会都已经有了某种形式的终身教育制度，其基础是它们自己的社会历史，它们中不可能有任何一个会简单地抛弃现有的教育制度，重新开始。这意味着，在大多数情况下，推动终身教育改革需要对现有的教育系统进行改造，以使它们更符合终身教育的原则，而不是强加一些全新的东西。因此，在终身教育改革过程中，不可能建立起硬性的、普遍的规则，每个国家都必须根据现有的情况，包括诸如经济状况、社会政治倾向等因素，制定改革的细节。

一、教育的自我革新唤醒终身教育改革

20 世纪 50—70 年代，终身教育作为一种社会教育思潮和运动就出现了，它从理念层面涵盖从正规教育角度来看被视为边缘的个人和群体，它打破了学校教

---

[1] Hughes P. 1998. Goals, expectations and realities for young people: Issues for education in the twenty-first century. Education for the Twenty-First Century: Issues and Prospects, 47-60.

育的垄断，这种终身教育理念不仅关注中小学和大学提供的教育，而且主张有效的教育也可以存在于课堂之外。此外，它不再对教育组织和非教育组织作出区别，它认为这种二分法是不可取的。如果教育目标是建立学习型社会，那么这种二分法就必须消除，所有的社会组织都应该具有一定的教育属性。终身教育的发展观点在某种程度上反映了对学校教育的反对，认为自主教育理念是需要大力普及的。自主教育的概念实际上旨在赋予每个人在每个时段都能接受教育的权利，它提出每个人都要行使好自主教育的权利。

1970 年以来，终身教育运动不得不具体面对它在全球所反对的东西——建立组织，包括学术组织、政治和经济组织等，最后，它建立自己的组织。10 年前，其在终身教育运动辩论阶段极力反对的组织，现在是否在这个时刻被广泛复制，还是说，这场运动能够成功地改变它，创造出具有教育意义的组织，即既具有教育意义又不带有官僚主义，更不会疏远人的组织呢？换句话说，终身教育的组织会是组织的终身教育吗？这种对抗相当重要，因为它超越了组织和教育之间的传统二分法：教育被视为解放的工具，组织则被视为约束、命令和发出命令的工具。传统上，教育理论反对组织约束，以肯定教育的特殊性。同样，这些理论都回避了组织问题。非指向性的潮流就像所有新学派一样，忽视了教育学的基本问题，这个问题不仅必须在教育技术的层面上提出，而且必须在组织方法的层面上提出。终身教育必须打破这一传统，直面组织问题。这个问题不仅是工具性的，也是根本性的。由此，终身教育定义了一种新的教育形态。

第一，终身教育在年龄和教育之间建立了一种新的关系，人们将不再是限定在一定时期内并通过学校和教师进行教育的对象。在终身教育中，所有人都应该在一生中继续进修和不断自我教育。[①]

第二，终身教育改革中需要进行系统的、有目的的教育方案设计。实施终身教育需要认识到每个人都"不断地沉浸在多种类型的学习经验中"[②]。这将使人们摒弃将学校和专业教师作为学习的唯一中介的观点，而接受另外一种观点，即个人进行的几乎每一项活动都是或有可能成为学习环境。也就是说，终身教育是在生产系统、教育系统以及生产和教育之外的日常生活中发展起来的教育，包括

① Amzaleg M, Masry-Herzallah A. 2022. Cultural dimensions and skills in the 21st century: The Israeli education system as a case study. Pedagogy, Culture & Society, 30(5): 765-785.

② Schiefelbein E. 1980. Planning implications of lifelong education//Cropley A J. Towards a System of Lifelong Education. Oxford: Pergamon, 67-97.

文化生活、休闲等。①

第三，在终身教育改革过程中需要了解和把握受众的特点。终身教育改革要使人们意识到终身学习的必要性，将这种学习视为一件好事情，并与自己的生活相关，相信自己有能力在一生中学习，并知道如何进行这种学习。帮助人们掌握必要的知识和技能，使其持有正确的态度、培育其正确的价值观是终身教育的三个特殊元素，其任务是激发学习者接受终身教育的动力，使人到一定年龄时，产生主动接受进一步教育的思想倾向。

通过以上方面的终身教育改革，不同的学习环境之间有望建立一种新的关系，即学习环境间的边界变得越来越模糊，这使学习者有机会从一种学习环境转移到另一种学习环境，或选择不同的教育经验的融合，"辍学"现象也将从根本上改变，因为人们在人生的不同时期离开并进入不同的教育环境是很正常的。②许多传统上不被认为具有实质教育作用的活动在这一领域的价值将被重新强调，如，阅读、玩耍、创作音乐、思考、在大或小的群体中与他人交流、进行正常的家庭活动、与朋友交往，当然还有工作。终身教育也将在更多场所实现，如图书馆、剧院、电影院、电台、工作场所、俱乐部、协会、学会等。

终身教育改革使人们对学习时间、地点和目的产生了新的思考，这种变化意味着教育的概念将发生改变，即教育将被视为灵活的、动态的、进行的，而不是被视为固定的、静态的、完成的。终身教育在这一层面的性质变化将对现有教育制度的所有方面产生显著影响，具体包括教育的目标和内容、教育的实施机构、教育责任和权力的划分、教育资源利用的形式和途径、教育的法律基础等。在更接近学习者和教师实际所做的事情的层面上，终身教育将对学习者的角色、教师的技能和职责、教育技术的使用以及更多方面产生影响。③这些变化主要体现在不同年龄的人对教育的参与、不同群体（包括老年人、妇女、工人等）的参与，以及许多不同的教育服务之间关系的改变。教育制度的变化不仅是数量上的变化，如提供更多的学校、更多的教师或更多的资金，而且是质量上的变化。因此，终身教育变革的意义将不仅仅是教育技术层面的革新和进步。

---

① Gelpi E. 1980. Politics and lifelong education policies and practices//Cropley A J. Towards a System of Lifelong Education. Oxford: Pergamon, 16-30.

② Schiefelbein E, Farrell J P. 1982. Eight Years of Their Lives: Through Schooling to the Labour Market in Chile. Ottawa: International Development Research Centre, 67.

③ Cropley A J. 1980. Issues, problems and prospects in a lifelong education system//Cropley A J.Towards a System of Lifelong Education. Oxford: Pergamon, 186-211.

二、终身教育理论创新推动终身教育改革

完善我国国民教育体系的关键是注重创新发展。[①]作为一个全面、连续、个性化和自主化的教育体系，终身教育能够为学习者提供更加全面和实用的知识和技能，帮助他们更好地适应不断变化的社会和经济环境。因此，构建更高质量的终身教育体系已经成为当今时代的必然选择。在实现这个目标的过程中，终身教育理论创新起着至关重要的作用，具体体现在如下几个方面：

第一，终身教育理论的创新可以帮助人们更好地理解终身教育的本质和特点。理论创新有助于揭示终身教育的本质，从而更好地理解人们在不同生命阶段对知识和技能的需求以及学习动机的变化。这种深入的理论洞察可以引导教育者制定更有针对性的教学策略，提高终身教育的实效性和适应性。终身教育理论的创新还能够为建设终身教育体系提供科学而精准的理论支持。通过深入研究终身学习的理论框架，教育工作者可以更好地设计并构建适应社会发展和学习者需求的教育结构。

第二，终身教育理论创新可以促进终身教育体系与时俱进。在社会和经济不断发展的背景下，人们对新知识和技能有着持续需求，以适应环境的快速变化和迎接新的挑战。终身教育体系旨在满足这一需求，因此，终身教育理论的创新至关重要，以确保体系的持续有效性。终身教育理论的创新能够更好地理解和把握学习者的变化需求，及时捕捉到新兴知识和技术的发展趋势。通过理论的不断进步，终身教育体系可以更灵活地调整教育内容、方式和方法，确保其与时俱进，满足学习者在职业、科技和社会等方面的不断更新的需求。此外，终身教育理论的创新还能够引导教育者更好地利用先进的教育科技和教学方法，提高教学质量，优化学习效果。通过理论创新，教育工作者可以更好地整合在线学习、虚拟实践、远程培训等现代化教育手段，使终身教育体系更为灵活、高效，并能够更有效地满足学习者的实际需求。

第三，终身教育理论创新可以为终身教育体系提供更加完善的评估方法。终身教育理论的创新为完善终身教育体系提供更加合理的评估方法，使得对教育体系的有效性和质量能够进行更科学、客观、准确的评估。评估在终身教育中起到了至关重要的作用，它不仅有助于人们了解教育体系的强项和弱项，还为进一步改进和优化教育体系提供了有力的指导。一方面，终身教育理论的创新可以促使

[①] 程豪. 2018. 我国终身教育发展的动力源泉、路径走向及目标聚焦——基于对"五大发展理念"的考察. 中国成人教育，（8）：22-26.

评估方法更加贴近理论的前沿和实际发展情况。通过引入最新的理论观念和方法论，评估体系可以更好地反映终身教育的核心目标和价值，从而确保评估方法与教育理念保持一致。另一方面，理论创新可以推动评估工具和指标的更新和完善。随着终身教育理论的不断发展，新的教育目标、学习成果和能力培养需求不断涌现。通过综合运用最新理论，评估工具可以更好地捕捉这些变化，确保评估体系能够全面、准确地反映终身学习者的实际表现和成长过程。此外，理论创新还有助于建立更全面的评估框架，将教育体系的多个方面纳入考虑范畴，包括教学质量、学习成果、教育资源利用效率等。通过整合多层次、多角度的评估指标，通过评估，人们可以更全面地了解终身教育体系的运作状况，有助于制订更有针对性的改进计划。

第四，终身教育理论创新有助于建立更加完善、科学、合理、可操作的终身教育政策框架。政策框架在终身教育体系的构建中起着重要的指导和支持作用，因此其科学性和实用性对促进终身学习的有效实施至关重要。一方面，终身教育理论的创新为政策框架的构建提供了更全面的理论基础。通过引入最新的理论观念和研究成果，政策框架能够更好地反映终身教育的核心目标和理念，确保政策的制定与理论的前沿保持一致。这有助于确立明确的政策目标，为终身教育的推进提供战略指引。另一方面，理论创新使政策框架更加灵活、更具有适应性。随着终身学习者的多样性和学习需求的不断变化，政策框架需要具备足够的灵活性，以适应不同阶段和背景的学习者。终身教育理论的创新可以使政策框架的构建更具有弹性，使其更好地适应社会和经济的动态变化。此外，理论创新有助于构建更加科学的评估机制。政策实施后，需要对其效果进行定期评估，以便根据实际情况进行调整和优化。终身教育理论的创新可以为政策框架提供科学的评估标准和方法，确保政策的可操作性和有效性。

三、终身教育制度模式创新促进终身教育改革

利用五大发展理念①来推动终身教育的制度创新，有利于正确认识终身教育的改革方向。当前我国终身教育体系的发展仍存在一定的问题。纵向来看，各教育阶段之间的衔接仍存在断层现象。像大中小学这样的正规学校教育，其系统内部的衔接往往比较紧密，而正式教育与非正式教育之间的衔接往往比较松散，严重时会断裂。横向来看，各教育类型的交叉逐渐走向分离。正如学者所认为的那

① 五大发展理念是指创新、协调、绿色、开放、共享理念。

样，当前我国的校外教育受到较大冲击，教育类型还是以学校教育为主。[①]　"终身教育体系中的横向连接与纵向连接存在较为严重的分离现象"[②]。因此，我国的终身教育应该以这个问题为基础，并以五大发展理念为价值原则，通过创新来促进终身教育的进一步发展。例如，我国积极学习和借鉴韩国"学分银行"这一先进经验，加强与世界的联系，做到在与国际接轨的同时保持本土色彩。这些措施旨在促进终身教育的发展，进而推动教育融入终身教育体系的时序[③]。

在实践中，终身教育制度模式创新是推动终身教育改革的关键。当前我国的终身教育制度存在一些问题，如各级各类教育之间的断层化和分散化，以及校内外教育之间的隔离和屏障等。这些问题导致终身教育的实践和推广受到了很大的阻碍。因此，我国需要通过创新终身教育制度模式来打破现有的教育制度瓶颈。这不仅可以促进各级各类教育之间的有序耦合，还可以推动终身教育的发展和进步。我国需要充分考虑国情和特点，加强对非正式教育的支持和发展，鼓励社会各界参与到终身教育的推广和实践中。

四、终身教育科技文化创新深化终身教育改革

在五大发展理念中，创新是其中一个重要的方面。其中，科技文化对终身教育的发展发挥着巨大的作用。对终身学习者来说，选择正确的学习方式是比较重要的。随着科技的不断进步，线上和线下交互学习变得越来越普遍。曼纽尔·卡斯特（M. Castells）在著作《网络社会的崛起》中指出，终身教育的载体逐渐由实体走向虚拟。[④]在信息技术充斥现代社会的同时，终身教育改革和发展应该紧跟时代的步伐，打破常规范式，增加与终身教育相关的各种网络机构[⑤]，进而推动我国终身教育体系朝着更加多元的方向发展。此外，在当前背景下，我国的终身教育改革要坚守优秀传统文化中独具特色的人文精神。[⑥]因此，在信息技术快速发展的当下，我国要将优秀传统文化与网络平台相融合，进一步完善终身教育体系。

终身教育是一项重要的社会发展任务，旨在实现个体的自我发展和社会的可

---

①　吴遵民. 2014. 中国终身教育体系为何难以构建. 现代远程教育研究，（3）：27-31，38.

②　南海，王星星. 2011. 中国大陆终身教育体系构建中的问题与对策——基于大陆部分省市终身教育体系构建实践的研究. 职业技术教育，32（22）：26-30.

③　刘晖，汤晓蒙. 2013. 试论各级各类教育融入终身教育体系的时序. 教育研究，34（9）：89-94，127.

④　[西]曼纽尔·卡斯特. 2001. 网络社会的崛起. 夏铸九，王志弘，等译. 北京：社会科学文献出版社，33.

⑤　卢清华. 2015. 基于互联网平台的终身教育体系构建策略研究. 成人教育，35（11）：14-17.

⑥　张妍，张彦通. 2016. 终身教育在我国的独特涵义与研究趋势. 教育研究，37（8）：132-136.

持续发展。在实践中，终身教育需要不断创新和拓展，以适应社会变革和个体需求的不断变化。科技文化创新是终身教育改革中至关重要的方面。一方面，随着信息技术和数字化技术的不断发展，终身教育的传统教学模式也面临着挑战。网络教育、移动学习、虚拟现实等新兴技术正加速改变着终身教育的面貌，为学习者提供更为丰富、多样化、灵活的学习体验。同时，新兴技术的应用也为教育机构提供了更为便利、高效、智能化的管理手段。在这样的背景下，终身教育机构需要积极运用科技手段，推动教育教学的深度融合，提高教学效率和质量。另一方面，文化创新也是终身教育改革中不可忽视的方面。中国拥有悠久的文化历史，这种优秀传统文化对终身教育的发展也起着非常重要的推动作用。传统文化的价值观和人文精神可以为学习者提供更为深刻的思想引导和人生指导，使教育教学内容具有更加丰富和深刻的内涵。同时，优秀传统文化也是一种文化资源，可以为终身教育机构提供教学资源和教学材料。因此，传承和弘扬传统文化，挖掘其蕴含的教育价值，可以促进终身教育的发展。

第三节 终身教育改革的组织

终身教育的体制改革和发展转型是一项复杂而紧迫的任务，需要严格遵循终身教育的发展规律。同时，决策者和研究者必须全面考虑终身教育制度和机制之间的内在关联，以确保改革能够协同推进。[①]在本节中，我们将聚焦理念价值、政策法规、推进及协调机构、实施平台、智能变革、主体需求、社区载体进行终身教育改革。

一、增进对终身教育理念价值的认识

行动的变革往往源于思想的引导，因此明确的思想是展开积极行动的前提。对于推动终身教育改革来说，深入理解和认识终身教育的理念和价值对补充和拓展现有改革方案起重要作用。在韩国、日本、美国等发达国家，终身教育的建设和改革一直是受到高度关注的领域。这些国家在制定终身教育政策、建立终身教育制度、出台终身教育法律等方面积累了丰富的经验。我国应当积极借鉴国内外的先进经验，并结合自身国情，制定符合我国需要的终身教育改革方案。要想实

---

① Cropley A J. 1980. Towards a System of Lifelong Education: Some Practical Considerations. Oxford: Pergamon, 50-64.

现终身教育改革的成功，我国必须增强社会各界对终身教育的认同，加强思想建设。为此，我国需要将终身教育理念贯穿于整个学校、社区和社会的学习和工作环境中，帮助教育者和学习者在教学、科研和学习等领域取得更大的成就。同时，我国也需要注重对教师和学习者终身教育理念的培养，以确保终身教育理念在广大受众中得到普及和推广。在推进终身教育改革的过程中，建立和完善终身教育制度显得尤为重要。我国还必须明确自身的定位，认识到制度建设的目的是充分满足民众学习的需求，进而提升自身专业水平和实际应变的能力，发挥人的主观能动性。随着终身教育的不断变革与发展，人们越来越清醒地认识到终身教育的重大作用，这为个人和社会的可持续发展提供重要支撑。

二、明确国家的终身教育政策法规

为了顺利推进终身教育改革，我国出台了相应的法律法规，加强对终身教育各部门的有效监管，并匹配配套设施，以发挥其实效。为了让公众充分理解和认同终身教育理念，政府还需充分发挥正确的舆论导向作用，不再让社会只关心成绩，使"活到老，学到老"的终身学习理念和终身受教育思想深入人心。

在人工智能时代，推动终身教育的改革发展同事业编考核和国家证书考核等制度息息相关。该制度将进一步激发民众学习的热情。例如，现如今社会上越来越多的人参加成人高考，这就是终身教育理念发挥作用的结果。但是，目前我国民众对成人教育还缺乏正确认知，相关部门需要进行正确的引导。此外，一些地方还存在教师资源不足的现象。在这种情况下，国家应当充分发挥其宏观调控的重要作用，完善相关法律法规，为终身教育的发展营造良好的环境，以促进终身学习的发展。

三、设立从中央到地方两级终身教育推进及协调机构

一方面，政府应明确界定各部门、各单位在终身教育管理中的管理权限和责任。其中，教育部需要加快职能转变，积极运用经济和立法手段，加强对终身教育的宏观调控。其他相关部门也应共同推动终身教育的实施，具体要求如表 7-1 所示。政府管理部门也应适当放权，积极动员社会力量参与终身教育，改革办学体制，赋予学校、企事业单位和社会组织充分的办学自主权，调动各部门的积极性，完善经费保障制度和终身教育实施评估制度，建立全国性的终身教育数据信息平台，加强宏观调控，不断提升终身教育的质量。

表 7-1　各部门协同推进终身教育的具体要求

机构、组织、团体	具体要求
国家机关、企事业单位、社会团体等组织机构	支持本单位职工接受继续教育培训，完善职工培训制度，自主或委托各类教育培训机构或学校开展教育培训，提高在职人员的业务能力与综合素质
人力资源和社会保障等部门	负责失业、进城务工人员的教育培训，提升其专业知识，提高其创业能力。相关教育培训机构应当按照该部门的培训计划和要求，开展失业人员、进城务工人员的就业、创业培训
农村农业、教育等有关部门及科协等组织	加强农村的基础设施建设，促进农民与农村的发展，加快以推进农民工返乡创业、农村劳动力转移、农村新兴实用技术推广等为重点的培训工作，提高农民劳动技能和文化素质
教育、民政、人力资源社会保障等部门和残联等组织	与社区密切合作，加强对残疾人进行的教育培训，根据其自身能力与特点，挖掘其潜能，提升其适应社会的能力
教育、民政部门	会同相关老年教育组织机构，开展适合老年人特点、有利于老年人发展的各类教育活动
妇联、工会、教育等部门和组织	加强与社区的多方面合作，指导和推动妇女的教育工作。通过在学校等场所开展家庭教育的宣传工作，使得家庭教育的相关知识得到有效推广
共青团、教育行政部门	会同其他相关的组织机构，针对青少年开展专业的教育培训工作，促进其全方面的发展
市、区人民政府	以社区教育阵地建设为重要抓手，分级设立社区（终身）教育机构；制定市级社区（终身）教育机构规范化建设标准，推进市、区、街（乡镇）、村（社区）四级终身教育机构建设和发展
教育、人力资源和社会保障、农村农业、卫生健康、文体等部门以及工会、共青团、妇联、残联、科协等组织	委托社区教育学院、社区学校等，开展社区内的在职人员、失业人员、农民、进城务工人员、残疾人、老年人及青少年等各类人群的教育培训

另一方面，政府应当积极完善与终身教育相关的法律体系，加强立法，协调并解决在教育过程中出现的各种问题，为政府的宏观调控提供相应的法律保障。第一，我国应积极促进终身教育的可持续发展，明确终身教育的法律地位，完善相关法律制度，明确终身教育的发展方向，明晰终身教育在我国社会发展中的定位，加强社会各界对终身教育的重视。第二，我国应加大对终身教育的经费投入，加强管理，保障终身教育有足够的经费来源，拓宽终身教育的融资渠道，确保教育经费被真正用于终身教育。第三，我国应设立完备的监督机构，设置监督岗位，由专人监督终身教育的发展，加强对终身教育的规范管理，逐渐实现教育公平。第四，我国还应积极加强对终身教育管理人员的培训，整体上提升其知识水平与管理水平。

四、整合优化各类资源，搭建终身教育实施平台

终身教育是一项具有深刻历史意义的伟大事业，因此，国家需要尽可能地为其提供良好的条件以促进其发展。其中，增加财政支出不失为一个好的建议。政府必须保证有充分的资金用于促进终身教育的发展。与此同时，还可以充分发挥市场的调节作用，调动各社会人士参与终身教育的热情。在这期间，各部门共同承担教育经费，充分保证经费的多样来源。政府实行向弱势群体倾斜的教育政策，对失业者、低收入者等人群提供更多的财政补贴和终身教育资源。

为了有效地开展终身教育的教学活动，终身教育管理部门还需充分协调各地区教育，根据其自身特点，合理分配培训任务。此外，终身教育管理部门还需要整合、积聚、共享各种教育资源，利用现代先进的信息技术和网络平台，提供数字化学习资源，从而使教育工作者教学能力获得整体提升。终身教育以卫星、网络等为载体，开展丰富多彩、形式新颖的学历终身教育和非学历终身教育活动，最终使得人人可学、时时可学、处处可学。

五、推动人工智能时代的终身"学习"改革

在当前的时代背景下，深化终身教育理念可以有效改变终身教育的形式和发展方向。就学习感受而言，它能够较大程度上丰富学习者的学习体验。对于学习者学习、工作也能产生更大影响。人工智能改变了传统的学习模式，使得学习者在学习时可以不再受时间和地点的限制。通过人工智能技术，学习者可以更好地查阅自己不懂的难题，作业质量也有了显著提升。在这期间，学习者的时间更加自由，利用人工智能技术，教育工作者可以通过录播课的形式使学习者真正实现随时随地学习。

学习资源和教师资源对学习者有较大的影响。人工智能的出现有效缓解了这一状况。我国注重培养学生的个性化，关注学生之间的个体差异，古往今来，我国就一直推崇因材施教的教育理念。人工智能技术所能实现的教学方式与该理念不谋而合，通过个性化的名师视频，力图使每一个学习者都能有所收获。与此同时，人工智能还会根据学习者的学习要求，提供相应的配套练习，这有利于学习者及时巩固所学内容。此外，不在教室上课的学习者也可以利用人工智能技术及时进行学习，增强其参与感和互动性。

在人工智能背景下，将终身教育理念落实于实践需要加强对学习者的意识培养，严格调查学习者的需求。在推进终身教育的发展时，还应该注重对学习者学

习方式的改革。总之，提升民众的终身教育意识的关键是抓住他们的兴趣与爱好，让他们从内心里认同与喜爱终身教育。事实上人工智能教育平台收录了大量优秀教师的教学课程，给学习者更多的选择权，学习者可以自由选择自己感兴趣的知识进行学习，与此同时，还能提前预习未学过的必修知识。它使终身教育并不是一句空话。要想切实落实终身教育，就要让不同年龄段、不同职业的人们都进行学习。人们在刚开始使用人工智能时，往往本着"先易后难"的过渡原则，会优先选择简单的知识进行学习，随着知识的增多，人们的学习热情也有所提升，从而促进终身教育理念深入人心。在培养民众的终身教育意识时，还可关注他们的子女，将社会教育和学校教育相结合，让大家都有学习的机会。

六、重视来自社会各主体的多重需求

终身教育的最终目标是让每个人都具备学习的能力，使其在任何时候都能有学习的机会。在终身教育时代，每个人都有继续学习的机会，现代化的教学手段使得远程教育成为现实，这切实改变了人们的学习方式。当然，多元化的入学渠道也让人们以更加开放的姿态面向社会。

为了更好地满足不同主体的需求，我国需要对原有的教育目标和教育方式等进行大力改革。终身教育机构应该关注每一个有终身学习意愿的人，帮助其养成良好的学习习惯，为终身教育而不断奋斗。随着信息化社会的快速发展，我国必须加强人才培训，并为教育事业的发展付出更多努力，以适应社会发展的需要。政府和企业之间应该加强联系，同时鼓励更多的人加入到终身教育这个"大家庭"，以此来促进终身教育的发展。

七、以社区教育为抓手，加快终身教育师队伍建设

教师队伍，既包括终身教育中现有人力资源中的教师资源，又包括即将组建的"学研员"、"导学员"和"终身教育师"资源，这些教师资源中既有专职人员，又有兼职人员。总体来看，教师主要来源于各级各类学校。因此，我们从提升各级各类学校教师对社区教育的志愿服务意识、能力和开展终身教育师资格考核认定两方面寻求社区教育教师队伍建设的路径。[①]一方面，各级各类学校的教师应积极参加社会的志愿活动，提升其服务意识。实际上，在现实生活中，学校

---

① 侯怀银、宋美霞. 2022. 终身教育视野下的社区教育发展：价值意蕴、现实困境与突破路径. 现代教育管理，（12）：16-26.

教师大多是由于受到高薪聘请，才到社区中开展讲学活动的，学校和社区的合作关系建立在短期利益基础之上，这不利于双方的长期有效合作。各级各类学校应当鼓励教师开展社区教育领域的科学研究，积极投身社区教育的实践工作，并将教师的社区教育科研和实践核算至岗位绩效之中，保障合作关系的长期性与稳定性。此外，我们需清晰认识到学校教师开展社区教育不能仅凭一腔热情，更为关键的是具备开展社区教育的能力。

另一方面，我国还需要建设一批"学研员"、"导学员"和"终身教育师"的专业队伍，解决他们的编制和职称评定等问题，借鉴日本的经验，保证社区教育工作者在工资、福利等方面与其他教育领域的教职工享受同等待遇。具体而言，在新型教师队伍中，"学研员"是负责社区教育课程和教学研究的专业人员，设置"学研员"岗位可以有效保证课程和教学的科学性、实用性、持续性；"导学员"是社区居民学习活动中的全程辅助者，设置"导学员"岗位可以有效保证学习的效果与质量；"终身教育师"是负责课堂教学的专业人员，通过终身教育师资格考核与认定即可上岗。我国可以借鉴韩国终身教育师资格考核与认定的相关经验。1999年，韩国正式颁布并实施《终身教育法》，该法对终身教育项目的开发和评价标准等作出明确的规定，这标志着韩国终身教育教师制度正式建立。但我们需正视中韩对于终身教育概念界定的差异来设立我国的终身教育师的职责与规范，如制定具体的级别认定标准，即如何认定初级终身教育师、中级终身教育师和高级终身教育师，以建设担得起终身教育责任的专业化教师队伍。

第八章 终身教育研究

　　终身教育研究是一种探索终身教育规律、解决终身教育问题的认知活动。终身教育研究深入探索终身教育的内在机制和外部条件，坚持理论与实践相结合，其目标在于完善终身教育理论，推动终身教育实践的发展，以及建立具有中国特色的现代化终身教育理论体系。通常，终身教育研究需要经历一系列步骤，包括选题、文献查阅、研究设计、数据收集和整理、分析研究，最终撰写终身教育研究报告等。终身教育研究采用多种方法，如文献法、观察法、调查法、比较法和个案研究法等。通过终身教育研究，我们可以更好地理解和应对终身教育的挑战和机遇，为制定和实施终身教育政策提供科学依据，推动终身教育在个体发展和社会进步中发挥更大作用。

第一节　终身教育研究的概念、特征、分类及功能

　　终身教育研究具有一般研究的特征，也具有自身的独特性。从事终身教育研究工作，首先要对终身教育研究有基本的认识，明确终身教育研究的基本概念、主要特征和功能，只有这样才能在后续的研究中采取恰当的方式、方法和程序，组织开展终身教育研究工作，在真正的终身教育研究中取得成效。

一、终身教育研究的概念

　　"研究"在《现代汉语词典》（7 版）中被定义为探究事物的真相、性质与规律。研究是一种以解决问题为导向的活动，它旨在探究事物的真相、性质和规律。研究具有目的性、计划性和系统性，通过运用特定的方法和遵循一定的程序，搜

集、分析和解释相关资料，以解决问题。研究的过程涉及有目标的探索，通过系统的方法和步骤，追求对事物的深入理解和认知，从而获得新的知识和见解。研究的核心在于发现事物的本质、揭示其规律并为实践提供科学依据。

基于对"研究"的理解和认识，我们认为终身教育研究指研究者运用科学的方法，遵循一定的程序，有目的、有计划、系统地研究终身教育问题，以了解终身教育的特点，探索终身教育的规律，解决终身教育发展过程中的问题的活动或过程。这样界定的终身教育研究包含如下内涵：第一，终身教育研究是研究者有目的、有计划、系统地深入探索终身教育领域的活动或过程。第二，终身教育研究的目标在于探索终身教育问题，揭示终身教育规律。终身教育问题主要包括个体在不同阶段、不同环境下的终身教育需求，所面临的机遇和得出的成果。第三，终身教育研究需要搜集第一手的资料，并以相关经验和实证资料为基础。严谨的设计程序和严密的逻辑分析是其特征。第四，终身教育研究运用科学的方法研究终身教育问题，以了解终身教育发展变化的特点，并探索终身教育的客观规律。在研究过程中，必须根据研究目的和任务选择合适的研究方法，并遵循科学的研究程序。第五，终身教育研究旨在促进个体的全面发展和学习能力的提升，探索适应不同人群、不同社会需求的终身教育模式和教育方法。同时，它也致力于改善教育政策和实践，为社会提供可持续发展的人力资源和知识储备。

终身教育研究涵盖多个构成要素，包括研究主体、研究对象、研究目的、研究内容、研究方法和研究条件等。终身教育研究活动的价值可从两个方面进行总结：一方面，通过对终身教育现象的描述和对其规律的揭示完善终身教育理论，为终身教育提供更加科学有效的指导；另一方面，通过解决终身教育领域存在的实际问题，帮助指导终身教育政策制定、教育机构的发展规划以及教育实践的改进，从而提升终身教育的质量和效果。

二、终身教育研究的特征

终身教育研究的特征共同构成了终身教育研究的独特性，使其能够深入探索终身教育的本质、规律和实践，为促进个体全面发展和社会进步提供理论和实践支持。

（一）研究内容的广泛性

终身教育研究关注的是个体的发展情况，不再局限于特定的教育阶段或时期。这意味着终身教育研究追求的是一个全面的、持续的教育过程，从个体的早期教育开始，贯穿整个生命周期。终身教育研究关注的对象是每个人，不分年龄、职业或社会角色。

在不同生活阶段，个体的教育需求和机会发生变化。早期阶段，终身教育研究关注儿童和青少年的学习和发展，包括学前教育、基础教育和高等教育等。随着个体成长和社会变迁，终身教育研究也关注成人教育和职业教育领域。成人教育旨在满足成年人的继续学习的需求，包括职业培训、继续教育、技能提升等。职业教育则关注个体在职业发展中所需的专业知识和技能，以适应不断变化的劳动市场需求。此外，终身教育研究还关注社会角色的变化对教育的影响。例如，研究者关注在不同的社会角色中，如家庭、职业和社区中，个体的教育需求和机会是否得到充分满足。他们研究社会因素，如社会经济地位、性别、种族等对终身教育的影响，以了解不同群体之间的教育差距，并提出政策建议和改进措施。

（二）研究方法的跨学科性

终身教育研究需要综合运用多个学科领域的知识和方法，以深入理解和解决终身教育中的复杂问题。传统的学科边界无法呈现终身教育的全貌，因此终身教育研究追求跨学科的综合性研究，以便综合各学科的观点和方法，提供全面的分析和解决方案。

教育学是终身教育研究的核心学科，它提供了关于教育理论、教育政策、教育方法和教育评估等方面的知识基础。心理学在终身教育研究中起着重要作用，帮助研究者理解学习、发展和动机等心理过程，以及个体差异对终身学习的影响。社会学为终身教育研究提供了社会背景，关注个体与社会环境的互动关系。经济学提供了终身教育投资与回报的经济分析，考察教育投资对个体和社会的经济效益。

除了以上学科，终身教育研究还涉及其他学科领域，如人类发展学、认知科学、统计学、信息技术等。人类发展学帮助研究者理解在终身教育过程中个体的生理、认知和情感的发展变化情况。认知科学研究人类思维和学习过程，为终身学习的认知机制提供解释。统计学和研究方法提供了数据分析和研究设计的工具，确保研究的科学性和可靠性。信息技术在终身教育研究中扮演重要角色，提供了数据收集、存储和分析的技术手段。

综合运用这些学科领域的知识和方法，终身教育研究能够帮助研究者更全面地理解终身教育的本质、机制和效果。跨学科的综合研究可以促进不同学科之间的交流与合作，推动终身教育领域的理论创新和实践发展。同时，综合运用这些学科领域的知识和方法，可以更好地满足终身教育的需求和应对相关挑战，为制定终身教育政策和实施教育改革提供科学依据。

（三）研究目的的实用性

终身教育研究不仅关注理论的发展，更重要的是将研究成果应用于实践，以解决实际问题并优化终身教育的实践效果。它追求将理论和实践相结合，通过深入研究和精确分析，为政策制定者、教育机构和个体提供可行的建议和指导，以改善终身教育的质量和效果。

终身教育研究的目标是使研究成果能够直接应用于实际终身教育工作中。通过研究分析终身教育存在的问题、面临的挑战和实际需求，研究者可以提出切实可行的解决方案和改进策略，为政策制定者提供依据，以制定更有效的终身教育政策。同时，教育机构可以依据研究成果改进教学设计、教学方案和资源配置，从而提高终身教育的质量。

此外，终身教育研究的应用性不仅在于提供解决问题的方案，还在于评估实践的效果和影响。研究者可以通过实证研究方法和评估工具，对终身教育实践进行评估和监测，以了解实践的有效性和可持续性。这种循环的反馈机制能够指导终身教育的深入研究，确保研究成果与实践紧密结合，推动终身教育的持续发展和创新。

（四）研究设计的系统性

终身教育研究是一个系统性的研究过程，它要求研究者在开展研究时具备明确的研究目标、合理的研究设计和科学的研究方法。研究者需要在明确研究问题的基础上，确定研究目标和研究问题，以确保研究方向和研究重点的清晰明确。

第一，在终身教育研究中，合理的研究设计是至关重要的。研究者需要选择适当的研究方法和技术，制订详细的研究计划，确保数据的有效收集和可靠性。这可能涉及文献综述、调查问卷、访谈、实地观察等多种研究工具和方法的综合运用。合理的研究设计有助于确保研究的科学性和可比性，使研究结果具有说服力和可信度。

第二，终身教育研究还要求研究者进行细致的数据收集和深入的数据分析。

研究者需要收集来自各种渠道的相关数据，如统计数据、实地观察数据、调查问卷数据等。数据的收集可能需要大量的时间和精力，研究者需要确保数据的完整性和准确性。在数据分析阶段，研究者需要运用适当的统计方法和分析工具，对数据进行深入分析和解释，以揭示终身教育问题的本质和规律。

第三，终身教育研究要求研究者进行合理的结论推导。研究者应该根据研究结果，对所研究的问题进行综合评价和解释，并提出具有指导意义的结论和建议。这需要研究者运用逻辑推理和科学思维，将研究结果与现有理论和实践相结合，形成系统和可靠的研究结论。

（五）研究结果的可操作性

终身教育研究不仅关注理论的发展和学术界的认可，更注重将研究成果转化为实际行动和政策的导向。终身教育研究强调可操作性，意味着研究结果能够直接应用于终身教育实践中，以促进实践的改进和创新。为实现可操作性，终身教育研究者需要与政策制定者、教育机构和实际工作人员密切合作。通过与实践界的紧密联系，研究者能够了解实际问题和需求，确保研究的目标和内容与现实需求相契合。研究者还应当与相关利益者展开深入对话，了解他们的观点和需求，以便为他们提供可行的建议和指导。

终身教育研究结果的可操作性体现在多个方面。其一，研究成果可以为政策制定者提供重要参考，帮助他们制定更科学、更有效的终身教育政策。通过深入研究终身教育领域存在的问题和所面临的挑战，研究者能够提出具体的政策建议，促进政策的制定和实施。其二，研究成果可以为教育机构提供指导，帮助它们改进终身教育的实践。通过对终身教育中的问题进行深入分析和研究，研究者能够提供切实可行的建议，以提高教育机构的终身教育质量和效果。这包括教学方法的改进、课程设置的优化、学习资源的开发等方面的建议。其三，研究者可以通过对终身教育需求和机会的研究，为培训机构和个体提供指导，帮助其制定个性化的培训计划和职业发展路径。这有助于提升个体的就业竞争力和职业发展机会，促进社会的人力资源优化和经济的可持续发展。

（六）研究过程的长期性

终身教育研究是一个长期而持续的过程，要求研究者进行观察、跟踪和评估，以深入理解个体的受教育需求和发展变化。由于终身教育的特点是贯穿整个生命周期，研究者需要进行长期的研究，关注个体在不同阶段的学习和发展情况。

一方面，终身教育研究需要进行持续的观察。研究者需要密切关注个体在不同生活阶段的学习和发展情况，包括早期教育、职业培训、终身学习等方面。通过观察个体的学习过程、参与程度、学习成果等方面的变化，研究者可以了解不同阶段个体的教育需求和学习动态。

另一方面，终身教育研究需要进行跟踪研究。研究者可以选择一定数量的个体，对其进行跟踪调查，以了解他们的学习和发展变化情况。通过跟踪研究，研究者可以观察到个体在不同时间点的教育经历、学习成果、职业发展等方面的变化，从而更全面地理解终身教育的效果和影响。

终身教育研究的长期性和持续性体现了对个体学习及发展的全面关注。通过观察和跟踪，研究者能够获得更准确、更全面的数据和信息，以支持终身教育的改进和创新。这种长期的研究过程也能够促进学术界对终身教育的理论认识和实践经验的积累，为终身教育领域的发展提供有力支持。

三、终身教育研究的分类

终身教育研究按照不同的标准，可以划分为不同的类型。

根据研究任务的不同，可以将终身教育研究分为探索性研究与对策性研究。终身教育的探索性研究旨在深入了解终身教育领域的现象，发现终身教育发展的特点、方法、规律，并创建新的理论体系。该类型的研究强调对终身教育问题的开放性探究，以揭示终身教育的内在机制和发展趋势为主要目标。探索性研究可以通过调查问卷、访谈、观察和文献综述等方法进行，以深入了解个体和群体在终身教育中的行为、态度和体验。终身教育的对策性研究关注解决终身教育领域存在的问题，并提出相应的对策和解决方案。该类型的研究目的在于为实践提供可行性建议和指导，推动终身教育政策和实践的改进。对策性研究通常通过实证研究方法，如实地调研、实验研究和案例分析等，获取关于终身教育问题的具体数据和证据。研究者通过对问题的深入分析和评估，提出可行的对策，促进终身教育的发展和实施。

根据研究目的的不同，可以将终身教育研究分为基础性研究与应用性研究。终身教育的基础性研究旨在发展和完善终身教育理论，或者建立新的终身教育理论体系。这类研究的目标是为现有的知识体系增添新的成果，通过对终身教育的本质、特征、功能和规律等方面的深入研究，推动终身教育理论的发展。终身教育的基础性研究可以探索终身教育的动机和需求，研究教育过程中的认知机制和心理特征，探索终身教育成果评估的有效方法，以及研究终身教育与社会、经济、文化等因素的关系。通过这些研究，可以构建扎实的理论基础，为终身教育实践和政策制定提供重要的支持。终身教育的应用性研究旨在解决终身教育领域的实际问题，它主要借鉴教育学、管理学、社会学、哲学等学科的基础研究成果，运用科学的理论和方法，解释终身教育领域的现象，并提出解决问题的实践方案。应用性研究要求选用具有科学性和前瞻性的理论框架，将理论样本与实际问题相结合，以符合理论逻辑和解决问题的实践逻辑。这类研究关注终身教育实践中的挑战和难题，如如何提高终身教育的参与度、如何设计有效的终身教育课程、如何构建灵活的教育支持体系等。通过应用性研究，可以为终身教育实践提供具体指导和策略，促进终身教育的有效实施。

根据研究方法的不同，可以将终身教育研究分为文献研究、描述研究、比较研究和个案研究等。终身教育的文献研究主要通过搜集、鉴别和整理与终身教育相关的文献资料，并对这些文献资料进行分析研究，以形成对终身教育现象的科学认识。文献研究是对已有研究成果的系统性梳理和总结，通过对终身教育文献的综合分析，揭示终身教育的发展趋势、理论框架和实践经验。文献研究提供了一种全面了解终身教育领域的方式，为其他研究方法提供了重要的参考依据。终身教育的描述研究通过观察、问卷调查、访谈等手段，搜集资料并真实地描述终身教育的现状，以回答有关现实问题的研究。描述研究旨在了解终身教育的具体情况、特征和趋势，对终身学习的参与程度、学习方式和学习成果等进行客观记录和描述。通过描述研究，研究者可以获得对终身教育现象的深入洞察，并为决策制定者提供数据支持。终身教育的比较研究是根据一定的标准，对两个或两个以上的终身教育对象进行比较分析的研究方法。比较研究常用于不同地区、不同文化背景下的终身教育比较，旨在探索终身教育在不同环境下的异同、优劣和发展趋势。通过比较研究，研究者可以深入了解终身教育的差异和相似之处，从中汲取经验和教训，为不同地区和文化背景下的终身教育改革和发展提供参考。终身教育的个案研究是综合运用多种研究方法，对某一特定地区、国家、组织等进行全面深入的描述、解释和分析。个案研究通常通过对个别个体、群体或组织的详细观察和调查，以获取深入的了解和洞察。通过个案研究，研究者可以研究特定终身教育项目的有效性、政策的实施情况、机构的运作模式等，为实践和政策制定提供具体案例和经验借鉴。

四、终身教育研究的功能

终身教育研究具有多种功能，它不仅能够推动理论的发展和实践的改进，还能够为政策制定者、教育机构和个体提供有益的指导和支持。以下是终身教育研究的一些主要功能。

（一）推动理论发展

终身教育研究通过对终身教育的深入研究，可以推动终身教育理论的发展和完善。研究者通过对终身教育的本质、特点、规律等进行研究，为终身教育理论提供新的视角，丰富和拓展现有的知识体系。同时，终身教育研究还有助于推动终身教育学科的建立和发展，通过提出新的终身教育理论框架、方法论或实证研究，为终身教育学科领域的理论和实践提供新的思路和观点，拓展学科的边界，并开拓更多的研究方向。

（二）促进实践进步

终身教育研究致力于解决实际问题和提升实践效果。通过研究终身教育中的实际问题，如教育机会不平等、学习动机不足等，研究者可以提供有针对性的建议和指导，以改善终身教育的质量和效果。研究成果可以为政策制定者和教育机构提供决策依据，帮助他们制定更合理的政策和实施更有效的教育方案。

（三）加快知识传播

终身教育研究通过学术论文、研究报告、会议交流等方式，将研究成果传播给更多的理论和实践研究者。这有助于促进学术交流和合作，推动终身教育研究的国际化和专业化发展。同时，研究成果的传播还可以为教育工作者和学习者提供有益的知识和信息，帮助他们更好地理解和应用终身教育的原则和方法。通过深入探究特定领域的问题，研究者可以提出新的理论、发现新的事实或解释相关现象，从而丰富和拓展现有的知识体系。

（四）提供政策支持

终身教育研究为政策制定者提供了重要的参考依据。通过深入研究终身教育领域存在的问题和面临的挑战，研究者可以提供科学的证据和建议，为政策制定者制定相关政策提供支持。这有助于政策的科学化、合理化，促进终身教育政策的可行性和有效性。

（五）促进个体发展

终身教育研究关注个体的发展情况。通过深入了解个体的学习需求、发展变化等，研究者可以为个体提供个性化的教育指导和支持。终身教育研究的成果可以帮助个体作出明智的教育决策，提升自身的学习能力和增加发展的机会。

第二节　终身教育研究的程序

通常，进行终身教育研究需要按照一系列程序和步骤进行。尽管具体的操作过程可能因研究的内容、方法和目的而有所差异，但一个完整的终身教育研究项目通常包括以下基本的研究程序。

一、明确研究问题

选择研究的中心问题是进行终身教育研究的起点，决定着研究的价值与成功的可能性，影响着研究者从事长期研究的基本方向和学术水平。

一个恰当的终身教育研究问题应满足以下条件：

第一，有价值。通俗地说，就是看一个问题有没有意义，是不是值得去研究，是不是值得我们花时间、精力、资金等去寻求答案。首先，一个有价值的终身教育研究问题帮助我们探索未知领域、填补知识空白、拓宽人类认知，更好地理解终身教育规律。其次，一个有价值的终身教育研究问题帮助我们解决现实问题、改善现有的方法或开发新的技术，从而实现社会的进步和发展。再次，通过一个有价值的终身教育研究问题，研究者能够为决策者提供有价值的信息和洞见，从而指导终身教育政策的制定。最后，一个有价值的终身教育研究问题能够帮助推动终身教育学术理论和实证研究的发展，为学术界提供新的见解和研究方法。总之，终身教育研究问题之所以必须有价值，是因为它们为研究者提供了解决问题、推动发展和拓展认知的机会。通过科学的研究方法和探索，研究者可以不断提出新的问题并找到有意义的答案，从而实现个体和社会的进步。

第二，有新意。科研选题最忌讳的是无意义地重复别人的研究。一名合格的研究者应该选择前人尚未涉足或未曾完全解决的问题作为研究的起点。这种选择能够推动学术界的进步，促使学术界出现新的创新。终身教育研究者可以在前人的研究成果的基础上寻找空白领域，确定自己的研究方向。选择的终身教育研究问题应反映出终身教育改革与发展、终身教育理论研究的方向和趋势。终身教育是一个关乎个人成长和社会发展的重要领域。因此，研究问题的选择应该紧密围绕终身教育的关键议题，探索该领域的未解之谜，提供新的思考和解决方案。此外，研究者还可以从新的角度出发，运用新的方法去研究问题。通过采用新的研究视角和方法，研究者可以深入挖掘问题的本质，揭示终身教育的内在规律和机制。这种创新性的研究方法有助于扩展终身教育研究领域的边界，并推动终身教育学术领域的发展。

第三，有范围。科研选题的关键在于明确研究的目标和范围。研究者需要清楚到底要研究什么。选题时应避免选择过于宏大和笼统的问题，而是要确保问题界限清晰、范围适当，既不过于宽泛，也不过于狭窄，以保证研究的意义和价值。问题的界定应该明确，有明确的研究目标和研究范围，这样才能确保研究的重点和深度。选择适当的研究范围可以使研究更加可行和可管理，能够获得更具体、更有深度的研究结果，在界限清晰的前提下，确保问题有足够的研究空间和挖掘潜力。总之，终身教育领域的科研选题关键在于确保问题的界限清晰、范围适中。选题既要避免过于宏大和笼统，又要确保不过于狭窄和局限。只有在适当的范围内，研究者才能充分挖掘问题的内涵，获得有意义且具有实际应用价值的研究成果。

第四，有操作。研究问题的可操作性是至关重要的。一个可操作的问题是指能够被研究并且具备被解决的潜力。在选择和确定研究问题时，必须确保研究者具备解决研究问题所需的能力、财力、物力等。其一，研究问题的可操作性要求研究者具备与所选问题相关的学术背景和实践经验，以确保能够有效地进行研究工作。其二，研究所选问题可能需要资金来购买设备、采集数据、进行实验或实地调查等，还可能需要实验室、研究设施或其他资源来支持研究工作的顺利进行。研究者需要评估自己是否有足够的财力和物力来支持所选问题的研究。其三，研究问题的可操作性还需要考虑其他相关条件。例如，研究者可能需要确保研究符合伦理标准，与相关利益相关方合作或获取许可，以获得必要的数据或资源。这些条件的满足对于开展研究工作至关重要，研究者应该在选题阶段就考虑并解决相关问题。

二、撰写文献综述

文献，现指"记录有知识的一切载体"[①]。查阅文献和撰写综述是进行终身

---

① 顾明远. 1998. 教育大辞典：增订合编本. 上海：上海教育出版社，1630.

教育学术研究时非常重要的环节，有助于研究者了解当前终身教育研究领域的现状、发展趋势和学术空白，为自己的研究提供理论和实证基础。具体而言，包括以下内容：首先，有助于了解终身教育研究领域。通过阅读相关文献，研究者可以了解当前终身教育领域内已有的理论框架、方法和研究成果，从而对基本概念、关键问题和前沿研究有清晰的认识。其次，有助于发现终身教育研究动态和趋势。终身教育学术研究在不断发展演进，新的研究方向、方法和理论不断涌现。通过综合分析文献，研究者可以把握当前终身教育领域内的热点问题和前沿发展，为自己的研究提供最新的理论和方法支持。再次，有助于确定终身教育学术空白和潜在研究问题。查阅文献有助于研究者确定终身教育研究领域内的学术空白和潜在研究问题，从而提出自己的研究问题。最后，有助于综合研究和评估终身教育研究成果。综述是对已有研究成果进行概括、整合和评估的过程。通过撰写综述，研究者可以系统地梳理已有文献中的观点、方法和最新研究成果，并对其进行分析。这有助于研究者对领域内的争议和不一致之处进行评估，发现已有研究的局限性，并提出自己的批判性思考和建议。同时，通过查阅文献，研究者可以了解并遵循领域内的学术规范和方法论，避免重复他人的工作，确保自己的研究在理论和方法上是基于前人研究的成果，并具有科学性和可靠性。

终身教育文献按照加工的深度可以分为三类：一次文献，也称为原始文献，是指包含第一手研究数据和原始研究成果的文献。这类文献通常是由研究者自行进行实地调查、实验或观察等得出的研究结果。一次文献是研究者直接展示研究成果的主要途径，它们提供了关于特定研究问题的详细信息和实证数据。研究者可以通过分析和解读一次文献来获取新的发现、洞见和结论。二次文献，也称为检索性文献，是基于一次文献进行的综合和整理。这类文献通常是研究者对多个一次文献进行系统性检索、筛选和综合分析后得出的文献。二次文献的目的是概括、归纳和整合终身教育研究领域内的多个研究成果，揭示其中的共性、差异和趋势。研究者可以通过二次文献了解终身教育研究领域的研究进展、热点问题和学术争议。三次文献，也称为综述性文献，是基于二次文献进行的更深入的综合和批判性分析。这类文献通常是研究者对多个二次文献进行全面评估和综合解读后得出的结果。综述性文献的目的是提供一个系统性的综述，对终身教育研究领域内的理论、方法和研究成果进行全面评估和总结。研究者通过综述性文献可以获得对终身教育研究领域的深入理解，并对发现的问题进行批判性思考，从而为未来研究方向提供指引。总之，终身教育领域的研究者可以根据自身的研究目的和需要，选择合适的文献类型进行查阅和综述。一次文献提供了原始的研究成果，二次文献帮助研究者了解终身教育研究领域的进展和现状，三次文献则有利于研究者对终身教育研究领域进行全面综述和深入评估。综合使用这些文献类型可以帮助研究者全面了解终身教育领域的研究现状、存在的问题和发展趋势，从而为自己的研究提供理论和实证支持。

撰写文献综述是一项重要的研究工作，具体而言需注意以下几点：

第一，明确研究目的和范围。研究者在开始撰写文献综述之前，需要明确研究目的和综述范围，确定需回答的核心问题并限定综述的时间范围和研究范围，以确保综述的焦点明确而有限。

第二，进行充分的文献查阅。文献包括期刊论文、会议论文、学位论文、著作、教材等，尽量涵盖与研究问题相关的关键词和领域，确保获得全面和多样化的信息。

第三，整理文献信息。在撰写综述时，系统地整理和记录所查阅的文献信息，建立一个文献数据库或使用引用管理工具来管理文献引用和摘要，有利于提高整理文献的效率，并方便在后续写作中引用或援引。

第四，确定文献的关联性和重要性。研究者需要区分哪些文献对综述最为关键和有价值，将其纳入重点讨论，确保文献的选择符合研究目的，并有利于对当前研究领域的全面了解。

第五，构建结构化综述框架。根据研究目的和文献内容，研究者构建一个清晰的综述框架，可以根据主题、时间顺序、理论类型等方式组织文献，确保综述具备逻辑连贯性和层次分明的结构，使读者能够清晰地理解综述内容。

第六，综合和比较文献。在撰写综述时，研究者不仅要简单罗列文献的摘要，还应对其进行综合和比较，寻找文献之间的联系、共性和差异，展示出研究领域的发展状况，指出其方法论上的局限或未解决的问题。

第七，语言清晰准确。撰写综述时，语言应清晰、准确、简练。避免使用过多的术语和复杂的句子，以确保读者能够理解观点和论证方式。

第八，引用和参考文献。在撰写综述时，研究者确保正确引用和标注所使用的文献。使用合适的引文格式，遵循学术规范和要求。同时，建立一个准确和完整的参考文献列表，以便读者能够查阅相关文献。

第九，审阅和修改。完成综述初稿后，研究者进行审阅和修改，检查逻辑关系、表达的一致性、文献引用的准确性等，也可以请同行或导师对综述进行审查，以获取反馈和改进意见。

三、开展研究设计

终身教育研究设计是指为引导终身教育研究进行的规划和设计，其主要目标是确保能够回答所研究的问题并达到研究目的。研究设计的合理性和科学性与确保终身教育研究顺利进行和所得出研究结论的可靠性有着直接关系。一个合理的终身教育研究设计应包括以下要素：

第一，对研究问题的明确定义。明确界定所要研究的问题，并将其转化为明确的研究目标和可操作的研究假设或研究提问。这有助于指导研究的方向和范围，确保研究的焦点清晰。

第二，方法的选择与论证。根据研究问题和目标，可以选择适当的研究方法和数据收集技术，并进行合理的论证。研究设计应考虑到方法的科学性、可行性和适用性，确保能够收集到有力的证据来回答研究问题。

第三，样本选择和数据收集。确定合适的样本选择方法，并明确数据收集的步骤和工具。样本应该具有代表性，能够反映研究问题所涉及的人群或情境。数据收集的过程应该规范和可靠，以确保数据的准确性和可比性。

第四，数据分析和解释。根据所采集的数据，运用适当的统计分析方法或质性分析技术，对数据进行分析并解释结果。数据分析的目的是提取出有意义的信息和结论，以回答研究问题并支持研究假设。

第五，结果呈现和讨论。将研究结果进行清晰、准确的呈现，并与现有的理论和研究成果进行比较和讨论。解释结果的局限性和实际应用价值等，提出对终身教育实践和政策进行改进的建议。

综上所述，一个合理和科学的终身教育研究设计能够确保研究的目标得以实现，并保证研究结论的可靠性。通过明确定义研究问题、选择合适的方法与工具、进行样本选择和数据收集、进行数据分析和解释，并最终进行结果呈现和讨论，研究者可以进行有力、准确和可信的终身教育研究。

四、整理数据资料

在研究设计确定后，研究者需要展开研究活动并搜集相关资料。这一阶段的工作包括在查阅文献的基础上进一步搜集资料，以满足所选研究问题的需求。资料的搜集可以通过多种途径进行，包括利用图书馆资源库、计算机网络，以及采用实地调查和其他研究方法。

第一，研究者可以继续利用图书馆资源库等来搜集文献资料。这些资源提供了广泛的学术期刊、会议论文、学位论文和书籍等文献来源，可以通过关键词检索和文献引用的方式进一步深化对研究问题的文献的了解。这有助于研究者获取最新的研究成果、理论观点和方法论，为研究提供理论依据和参考。

第二，研究者可以根据研究设计中的研究方法进一步实地搜集资料。例如，研究者可以前往所研究的社区搜集当地的地方志、内部期刊或其他本地化的资料。这些资料可能包括社区的历史文献、相关政策文件、社会调查报告等，这样做有助于研究者深入了解当地情况和背景。

第三，研究者还可以通过设计研究工具，如问卷调查、访谈、实地观察、实验研究等，来搜集一手资料。问卷调查可以帮助研究者收集大量参与者的意见和观点，访谈可以获得可靠资料，实地观察和实验研究可以提供直接的观察数据和实验结果。此外，研究者还可以在实践中进行反复实验。

五、进行分析研究

分析研究是在已有的终身教育研究资料基础上，进行进一步的逻辑分析和统计分析的过程。通过对数据和文献的深入把握，分析研究旨在得出有关终身教育的研究结果，并为终身教育实践提供指导。在分析研究中，研究者将利用不同的方法和工具来处理和解释已有的终身教育研究资料。下面是一些常见的分析研究方法和技术：

第一，逻辑分析。逻辑分析是对文献和数据进行系统和逻辑的解读与分析。研究者会评估终身教育研究中的理论框架、研究方法、研究问题和研究结果之间的内在逻辑关系。通过逻辑分析，研究者可以发现研究中的逻辑矛盾、缺失或不一致之处，并提出自己的批判性思考和建议。

第二，统计分析。统计分析是对收集到的数据进行整理、描述和推断的过程。研究者可以运用各种统计方法来识别数据之间的关系、趋势和差异。常见的统计方法包括描述性统计、推论统计、回归分析、因子分析等。通过统计分析，研究者可以验证研究假设、揭示变量之间的作用，并对研究结果进行量化和解释。

第三，文本分析。文本分析是对文献、采访记录、问卷答案等非结构化数据进行系统的分析。研究者可以运用内容分析、主题分析、情感分析等方法来提取和理解文本数据中的信息。通过文本分析，研究者可以深入探索终身教育研究领域中的主题、观点和态度，并揭示文本数据背后的隐含意义。

通过分析研究，研究者能够深入理解已有的终身教育研究资料，并得出关于终身教育的研究结果。这些研究结果可以为终身教育实践和政策制定提供指导。通过逻辑分析和统计分析的结合，研究者能够对终身教育领域中的问题进行深入探究，并为改进终身教育实践和推动领域发展作出贡献。

六、撰写研究报告

终身教育研究报告的撰写是将终身教育研究的全过程和科研成果以文字形式进行完整表达的过程。通过撰写研究报告，研究者可以向学术界和相关利益者传达他们的研究发现、方法和结论。终身教育研究报告的撰写应包含以下内容：

在引言部分，研究者介绍研究问题的背景和意义，阐明研究目的和研究问题，并概述研究的范围和方法。在文献综述部分，研究者回顾已有的相关文献和研究成果，介绍已有研究在该领域的进展、争议和不足之处。这有助于为研究问题的定位奠定理论和实证基础。在研究方法部分，研究者详细描述所采用的研究设计、样本选择、数据收集和数据分析方法。这包括对研究工具的描述、数据采集过程的概述以及数据分析技术的说明。在结果分析部分，研究者对所得到的数据进行统计和逻辑分析，通过解释数据分析的结果、提取主要成果，并与已有的理论框架和文献进行比较和讨论。在讨论和结论部分，研究者对研究结果进行深入解读和讨论，探讨研究发现的意义、局限性和未来的研究方向。最后，总结研究的主要结论并提出相应的建议。在参考文献部分，研究者列出所有在研究报告中引用的文献。这些参考文献应根据特定的引文格式进行排列，并包含完整的引文信息。

终身教育研究报告的撰写需要准确、清晰地体现研究的全过程和科研成果。通过精心组织和清晰阐述研究的背景、目的、方法、结果和结论，研究者可以向读者传递研究的核心内容和贡献。此外，合理使用图表、图像和其他可视化工具，可以更直观地展示研究结果和趋势，提升研究报告的可读性和可理解性。撰写终身教育研究报告不仅是研究者分享研究成果的方式，也是推动学术交流和知识传播的重要途径。一个清晰、有逻辑性的研究报告可以促进学界对终身教育领域的理解和进一步研究，同时也为决策者和实践者提供有价值的参考和指导。

第三节　终身教育研究的主要方法

无论是从实践上还是理论上，方法都是人们为了达到特定目的而采用的一般思维方式和行为方式，它是研究问题时所采取的程序、路径、准则、手段和方式的总和。由于终身教育的复杂性，终身教育研究方法呈现出多样性。在这里，我们主要探讨五种研究方法，包括文献法、观察法、调查法、比较法和个案研究法。

一、文献法

文献法是一种重要的研究方法，通过查阅和分析相关的书籍、期刊文章、学位论文、报告等文献资料，以获取关于终身教育的信息和理论。这种方法强调对文献的综合和批判性评估，旨在形成对终身教育问题的较为深入的认识。

在进行终身教育研究时，研究者可以利用图书馆、数据库、学术搜索引擎等资源来获取与研究问题相关的文献资料。这些文献资料涵盖了各种研究领域和学术观点，包括终身教育政策、实践案例、教育理论和方法论等。通过查阅和阅读这些文献，研究者能够系统地了解终身教育的发展趋势、理论框架和研究进展。研究者需要综合各种文献来源和观点，对文献进行全面分析和综述，以获得对终身教育问题的深入理解。这包括比较不同作者的观点、验证研究结论的一致性和可靠性、识别研究方法的优劣之处，并分析文献中的概念和理论的适用性。通过文献法，研究者可以获得关于终身教育的丰富信息和理论。他们可以发现已有研究的主要成果、争议和学术空白，为自己的研究提供理论依据。此外，文献法还有助于研究者对终身教育领域的知识体系进行整合和补充，促进学术思考和理论创新。

文献法也具有一定的限制性。随着终身教育领域的不断扩展，文献量可能庞大且分散，研究者需要具备筛选和评估文献的能力。此外，文献法主要基于已有研究，研究者可能还需要结合其他研究方法，如调查或个案研究，以获得更全面和具体的数据。

二、观察法

观察法指通过直接观察终身教育现象、实践或行为，以收集相关的数据和信息。观察可以是系统化和结构化的，也可以是非正式和自然的。这种方法可以帮助研究者深入了解终身教育实践的实际情况、行为模式和变化趋势。

在观察法中，研究者通过亲自参与或观察所研究的终身教育现象来收集数据。观察可以在现场进行，也可以通过影像记录或其他技术手段进行远程观察。观察可以是计划性的，按照预先设定的研究目标和观察指标进行；也可以是非计划性的，即研究者对所观察到的现象进行即时记录和反思。观察法的一个重要优势是它能够对终身教育实践进行直接观察和描述。通过观察，研究者可以捕捉到实践中的细节、行为模式、人际互动情况和环境背景等。观察法还可以帮助研究者探索和理解终身教育现象的复杂性，发现其中的隐含规律和机制。观察法的灵活性也使其适用于不同类型的研究。在结构化观察中，研究者预先确定观察要素和观察目的，并根据这些指标系统地记录观察对象的行为及其规律等。这种方法常用于对终身教育实践中特定行为或事件的观察。而在非结构化观察中，研究者则可以更加自由地观察和记录，以获取更多的细节。

观察法也具有一定的限制性。观察过程中，研究者需要保持客观性和中立性，并注意减少主观偏见的影响。此外，由于观察只能提供当前的状态和行为，可能难以捕捉到个体的内心思想和动机。因此，观察法常常需要与其他数据收集方法（如访谈或问卷调查）相结合，以获得更全面和多维的数据。

三、调查法

调查法是一种被广泛应用的研究方法，研究者通过设计问卷、面谈或访谈等方式，收集个体或群体的观点、意见和经验。它能够定量和定性地收集数据，帮助研究者了解受访者的态度、需求、参与情况等。调查法通常使用统计分析方法对数据进行解释和推断。

调查法的核心是收集来自个体或群体的数据。其中，设计问卷是最常见的数据收集工具之一。研究者可以根据研究目的和研究问题，设计结构化的问卷，通过提出有关终身教育的问题，收集受访者的意见、评价和看法。设计问卷时需要考虑问题的准确性、清晰度和客观性，以确保获得可靠和有效的数据。此外，面谈和访谈也是调查法中常用的数据收集方式。通过与受访者进行面对面的对话，研究者可以深入了解他们的观点、经验和意见。面谈通常是半结构化或非结构化的，允许研究者根据受访者话题的变化，灵活调整问题和回答方式，以获取更丰富和详细的数据。访谈则是指研究者与受访者进行有目的的交流和对话，以了解其特定的终身教育经历、态度和行为。调查法在终身教育研究中得到了较为广泛的应用。通过收集大量的数据，研究者可以对终身教育现象和参与者情况进行描述、比较和解释。数据的量化分析可以帮助研究者发现变量之间的关系，进行统计推断和概括。同时，调查法也允许研究者获取受访者的详细信息和具体经验，通过定性分析揭示其背后的意义和细节。

调查法也具有一定的挑战性。研究者需要注意样本的选择及其代表性，以确保所收集的数据具有一定的可靠性和适用性。此外，调查法可能受到回忆偏差、社会期望和回答偏好等因素的影响，需要研究者采取合适的措施来减少这些偏差的影响。

四、比较法

比较法通过比较不同终身教育现象、实践或群体之间的异同，揭示其差异和影响因素。这种方法可以帮助研究者深入理解不同背景和环境下终身教育的劣势、优势和面临的挑战，促进跨国、跨地区或跨文化的比较研究。

比较法的核心是将不同的终身教育现象、实践或群体进行对比和分析。研究者可以选择具有特定特征的不同案例，如不同国家、不同地区、不同教育体系或不同社群中的终身教育实践。通过比较这些案例，研究者可以揭示它们之间的差异和共同点，探索其背后的影响因素及其驱动力。比较法可以在多个层面进行比较，包括政策、制度、实践、参与者等。研究者可以比较不同国家或地区的终身教育政策和法规，分析其目标、重点和实施方式的异同。他们还可以比较不同教育体系下的终身教育实践，研究参与者的特征等。此外，比较法也可以用于跨文化研究，探索不同文化背景下的终身教育观念、价值观和实践模式。比较法在终身教育研究中得到了较为广泛的应用。通过比较不同现象或群体，研究者可以发现其背后的差异、面临的挑战等，从而为终身教育政策和实践提供有益的启示和经验教训。比较研究还可以促进知识交流和学术对话，推动终身教育领域的理论发展和实践创新。

比较法也具有一定的限制性。在进行比较研究时，研究者需要注意确保比较案例的选择具有代表性，并且在比较过程中拥有足够的信息和数据。此外，比较研究容易受到文化差异、语言差异和研究者主观判断的影响，因此需要研究者具备跨文化和跨学科研究的视野。

五、个案研究法

个案研究法是一种深入研究个别终身教育案例的方法，旨在探索其特定情境、因果关系和影响因素。通过对个体、组织或社区进行详细的观察、访谈和文件分析，个案研究法能够对终身教育实践进行全面理解和具体描述，有助于深入了解其背后的复杂性。

个案研究法通常从选择具有代表性和研究价值的个案开始。研究者可以选择个别学习者、教育机构、教育项目或社区作为研究对象。通过对个案的深入观察，研究者可以收集大量的终身教育数据和信息，包括研究对象的行为表现、学习经历，以及其所处的教育环境和社会背景等方面。个案研究法强调对个案的全面理解。研究者会采用多种数据收集方法，如参与观察、访谈和文件分析等，以获取丰富的数据。通过观察个案的行为、与之交流等，研究者可以深入了解其终身教育实践的特点、动机和障碍。访谈是个案研究法中常用的数据收集方式，通过与个案相关的人员进行深入访谈，研究者可以获取更具体和详细的信息，了解个案的思想和观点等。此外，研究者还会对与个案相关的文件和记录进行分析，以了解更多关于终身教育的背景和影响因素。个案研究法的优势在于其深入和翔实的数据收集，能够使研究者对终身教育实践进行具体了解。通过对个案的综合分析和描述，研究者可以发现因果关系、动态变化和特殊情境中的终身教育问题。个案研究法还能够帮助研究者验证或深化现有理论，探索新的理论框架和提出新的学术观点。

个案研究法也具有一定的限制性。由于个案研究的深入性和特殊性，其研究结果的推广性和普适性有限。此外，个案研究法的结果受到研究者主观解读和个人偏好的影响，因此需要研究者保持客观和批判的态度。

第九章　终身教育面临的问题、发展趋势及对终身教育学的展望

终身教育作为教育领域的重要概念，不仅引领了当代教育的发展方向，而且构建了未来学习的愿景。在这一章中，我们将深入探讨终身教育的未来展望，以揭示终身学习对个体、社会和全球社区的潜在影响。终身教育未来展望关注教育的创新、技术的演进、社会需求的变化以及全球化的趋势，为我们建构更全面的教育愿景。这一章将为我们提供一个未来导向的视角，帮助我们更好地理解终身教育的前景和潜力。

第一节　终身教育在全球所面临的问题

终身教育作为一种教育理念和实践，尽管具有较强的推动力和较大潜力，但同时也面临着一系列的挑战。这些问题涵盖了教育体制、社会文化、技术进步以及经济发展等多个方面。在本节中，我们将深入探讨终身教育在全球所面临的问题，以帮助我们更好地理解和应对这些挑战。这些问题不仅涉及终身教育的发展方向和实施策略，还关系到教育的公平性、可及性和质量，以及其对社会整合和发展的影响。这一节将为我们提供一个综合性的视角，帮助我们更好地应对终身教育所面临的问题。

一、全球人口数量和人口结构发生了深刻变化①

（一）世界人口继续增长，但增长速度正在放缓

联合国的预测表明，2050 年全球人口或将增加到 97 亿，预计在 21 世纪 80 年代将达到 104 亿人的峰值。②世界人口继续增长，但增长速度正在放缓。死亡率的持续降低是人口增长的原因之一，这反映在出生时预期寿命水平的提高。2019 年，全球人均预期寿命为 72.8 岁，较 1990 年增加了 9 岁左右。预计死亡率的进一步降低将导致 2050 年全球平均寿命约为 77.2 岁。③2019 年，全球女性出生时预期寿命比男性多 5.4 岁，女性和男性的预期寿命分别为 73.8 岁和 68.4 岁。所有区域和国家都观察到了女性的生存优势，从拉丁美洲和加勒比的男女年龄差 7 岁到澳大利亚和新西兰的男女年龄差 2.9 岁不等。④死亡率下降后，只要生育率保持在高水平，人口就会继续增长。当生育率开始下降时，人口的年增长率也开始下降。

截至 2021 年，全球人口的平均生育率为每个妇女终生生育 2.3 个孩子，这一数字低于 1950 年的约 5 个孩子。据预测，2050 年的全球人口的平均生育率将进一步降至每位妇女生育 2.1 个孩子。另外，2020 年，全球人口增长率首次自 1950 年以来低于 1%。世界人口预计将在 2080 年达到约 104 亿人的峰值，并一直保持到 2100 年。⑤到 2050 年，全球人口预计增长的 2/3 将由过去的增长势头驱动，这一势头植根于当前人口的年轻段年龄结构中，即使当今高生育率国家的生育率立即下降到每名妇女生育大约两个孩子，这种增长也会发生。持续的高生育率和人口快速增长对实现可持续发展提出了挑战。例如，越来越多的儿童和青少年所需的教育资源，占用了用于提高教育质量所需的资源。对于生育率持续处于高水平的国家，实现可持续发展目标，特别是与卫生、教育和性别有关的目标，可能会加速全球人口向较低生育率和较慢人口增长的趋势过渡。

---

① 本部分数据除特殊标注外，均出自：United Nations Department of Economic and Social Affairs, Population Division. 2022. World Population Prospects 2022. New York: United Nations.

② 全球人口预计达到 80 亿，2180 年将达到 104 亿. （2022-11-15）[2024-01-15]. https://3g.china.com/act/military/13004177/20221115/43888825.html.

③ 晚报|博政华被提起公诉、印度人口明年将超过中国. （2022-07-11）[2024-02-27]. https://news.china.com/zw/news/13000776/20220711/42776045_all.html.

④ 全球人口 11 年增 10 亿，下一个 10 亿增长将用时多久？（2022-11-15）[2024-02-27]. https://new.qq.com/rain/a/20221115A0A8Y600.

⑤ 全球人口预计达到 80 亿，2180 年将达到 104 亿. （2022-11-15）[2024-01-15]. https://3g.china.com/act/military/13004177/20221115/43888825.html.

（二）不同国家和区域的人口增长率差别很大

2022 年，全球两个人口最多的地区都位于亚洲。其中，东亚和东南亚有 23 亿人（占全球人口的 29%），中亚和南亚有 21 亿人（占全球人口的 26%）。中国和印度的人口都超过 14 亿，在这两个地区人口中占比很高。预计到 2050 年，全球增长人口的一半以上将主要集中在刚果民主共和国、埃及、埃塞俄比亚、印度、尼日利亚、巴基斯坦、菲律宾和坦桑尼亚联合共和国这八个国家。因此，全球一些人口规模较大的国家的人口增长率将会按照新的人口规模重新排名。印度现在已经成为世界上人口最多的国家。撒哈拉以南非洲国家预计将继续增长到 2100 年，并在 2050 年预计的全球人口增长中贡献超过一半。尽管到 21 世纪末，澳大利亚、新西兰、北非、西亚以及大洋洲（不包括澳大利亚和新西兰）的人口预计将经历较慢但仍为正向的增长，但东亚和东南亚、中亚和南亚、拉丁美洲和加勒比地区、欧洲和北美洲的人口数量预计将在 2100 年之前达到峰值，之后开始下降。46 个最不发达的国家是目前全球人口增长最快的国家，预计在 2022—2050 年，这些国家的人口将再翻一倍，给目前地球的环境资源的承载力带来压力，并对实现可持续发展的目标构成威胁和挑战。

（三）生育率和死亡率的水平和模式在世界各地差别很大

全球各国家之间人口的预期寿命差距仍然很大。2021 年，由于儿童、孕产妇的死亡率较高，世界上一些不发达国家的人口预期寿命比全球平均水平低 7 岁。在一些国家，暴力和冲突或人类免疫缺陷病毒（如艾滋病毒）持续发生。2021 年，撒哈拉以南非洲（每名妇女生育 4.6 个孩子）、大洋洲（不包括澳大利亚和新西兰）（每名妇女生育 3.1 个孩子）、北非和西亚（每名妇女生育 2.8 个孩子）、中亚和南亚（每名妇女生育 2.3 个孩子）的生育率水平足以维持人口的正增长。在一部分国家，包括撒哈拉以南非洲和拉丁美洲及加勒比地区等，青少年群体的生育率仍然很高，这可能对年轻母亲及其子女的健康和福祉造成不利后果。2021 年，20 岁以下的母亲生下了 1330 万名婴儿，约占全球婴儿总数的 10%。

（四）老年人口的数量和占总人口的比例都在增加

预计到 2050 年，世界上 65 岁及以上人口占比将达到 16%，相较于 2022 年的 10%有了明显上升。同时，世界上 65 岁及以上人口数量将超过 5 岁以下儿童数量的两倍，与 12 岁以下儿童数量大致相当。老年人口的增长是由较低的死亡率和较高的存活率驱动的,而人口年龄分布不均是由生育率水平的持续下降引起的。由于女性在预期寿命方面的优势,几乎在所有国家中,老年女性的数量都超过了男性。在世界范围内,2022 年,妇女人口占 65 岁及以上人口的 55.7%,预计到 2050 年,这一比例将略有下降,将达到 54.5%。处在人口老龄化趋势下的国家应采取积极措施,调整公共方案以适应老年人口比例不断增加的情况,包括改善养老金制度、建立全民医疗保健和长期护理制度等。

（五）持续降低的生育率使得工作年龄人口进一步集中,为人均经济的增长创造了机会

近年来,由于生育率的下降,亚洲、拉丁美洲、撒哈拉以南非洲的大多数国家和加勒比地区的工作年龄人口（25—64 岁）的比例持续上升。这种年龄分布的变化为加速经济增长提供了一个有时限性的机会,即所谓的"人口红利"。为使得这种有利的年龄分布发挥出更大效用,各国需投资发展人力资本,以确保各个年龄阶段的人口都能获得优质的保健和教育,增加生产性就业和体面工作的机会。

（六）越来越多的国家开始经历人口下降

相关研究预测,由于部分国家的人口生育率持续走低,在 2022—2050 年,预计全球将有 61 个国家或地区的人口出现减少的趋势,减少率将达到 1%或更多。在一些情况下,人口的移徙率有所提高。在过去几十年的发展中,大多数国家的总生育率都显著下降。目前,在全球 2/3 的地区中,每个女性终身生育的孩子数量都低于 2.1 个,这大致是维持低死亡率人口长期零增长所需的水平。在人口至少 50 万的国家中,预计到 2050 年人口规模相对减少最多的国家将是保加利亚、拉脱维亚、立陶宛、塞尔维亚和乌克兰,这些国家将减少 20%或更多的人口。

（七）国际移徙正对一些国家的人口增长情况产生重要影响

在世界某些地区,国际移徙已成为人口变化的一个主要组成部分。2000—2020 年,国际移徙对人口增长的贡献（净流入 8050 万人）超过了出生人数多于死亡人数的差额（6620 万人）。在未来几十年里,移民将成为高收入国家人口增长的唯一动力。相比之下,在可预见的未来,低收入和中低收入国家的人口增长将继续受到出生人数超过死亡人数的驱动。2010—2021 年,40 个国家或地区的移民净流入均超过 20 万人。在这段时间里,17 个国家的净流入人口都超过了 100 万人。

对于几个最大的接受国，包括约旦、黎巴嫩等，这一时期出现大量移民的原因是难民流动，特别是来自阿拉伯叙利亚共和国的难民流动。2010—2021 年，10 个国家的移民净流出估计超过 100 万人。在这些国家中，许多国家的外流是由于临时劳动力流动，如巴基斯坦（净流入-1650 万人）、印度（-350 万人）、孟加拉国（-290 万人）、尼泊尔（-160 万人）和斯里兰卡（-100 万人）。在其他国家，包括阿拉伯叙利亚共和国（-460 万人）、委内瑞拉（玻利瓦尔共和国）（-480 万人）和缅甸（-100 万人），不安全和冲突在此期间导致移徙者外流。所有国家，无论是移民净流入还是净流出，都应根据可持续发展目标，采取步骤促进有序、安全、正常和负责任的移民流动。

二、科技发展呈现新态势

当今世界，新科技革命正在孕育兴起，全球科技发展呈现出新的态势。科技的快速进步，将不断地改变人们的生产、工作和生活方式。在此意义上，不断开展终身教育，进行终身学习成为一种需要。

第一，科技将以越来越快的速度发展进步，并呈指数增长的态势。科技进步正在以"几何级数"的速度发展。相关数据显示，截至 2021 年底，全球有效发明专利共计 1640 万件，同比增长 4.0%。[①]同期，我国发明专利申请量已达 158.6 万件，同比增长 5.9%。其中国内申请 142.8 万件，占申请量的 90%，同比增长 3.6%。[②]就研究性出版物而言，2021 年美国国家科学委员会统计显示，全球科学和工程类文章总量由 2010 年的 190 万篇增至 2020 年的 290 万篇。其中，中国科学和工程类文章由 2010 年的 30.8 万篇增至 2020 年的 66.9 万篇。[③]

第二，新兴技术迅猛发展、颠覆性技术层出不穷。目前，人工智能、绿色能源、生物工程以及新材料等领域的研究正在持续突破传统边界，开创全新的技术领域。这些颠覆性的技术如同奔流不息的河水，以迅猛的姿态迅速渗透并改变着人类的生产和生活方式。这一潮流不仅为人类社会带来了巨大的机遇，也引发了深刻的变革，推动着多个领域迎来全面性的技术转型。这些新兴技术的崛起不仅

---

① 热点资讯|政策风向标·企业信息汇·国际事件簿.（2024-01-23）[2024-01-31]. http://www.zzbjrz.com/news/policy/detail184.html.

② 民企发明专利授权量 TOP10：华为"遥遥领先"，"OVM"+联想比亚迪上榜.（2022-12-17）[2024-01-31]. https://m.elecfans.com/article/1951455.html.

③ National Science Board. Publications Output: U.S. Trends and International Comparisons. (2021-10-28) [2024-01-31]. https://ncses.nsf.gov/pubs/nsb20214/publication-output-by-country-region-or-economy-and-scientific-field.

是科技进步的象征，更是社会进步的强大动力。它们不断刷新我们对生产力和创新的认知，为全球的科技创新和可持续发展奠定了坚实而广泛的基础。新兴技术的迅猛发展如同一股势不可挡的潮流，推动人类社会进入一个全新的技术时代，为未来的发展铺平了道路。

第三，科技成果转化的速度越来越快，技术的更新也在加速。进入 21 世纪后，成果转化、技术更新速度更快。比如前两年还在讨论的 3D 打印技术，现今已经从科学研发转向产业化应用。即使是人类基因组等基础性研究成果，也能够迅速走进生活。根据世界经济论坛对科学技术和社会发展方面的预测，到 2025 年，很多科学技术将会取得重大突破并在人们的生活中发挥举足轻重的作用。从实际情况看，科技发展加速推进，已经成为创造人类未来的主导力量。①

第四，科学技术活动趋于社会化、规模化和全球化。科学研究在社会发展中发挥的作用和价值日益重要。科学研究的共同体也已出现了由政府间向民间转移的新趋势。当然，许多重大的科学技术活动项目仍由国家政府负责组织，一些关键性的基础科学的前沿问题，如物质的组成与结构，宇宙和地球的起源与发展过程，绿色清洁能源的发现、创新与高效利用，人类认知的基本机制等，还需要进行国际性的合作研究。

三、全球化趋势日益加深

在过去 30 年里，"全球化"已经成为社会、经济、文化和政治领域的重要主题，它反映了经济模式的变化，特别是跨国贸易的增长。同时，我们也可以看到，全球化是如何从政治、社会和文化等层面影响个人生活方式的。人们关于全球化的辩论往往被简化为"它是好还是坏"，而不是将其视为日常社会必不可少的一部分加以讨论。

"全球化"已成为世界各地的热门词汇。在英国，布莱尔（T. Blair）和布朗（G. Brown）政府当时经常把全球化当作现代化的同义词，调整政策和计划以应对新的市场力量的产生。全球化被等同于社会和经济的进步，尤其是等同于一个新的后工业时代，在这个时代，推动经济和社会进步的传统动力得到了更长久的保持，尤其是对西方经济体而言更是如此。特定形式的全球化加剧了社会的分裂，使许多劳动人民由于失去了以前的技术工作而产生了一种无力感和失落感。全球

---

① 世界经济论坛：2025 年半数工作将由机器完成.（2020-10-22）[2023-04-08]. http://language.chinadaily. com.cn/a/202010/22/WS5f90d46ca31024ad0ba8026e_1.html.

化已经把个人变成了一个"普遍的消费者群体",他们在经济上相互依存,但作为公民却孤立无助。在全球化背景下,世界上出现了极端全球主义者,他们认为民族国家不再重要,社会资源等需要重新配置;出现了持怀疑态度的人,他们将全球化视为一种意识形态的建构,质疑全球化是否有新东西;出现了转型主义者,他们代表了更多的中间道路。人们越来越广泛地认识到全球化是一种复杂的现象,对个人生活方式、就业形势和社会民主参与等都会产生较大影响。人们在谈论全球化时,不能不讨论生活方式、文化身份和不断变化的社区组成,全球化深深影响着生活在社会中的每个人。

四、社交网络作用力越来越强

社会媒体和新的通信技术对于未来的创新至关重要,特别是在教育部门,常用来作为改善和促进学生与学生之间、学生与教师(研究者)之间的沟通、协作、参与、激励和互动的工具。目前,教育部门出现了一种转变,除了被称为"万维网"的家庭软件包外,还使用大量不同的软件,以加强包括学生在内的学术界成员之间的交流、协作和互动。此外,教育部门还会使用网络改进数据管理工作,支持互联网的广泛应用,鼓励创新发明,推动全球化,并通过交流和合作提高学生和教师的满意度。Web 已经发展成六种类型,即 Web1.0、Web2.0、Web3.0、Web4.0、Web5.0 和 Web6.0。其中,Web1.0 指连接信息和共享读写超文本空间;Web2.0 被称为"参与式网络",允许用户通过社交网络进行更多的互动,减少外部控制;Web3.0 指的是连接智能,用于识别基于 Web 的数据,以便搜索更有效的信息;Web4.0 是一个集成的网络;Web5.0 是一个分散的智能通信的网络;Web6.0 是物联网与互联网的结合,是一种全新的标准样式,更能惠及广大网民。

21 世纪,一种新的技术出现在各种社区中,以促进交流、协作和交互。这项技术被称为社交网络,现在已成为电子邮件、博客等互联网产品的一部分。从 20 世纪到现在,互联网塑造了教育部门的互动、沟通、连接和交流知识的方式。社交网络降低了运营成本,增长了利润,并在消费者、供应商、大学、卫生部门和其他利益相关者之间形成了新的沟通形式。然而,这种技术也会给教育工作带来新的挑战。

社交网络给包括教育部门在内的各个部门带来了巨大的挑战,因为它允许学生以比以往任何时候都更自然的方式从他们的教师和同学那里获得知识。目前的研究证实,在跨部门的合作、不同技能的获取等方面,使用社交网络教学和学习将为学生创造新的机会。一方面，学生可以根据学习（工作）经历、研究兴趣、艺术爱好或能力、天赋等选择同龄人一起共同学习。社交网络将加强学生在全球范围内的合作与交流，培养学生的自主学习能力，因为新技能将从交流、接触前沿技术和思想以及实践研究中得到提升。学生将能够迅速获得技能，这将使他们在当前的学习中受益，并使他们为未来的工作和生活等作好准备。出于同样的原因，一些研究认为，社交网络将为学生认识多样群体提供更多机会，并可以利用特定时间来进行学习或娱乐享受。另一方面，社交网络的使用也会给人们的工作、生活等带来挑战，人们越来越意识到社交网络会对认知发展、社会发展、身体健康等产生一定的潜在负面影响。在认知发展方面，学生可能会遇到一些问题，如不能集中精力写作和阅读、记忆力出现一定程度的减退、容易分心等，所有这些会在一定程度上影响他们的学习和生活。在多项研究结果的支持下，许多学者认为社交网络会影响学生的学习，因为有些人会因此变得懒惰、孤独、抑郁、浮躁，甚至有时无法集中精力进行阅读和研究，人与人之间面对面的社会互动有所减少，长此以往可能阻碍个体和社会的发展。

五、大数据时代来临

进入 21 世纪，人类正在迎来大数据时代。国外相关研究表明，到 2007 年，人类已经存储了 300 艾字节左右的数据信息，而截至 2013 年，这个数字已增长至 1.2 泽字节（1 泽字节等于 1024 个艾字节）。如果将这些数据存储在光盘中，可以堆成 5 座直达月球的巨型堆。[①]在我国，第 52 次《中国互联网络发展状况统计报告》显示，截至 2023 年 6 月，我国网民规模达 10.79 亿人，互联网普及率达 76.4%，移动互联网累计流量达 1423 亿吉字节，网络视频用户达 10.44 亿人。[②]

大数据是目前传统软件系统无法处理的数据和信息，是大量结构化和非结构化数据的集合。人类需要通过数据分析和可视化技术对其进行处理，以发现隐藏的模式和未知的相关性，从而改进决策过程。随着数据的堆积，可处理数据的百分比正在上升。由于技术的快速发展，人们现在生活在大数据时代。信息技术帮助我们感知周围的一切，并具有保存全部或部分数据并分析数据的能力。信息技术的进步使得人和物之间的互联互通更加便捷。例如，人们可以从办公室远程监

---

① Nasser T, Tariq R S. 2015. Big data challenges. Journal of Computer Engineering & Information Technology, 4(3).

② 中华人民共和国国家互联网信息办公室. 10.79 亿网民如何共享美好数字生活？——透视第 52 次《中国互联网络发展状况统计报告》（2023-08-29）[2024-01-31]. http://www.cac.gov.cn/2023-08/29/c_1694965940144802.htm.

控数千公里外项目的进度。此外，信息技术也使得各种设备等变得更加智能。例如，铁路公司开始在火车上安装传感器，以跟踪所有部件的状态，减少火车事故发生的可能性。这些数据被存储和分析，以供之后使用。例如，在造成更大的损失之前，哪些部件应该修理或更换，通过信息技术，维修人员可以准确获得相关信息。

一项研究发现，90%的高管认为，数据已成为与土地、劳动力和资本一样的商业不可或缺的第四大生产要素。[①]因此，人们用"数据驱动的决策"这一术语来描述收集和分析数据的过程，以指导和改进决策。这涉及对非事务性和非结构化数据的分析，如消费者购买某产品的意愿及其反馈。事实上，决策科学家正在使用多种工具进行文本和情感分析，通过这些工具，公司可以判断消费者对其产品的某些方面是否感兴趣，并采取必要的纠正或改进措施。例如，在产品投放市场之前，营销人员了解消费者对价格的感知情况，基于测试结果，营销人员可以调整价格，以确保产品的高销售率。[②]计算机的重要任务之一就是共享内容。越来越多的企业和政府机构已经发现大型数据库的战略价值，数据不再仅仅是进行计算的工具，而是可作为实时决策的有利辅助工具。此外，网络上的信息数量正在高速增长，同时使用网络的新用户数量也在增加。当数据操作、探索和推理的规模超过人类的能力时，人们就会求助于信息技术来简化这些工作。在多个领域中，数据正在被收集和整理。现在迫切需要一种新的计算理论和工具来帮助人类从海量数据中获取有用的信息。在多个应用领域中，数据收集的速度和规模令人瞠目。过去的决策是建立在估计或者模型基础上的，而现今则可以建立在数据基础之上。这种大数据分析现在几乎涉及我们当前生活的各个方面，包括零售批发业、金融服务业、先进制造业及自然科学研究等领域，当然同样也包括教育。

未来，大数据不仅会改变研究方式方法，也会改变教育本身。一方面，大数据所依托的其他协同技术是云计算。这些技术可以改善教育服务，让不同年龄段的人都能获得低成本的学习资源。"大数据可以支持传统的教育系统，帮助教师分析学生知道什么，以及什么技术对每个学生最有效。"[③]这样，教师也能了解

---

① Nasser T, Tariq R S. 2015. Big data challenges. Journal of Computer Engineering & Information Technology, 4(3): 1-10.

② Nasser T, Tariq R S. 2015. Big data challenges. Journal of Computer Engineering & Information Technology, 4(3): 3-12.

③ Sedkaoui S, Khelfaoui M. 2019. Understand, develop and enhance the learning process with big data. Information Discovery and Delivery, 47(1): 2-16.

到最新的教育技术和教育方法。因此，数据挖掘和数据分析等技术可以为学生和教师提供关于他们个人成长的快速反馈。此外，教育工作者可以对一些教育模式进行深入分析，并从中提取有价值的知识。这样，利用大数据，教育工作者可以预测哪些学生更需要得到帮助，避免出现学业失败甚至辍学的情况发生。另一方面，"大数据可以很容易地应用于在线教育"[①]。我们可以看到，在线教育近年来得到了快速发展，对教育行业的影响也越来越大。数字学习实际上是一个数据和分析的集合，可以促进教师教学和学生学习。通过这种方式，许多学生进行了在线或移动学习，并在社交网络的帮助下，不同背景的学生相互关联，并促进他们共同沟通、学习。总之，大数据确实可以改进教育；能够建立一个现代化的、充满活力的教育体系，让每个学生都能从中获益[②]。

六、人类步入知识经济时代

知识经济作为一种新的经济形态，从根本上改变了未来经济的运行方式。然而，知识与创新和经济增长的相关性并不是什么新鲜事。在舒尔茨（T. W. Schultz）和贝克尔（G. S. Becker）提出人力资本理论之后，"内生增长模型"掀起了新的研究浪潮。因此，人力资本和知识被认为是经济增长的重要影响因素。尽管如此，由于信息和通信技术的快速发展，特别是互联网的普及，知识的生成直到最近才达到新的高度。柯林斯（A. Collins）和哈弗森（R. Halverson）将人类历史分为三个教育阶段，即从学徒制时代到学校教育普及的时代，再到终身学习时代，换句话说，两次教育革命[③]。我们正处于第二次教育革命的边缘，这场革命可能会改变我们学习和思考教育的方式。他们比较了历史上三个不同的教育阶段：学徒制时代、学校教育普及时代和（未来）终身学习时代。其中，学徒制时代被认为大约一直持续到工业革命。在工业革命期间，越来越多的国家引入了学校教育。而我们现在正在进入第三个时代，即终身学习时代。在这两次教育革命中，技术的进步发挥了重要作用。如今，计算机和互联网等新的信息技术正在改变人们获得技能和学习的方式。一部分"旧"的学校系统和教育孩子的方式变得过时和多余。

① Katal A, Wazid M, Goudar R H. 2013. Big data: Issues, challenges, tools and good practices//2013 Sixth International Conference on Contemporary Computing(IC3). Noida: IEEE.

② Drigas A S, Leliopoulos P. 2014. The use of big data in education. International Journal of Computer Science Issues(IJCSI), 11(5): 58-63.

③ Collins A, Halverson R. 2010. The second educational revolution: Rethinking education in the age of technology. Journal of Computer Assisted Learning, 26(1): 18-27.

这些系统需要重组。更具体地说，这三个教育时代在许多方面有所不同①。

七、闲暇时间进一步增加

近几百年来，科学技术的发展速度惊人、日新月异，使得人类的劳动生产力大为提升。这一进步不仅使得劳动更为高效，而且大幅缩短了人们为维持基本生存所需的劳动时间。相较于传统的劳动，科学技术的进步使人们拥有了更多自由支配的时间。这一观点在 20 世纪 60 年代已被终身教育论的倡导者郎格朗所提及。进入 21 世纪，随着科学技术的进一步发展，人类的闲暇时间进一步增加。与此同时，由于医疗卫生环境的改善和人类生育愿望的降低，人均寿命逐渐延长，老年人口占总人口的比重逐年上升，老年人口的闲暇时间如何度过已成为人们高度关注并思考的问题。21 世纪的人类，已经不再仅满足于追求寿命的延长和身体的保健，人们在物质生活质量提升、精神文化方面的需求也日益强烈。因此，终身教育与终身学习成为应对这一需求的重要方法。终身教育使得不同年龄阶段的群体都可以充分地利用其空闲时间，老年群体也得以保持持续的学习状态，实现"老有所学""老有所乐"。这不仅使个体能够充分发挥自身潜能，还有助于推动社会全体成员知识水平和技能水平的提升。终身教育不仅是应对工作变革的重要手段，更是提升整个社会素质的重要途径。这一教育理念也契合了当代社会对于全球范围内终身学习的需求，为个体和社会发展创造更多机遇。

八、国际组织持续倡导和推动

20 世纪 60 年代以来，很多国际组织一直大力提倡并推进终身教育的发展。国际组织的推动，在过去发挥了积极的影响，未来也将继续产生深远的影响。以联合国教科文组织的推进为例，20 世纪 60 年代以来，联合国教科文组织大力提倡终身教育，终身教育的理念和实践在全球范围内得到持续深入的发展。20 世纪90 年代末，联合国教科文组织提出了"2000—2015 年的全球发展规划"，进一步促进了各个国家和地区的终身教育的发展，并取得了相当大的成就。但就联合国教科文组织掌握的情况而言，目前，全球超过 7.7 亿成年人仍未掌握基本的读写和算数等知识与能力，妇女在这方面的情况更为堪忧。②移民、难民、女性群体、

---

① Hippe R, Fouquet R. 2018. The knowledge economy in historical perspective. World Economics, 18(1): 75-107.

② UNESCO Institute for Lifelong Learning. 5th Global Report on Adult Learning and Education. （2022-06-15）[2024-01-31]. https://unesdoc.unesco.org/ark:/48223/pf0000381666/PDF/381666eng.pdf.multi.

老年人、残疾人等群体往往被排斥于成人学习与教育之外。^①为了解决这一问题，联合国教科文组织对全球教育实施情况等进行了在线调查，提出"后 2015 教育议程"^②。联合国前秘书长潘基文在联合国大会上的报告中强调了加快向千年发展目标迈进和推进联合国 2015 年后的发展进程的重要性，提出要"提高教育质量，促进终身学习"，并将其作为全球教育发展的目标。这一目标的实现将有助于全球终身教育的进一步发展。^③

九、全面深化改革面临着新的机遇与挑战

21 世纪以来，中国在推进改革方面已取得重大进展。^④党的十八大提出了"深化改革开放"的战略部署^⑤，为我国推进全面深化改革的进程奠定了基础。党的十八届三中全会重点强调"完善和发展中国特色社会主义制度""推进国家治理体系和治理能力现代化"^⑥。同时，我国在教育领域的综合改革方面采取了一系列措施，如试行普通高校、高职院校、成人高校之间的学分转换与认证，拓宽终身教育、终身学习的通道。党的十八届四中全会提出，要全面推进依法治国，形成完备的法律规范体系、高效的法治实施体系、严密的法治监督体系，实现科学立法、严格执法、公正司法、全民守法。^⑦党的十八届五中全会进一步提出了坚持全面建成小康社会、全面深化改革、全面依法治国、全面从严治党的战略布局，提出了创新、协调、绿色、开放、共享的发展理念，并强调要实施网络强国战略、推进美丽中国建设，协同推进战略互信、经贸合作、人文交流等。^⑧同时，还提

---

① 徐雄伟，杨洁，刘雅婷. 2022. 全球成人学习与教育的现实挑战与破解路径——第七届国际成人教育大会综述. 比较教育学报，（4）：169-174.

② 唐虔. 2023. 全球教育治理的一次成功实践——对国际社会制定"2030 教育议程"的回忆. 比较教育学报，（4）：3-17.

③ Secretary-General U N. 2013. A life of dignity for all: Accelerating progress towards the Millennium Development Goals and advancing the United Nations development agenda beyond 2015. Report of the Secretary-General.

④ 叶忠海. 2020. 终身教育学通论. 上海：学林出版社，237-249.

⑤ （授权发布）坚定不移沿着中国特色社会主义道路前进 为全面建成小康社会而奋斗——在中国共产党第十八次全国代表大会上的报告. （2012-11-08）[2024-01-16]. http://cn.chinagate.cn/indepths/2013-01/08/content_27623507.htm.

⑥ 中共中央关于全面深化改革若干重大问题的决定. （2013-11-15）[2024-01-16]. https://www.gov.cn/zhengce/2013-11/15/content_5407874.htm.

⑦ 中共中央关于全面推进依法治国若干重大问题的决定. （2014-10-28）[2024-01-16]. https://www.gov.cn/zhengce/2014-10/28/content_2771946.htm.

⑧ 十八届中央委员会第五次全体会议公报（全文）. （2015-10-29）[2024-01-16]. https://china.huanqiu.com/article/9CaKrnJR1eH.

出注重机会公平、增加公共服务供给、提高教育质量，积极开展应对人口老龄化行动等措施。党的十九大提出了习近平新时代中国特色社会主义思想，再次强调要坚持全面深化改革，坚决破除一切不合时宜的思想观念和体制机制弊端，突破利益固化的藩篱，构建系统完备、科学规范、运行有效的制度体系。[①]党的二十大报告提出要"全面深化改革"。报告全篇都贯穿着改革的思想，彰显了改革在中国式现代化全面推进中华民族伟大复兴中所起到的重要作用。中国未来将坚持对外开放的基本国策和坚定奉行互利共赢的开放战略，为建设开放型世界经济体系作出贡献，造福世界各国人民。所有这些全面深化改革的措施都为我国终身教育的发展营造了有利的环境，同时也明确了我国终身教育前进的方向。

十、经济发展水平与社会保障质量提升

党的十八大以来，我国面临着多重挑战，包括国际局势的波谲云诡、公共卫生事件、全球经济的萧条衰退等。但是在以习近平同志为核心的党中央的坚强领导下，全党全国各族人民高度团结，积极应对挑战、迎难而上。这些努力和付出促进了我国经济与社会保障体系的逐步完善，实现了新的历史性跨越，人民生活条件大为改善，综合国力迈入世界前列，国际话语影响力明显提升，世界经济大国地位全面提升。[②]

（一）经济增长强劲，主要经济指标居世界前列

党的十八大以来，我国经济发展强劲，经济增速远超世界总体平均水平，经济总量稳居全球第二，制造大国和贸易大国的地位日益牢固，经济实力明显大幅增强。2013—2021 年，"我国国内生产总值（GDP）年均增长 6.6%，高于同期世界 2.6%和发展中经济体 3.7%的平均增长水平"[③]。即便面对严峻的公共卫生事件，2020 年我国经济增长速度仍有 2.2%，是全球主要经济体中唯一保持正增长的国家。自 2012 年以来，我国 GDP 始终稳居世界第二位，其在世界经济总量中

① 习近平：决胜全面建成小康社会 夺取新时代中国特色社会主义伟大胜利——在中国共产党第十九次全国代表大会上的报告.（2017-10-27）[2024-01-16]. https://www.gov.cn/zhuanti/2017/10/27/content_5234876.htm?eqid=dc30c1f00004e10700000005648c0d95.

② 党的十八大以来经济社会发展成就系列报告：综合实力大幅跃升 国际影响力显著增强.（2022-09-30）[2022-10-13]. https://www.gov.cn/xinwen/2022-09/30/content_5715091.htm?eqid=c4cc43a50053f04c00000003648ee611.

③ 报告显示：近十年我国 GDP 年均增长 6.6% 对世界经济增长平均贡献率超 30%.（2022-09-18）[2024-01-16]. https://www.gov.cn/xinwen/2022-09/18/content_5710523.htm?eqid=bececa04000a1b030000000464916ea5.

的占比逐年增加。2013—2021 年，我国对全球经济增长所做出的平均贡献率高达 38.6%，这一数字超过了 G7（七国集团）各国贡献率的总和，彰显出我国已成为全球经济增长的主要推动力。截至 2021 年，我国的 GDP 已达到 17.7 万亿美元，约占全球的 1/5，较 2012 年增长了 7.2%。①与美国的差距明显缩小，且高于其他世界主要经济体。截至 2021 年，我国 GDP 相当于美国的 77.1%，比 2012 年提高了 24.6%，是日本的 3.6 倍、印度的 5.6 倍。②

（二）人均国民收入大幅提高，主要民生指标显著提升

党的十八大以来，我国人民生活质量得到了明显改善，主要民生指标也得到了显著的提升，为世界减贫作出了杰出贡献。

第一，我国人均国民总收入明显提升。截至 2021 年，我国人均国民总收入达到 11 890 美元，是 2012 年的两倍。世界银行的数据显示，我国的人均国民总收入在世界排名中不断提升，从 2012 年的第 112 位跃升至 2021 年的第 68 位，排名上升了 44 个位次。③第二，我国高等教育的普及率位居世界中上等水平，大学毛入学率明显上升。截至 2020 年，我国大学毛入学率达到 58.4%，较 2012 年提高了 29.7 个百分点。这一水平首次超过中等偏上收入国家的平均水平，高出中等收入国家平均水平 20.4 个百分点。④第三，我国医疗卫生水平也取得了显著进步。自党的十八大以来，我国的医疗卫生质量不断提升，高于中等偏上收入国家的平均水平。至 2020 年，我国的婴儿死亡率已降至 5.4%，相较 2012 年的 10.3%下降明显。这一数字比世界平均水平低 22‰，也比中等偏上收入国家低 3.7‰。同时，截至 2020 年，我国的人均预期寿命达到 77.9 岁，比世界平均水平高出 5.2 岁，也超过中等偏上收入国家 1.9 岁。⑤第四，我国为全球减贫事业作出了杰出贡献。我国成功实现了绝对贫困的全面消除。按照当前我国的农村贫困标准（以 2010 年价格水平为基准，每人每年生活费用 2300 元），2012 年全国农村贫困人口达

① 党的十八大以来经济社会发展成就系列报告：综合实力大幅跃升 国际影响力显著增强.（2022-09-30）[2024-01-31]. https://www.gov.cn/xinwen/2022-09/30/content_5715091.htm?eqid=c4cc43a50053f04c00000003648ee611.

② 党的十八大以来经济社会发展成就系列报告：综合实力大幅跃升 国际影响力显著增强.（2022-09-30）[2022-10-13]. https://www.gov.cn/xinwen/2022-09/30/content_5715091.htm?eqid=c4cc43a50053f04c00000003648ee611.

③ 党的十八大以来经济社会发展成就系列报告：综合实力大幅跃升 国际影响力显著增强.（2022-09-30）[2024-01-31]. https://www.gov.cn/xinwen/2022-09/30/content_5715091.htm?eqid=b516a0060002184a000000036475df8c.

④【数说十年】综合实力大幅跃升 国际影响力显著增强——党的十八大以来经济社会发展成就系列报告之十三.（2022-10-04）[2023-04-03]. https://www.sc.gov.cn/10462/c106778/2022/10/4/e378c41ee7d4424fbd3a961dc0297db2.shtml.

⑤ 党的十八大以来经济社会发展成就系列报告：综合实力大幅跃升 国际影响力显著增强.（2022-09-30）[2023-04-03]. https://www.gov.cn/xinwen/2022-09/30/content_5715091.htm?eqid=eecd00ae0001014000000066475d385.

到了 9899 万人，接近 1 亿人。然而，到了 2020 年，我们已经实现了全部脱贫，贫困人口平均每年减少 1237 万人，贫困发生率平均每年下降约 1.3%。我国提前 10 年完成了《联合国 2030 年可持续发展议程》中的减贫目标，为全球减贫事业提供了成功的经验。①

十一、人口结构和就业状况正发生新的变化

党的十八大以来，人口与就业问题格外受到关注与重视，党中央矢志不渝地坚持以人民为中心的发展思想，遵循人口发展规律，通过调整计划生育政策，使得我国人口素质持续增强。为了保障就业稳定，以习近平同志为核心的党中央强化了就业优先导向，全面实施了就业优先政策，采取多措并举的方式促进就业和拓展岗位，城镇就业人数不断增长，就业结构得到不断优化，就业质量也稳步提高，整体形势保持稳定。②

（一）人口总量稳定增长，人口集聚显著增快

党的十八大以来，党中央始终把人口发展视为保持国家可持续发展的重要组成部分。针对我国人口老龄化等新的发展形势，党中央积极制定并优化生育政策，人口数量保持稳定增长，性别结构不断优化，人口流动和城市化进程不断加快。

第一，人口数量保持平稳增长。党中央调整优化生育政策，保持人口稳定。截至 2021 年末，我国人口数量为 141 260 万人，年均增长率为 0.4%，城市化进程不断加速。③

第二，性别结构优化改善。新生人口的性别比例正在稳步优化，性别结构得到了有效改善。2021 年末，我国总人口性别比为 104.9，比 2012 年下降 0.2。从出生人口性别结构看，2021 年出生人口性别比为 108.3（女性=100），比 2012 年降低 9.4。④

第三，人口流动呈现日益活跃的趋势。随着城镇化进程的不断推进，我国人

---

① 党的十八大以来经济社会发展成就系列报告：综合实力大幅跃升　国际影响力显著增强. （2022-09-30）[2024-01-31]. https://www.gov.cn/xinwen/2022/09/30/content_5715091.htm?eqid=b516a0060002184a000000036475df8c.

② 国家统计局. 人口规模持续扩大　就业形势保持稳定——党的十八大以来经济社会发展成就系列报告之十八. （2022-10-10）[2022-10-13]. https://www.stats.gov.cn/sj/sjjd/202302/t20230202_1896695.html.

③ 国家统计局. 人口规模持续扩大　就业形势保持稳定——党的十八大以来经济社会发展成就系列报告之十八. （2022-10-10）[2022-10-13]. https://www.stats.gov.cn/sj/sjjd/202302/t20230202_1896695.html.

④ 国家统计局. 人口规模持续扩大　就业形势保持稳定——党的十八大以来经济社会发展成就系列报告之十八. （2022-10-10）[2022-10-13]. https://www.stats.gov.cn/sj/sjjd/202302/t20230202_1896695.html.

口流动速度加快。自 2012 年以来，全国人户分离人口持续增加，截至 2020 年已达 49 276 万人，占全国总人口的 34.9%，其中流动人口占比为 26.6%。与 2010 年相比，人户分离人口增加 23 138 万人，增长率达 88.5%，而流动人口也增加 15 439 万人，增长率为 69.7%。人口主要向沿海、沿江地区以及内地城区流动并集中，使我国东部地区的人口比重比 2010 年提高了 2.1%左右。①同时，重要城市群的人口集聚效应正在快速加强，粤港澳大湾区、长江三角洲和成渝地区的城市群人口分别增长了 35.0%、12.0%和 7.3%。值得关注的是，2012—2022 年，北京、上海、广东、浙江 4 省（市）的人口密度增量均超过了 100 人/km²。②

（二）就业形势总体稳定，重点群体保障有力

党的十八大以来，党中央格外关注就业问题，把就业工作置于"六稳"和"六保"第一位，积极推行就业优先的政策，采取多项措施促进就业和拓展就业渠道，就业形势总体上保持了稳定，尤其表现在我国城镇就业规模的日益扩张上。我国经济发展水平不断提升，新的就业增长点不断涌现，有效促进了就业的稳定增长。尽管面临人口老龄化和劳动年龄人口减少的挑战，但由于城市化进程的推进和农村劳动力向城市的大规模流动，城镇就业规模仍然保持扩张趋势。2013 年，城市就业人数首次超过农村，占总就业人数的比例达到 50.5%。2021 年，城市就业人口增加了 9486 万人，总数达到 46 773 万人，占就业总人数的比例进一步上升至 62.7%。③

由于社会经济的进步和就业规模的扩大，我国的劳动力市场的供求关系逐渐平稳，失业率控制在合理范围之内。2018—2019 年，我国城镇失业率约为 5.0%，始终保持在较低水平。然而，由于新冠疫情暴发，就业面临着严峻挑战，失业率在 2020 年 2 月上升到 6.2%。④面对错综复杂的国际发展形势，党中央和国务院出台一系列鼓励帮扶就业的举措，如保障重点群体就业、推动灵活就业、促进企业的复工复产、减轻企业负担、提升职业技能培训和提供更好的就业服务等，全面助力就业稳定。这些政策的实施成效显著，使城镇失业率保持在较低水平，并在

---

① 国家统计局. 人口规模持续扩大 就业形势保持稳定——党的十八大以来经济社会发展成就系列报告之十八.（2022-10-10）[2022-10-13]. https://www.stats.gov.cn/sj/sjjd/202302/t20230202_1896695.html.
② 国家统计局. 人口规模持续扩大 就业形势保持稳定——党的十八大以来经济社会发展成就系列报告之十八.（2022-10-10）[2022-10-13]. https://www.stats.gov.cn/sj/sjjd/202302/t20230202_1896695.html.
③ 国家统计局. 人口规模持续扩大 就业形势保持稳定——党的十八大以来经济社会发展成就系列报告之十八.（2022-10-10）[2022-10-13]. https://www.stats.gov.cn/sj/sjjd/202302/t20230202_1896695.html.
④ 国家统计局. 人口规模持续扩大 就业形势保持稳定——党的十八大以来经济社会发展成就系列报告之十八.（2022-10-10）[2022-10-13]. https://www.stats.gov.cn/sj/sjjd/202302/t20230202_1896695.html.

2021 年 12 月进一步降至 5.1%，体现了就业形势呈现持续改善的良好趋势。[①]党中央、国务院致力于解决重点群体就业问题，采取了市场化和政府扶持相结合的措施，以增加就业机会、缓解就业结构性矛盾，保障重点群体的就业稳定。对于高校毕业生，政府实施了就业创业促进计划，鼓励企业招聘就业，同时也鼓励创新创业，有效解决了高校毕业生的就业问题。对于农村劳动力，政府加强了跨区域对接，促进了富余劳动力的外出就业，通过发展县域经济和乡村产业，鼓励就地就近就业和返乡创业，农民工就业形势明显好转。这些措施有效地改善了就业形势。针对困难群体，政府加强了就业帮扶，超过 550 万名失业人员和 170 万名困难人员得以就业，在约 5 万户无人就业的家庭中，每户至少有 1 人实现就业。

随着教育事业的快速发展，我国就业人员的学历结构持续优化，为劳动力市场提供了丰富的高素质人才。2020 年，小学及以下、初中受教育程度人员的比例分别降低了 2.3%和 6.6%，分别占就业人员的 18.7%和 41.7%。而高中、大专及以上受教育程度人员的比例则分别提高了 0.4%和 8.5%，分别占就业人员的 17.5%和 22.2%。此外，就业人员平均受教育年限也从 2012 年的 9.7 年提高到了 2020年的 10.4 年。人才队伍不断壮大，2021 年末，全国享受政府特殊津贴的人员累计达到 18.7 万人，较 2012 年增加了 2 万人。与此同时，"百千万人才工程"国家级人选也增加了 2400 多人，达到了 6500 人。截至 2021 年底，全国已有 3935万人取得各类专业技术人员资格证书，较之前增加了 2360 万人。[②]

十二、终身教育实践取得长足发展

近年来，随着我国经济的快速发展和人民生活水平的提高，东部沿海相对发达富裕地区的社区教育、老年教育、成人与继续教育、职业教育培训等领域的非正规教育蓬勃发展。例如，上海和江浙地区以社区教育为主，而福建省则在终身教育网络平台建设和老年学校建设方面颇有名气。此外，广州以其遍布街道的众多教育培训机构而著称。

在上海市，由社区培训学校、街道或乡镇教育中心、社区居民学校（村民学校）等构成的非正规教育网络体系已初具规模。民办的非学历教育同样设立并规范了准入条件，其审批及管理方式得到改进，审批及管理人员的主体身份和责任

[①] 国家统计局. 人口规模持续扩大　就业形势保持稳定——党的十八大以来经济社会发展成就系列报告之十八. （2022-10-10）[2022-10-13]. https://www.stats.gov.cn/sj/sjjd/202302/t20230202_1896695.html.

[②] 国家统计局. 人口规模持续扩大　就业形势保持稳定——党的十八大以来经济社会发展成就系列报告之十八. （2022-10-10）[2022-10-13]. https://www.stats.gov.cn/sj/sjjd/202302/t20230202_1896695.html.

得到了进一步厘清与明确。为满足学习需求，开通了民办非学历教育院校查询平台，向社会公开办学信息。农村成人教育积极开展，全市专职教师和培训学员等已形成一定的规模。在职业与成人继续教育上，上海市主要侧重于互联网技术、制造业、现代农业和管理科学等领域，根据各领域的人力、物力和培训环境等，逐步推进知识更新工程的实施。同时，老年教育也在不断推进，取得了显著成效，全市老年大学、老年教学点、老年远程教育集体收视点等都已大范围建立。上海市还建立了终身学习网络平台——上海终身教育网和上海终身学习网，以及首家开放大学——上海开放大学。[①]除了提供成人高等学历教育外，上海开放大学还积极进行相关的文化休闲教育和职业技能培训，实现了多元化的教育服务。这不仅促进了上海市终身教育资源的整合与共享，也成为该市学习型社会建设的重要推动力。此外，上海市还设立了专门的终身教育学分银行网站，学习者在开户后将拥有个人学习档案，并可以通过该网站查询自己的学习记录。同时，上海市已经建立并完善了终身教育工作的体制机制，稳定开展一系列终身教育、终身学习的活动，打造一批参与人数多、影响力大、覆盖面广的市民学习品牌项目，如上海图书展、东方讲坛、在线读书论书活动等；上海市还通过立法的形式，发布了《上海市终身教育促进条例》，一定程度上为终身教育规范、科学、健康、可持续发展奠定了法律基础。

福建省每年举办"9·28终身教育活动日"[②]，轮流在福州、厦门、泉州、漳州等城市设置主会场。该活动围绕特定主题展开，通过丰富多彩的活动宣传终身教育理念，促进终身教育的发展。此外，福建省还形成了大量的终身教育网络资源和网上学习平台，如福建干部学习在线、福建终身学习在线、福建老年学习网等，通过报道各种终身教育活动、介绍国内外的先进经验、宣传终身教育理念以及提供各种学习资源，为民众提供便捷多样的学习渠道，在较大程度上促进了省内各地终身教育和终身学习活动的开展，并为全国终身教育的发展贡献了"福建经验""福建智慧"。经过多年的发展，福建省的老年教育已经形成五级办学体系，覆盖了省、市、县、乡、村。在老年大学的总数、在校学员总数以及老年人终身学习参与比例等方面，福建省在国内大部分省份排名中均处于领先地位。此外，福建省还借鉴台湾地区的先进经验，利用自身的地缘优势，开展两岸终身教育交流与合作，成为福建省终身教育事业发展的又一特色。

---

① 张德明. 2015. 开放教育的探索. 上海：复旦大学出版社，168.
② 《福州年鉴》编纂委员会. 2010. 福州年鉴 2010. 北京：方志出版社，290.

第二节　终身教育的发展趋势

终身教育的未来发展趋势是一个备受关注的话题，因为教育在不断变革的社会和经济环境中扮演着至关重要的角色。在终身教育理念的引导下，各级各类教育不断朝着融合、融通的方向发展，搭建终身教育的"立交桥"已经成为各国和地区教育发展中普遍关注的话题，也是一个迫切需要解决的问题。[①]在这一节中，我们将探讨终身教育的未来趋势，以展望教育可能的发展方向。

一、终身教育成为应对经济全球化的必要途径

当前，部分国家和地区的矛盾和冲突为经济全球化发展带来一定挑战，但是长远来看，全球化的发展趋势仍是主流且不可逆转。经济全球化对劳动者的素质提出了更高的要求。然而，单纯依赖学校教育难以满足人才市场对劳动者在各方面所提出的要求，因此，以终身教育来提高劳动者素质并应对经济全球化发展已成为各国共识。[②]

一方面，在经济全球化不断发展的背景下，各国纷纷在政策层面将终身学习与就业深度融合。因为在全球化的环境下，工作性质不断演变，个体需要不断学习新技能以适应变化的就业需求。政府为此采取了一系列措施，实现了终身教育与就业政策的有机结合。例如，澳大利亚政府通过创立国家资格认证制度、课程及职业信息制度、共同投资制度等，建立了国家职业教育培训体系，对某些行业员工实施培训以确保其具备符合要求的技能和专业知识。日本政府则通过实施"工作卡制度"和"青年自立与就业支援政策"，促进了个体职业能力的持续提升。这些举措有效促进了终身学习与就业的密切衔接。

另一方面，在经济全球化不断发展的背景下，对在职学习的重视程度愈发提高。技术的快速迭代使劳动者的知识和技能的不断提升与更新成为教育领域的重要议题。这种重视在全球范围内普遍存在。在欧洲，欧盟通过对技术、能力和态度的质量指标进行衡量，明确了在职学习对于提升基本能力、学习型社会中的新技能、学习技能以及成为积极公民所需的文化和社会技能的重要性。亚洲一些国家也将成人教育与职业发展紧密结合起来，并使其在职业生涯中扮演重要角色。

---

① 张晓昀. 2017. 终身教育实践的国际发展趋势与特点. 当代继续教育, 35（1）: 71-74.
② 张晓昀. 2017. 终身教育实践的国际发展趋势与特点. 当代继续教育, 35（1）: 71-74.

例如，在日本，传统的社会教育和基于人力资源发展的产业教育之间的矛盾已演变为终身学习理念和功能之间的冲突。在韩国，终身学习的职业培训逐渐取代了传统形式的成人教育。泰国则通过新颁布的《教育法》弱化了传统非正规教育，将各类教育形式整合到以人力培训为导向的终身学习体系中。亚洲国家在经济、文化等多方面的迅速发展，使得在职学习成为提高劳动者素质的重要途径，因而备受关注。

二、终身教育机构、制度和类型日益创新化与多元化

改革开放以来，我国在终身教育领域已经取得了重大成就，但是不同城市和地区的发展却不平衡。由于各地教育和文化背景的差异，各地终身教育的重点、任务和发展途径存在差异。然而，这种不平衡的发展也催生了大量具有创新化和多元化特点的本土化终身教育机构、制度和类型。终身教育领域涌现的数十种相关机构，为人民群众提供了多样化的教育机会，满足了各种教育需求。这些机构包括：广播电视大学、夜大学、教育学院、民办大学、高师、成人高校、高校中的成人教育学院、函授学校、老年大学、继续教育学院等高等教育机构；开放大学、社区学院和社区学校构成了社区教育三级体系；师专、电视中专、中专卫校等中等职业教育机构；博物馆、图书馆、科技馆、展览馆等公共性质机构；网络大学、网络学校、企业大学、家长学校、网上学校等新兴机构；此外，还有各种各样的教育培训机构。这些涌现的教育类型涵盖了终身教育各领域以及人的生存发展的各个方面（表 9-1）。

表 9-1　终身教育发展过程中涌现出的教育类型

教育类型	具体名称
成人教育	农村成人高等教育、成人德育、成人学习、成人高等教育、成人艺术教育、成人闲暇教育、成人素质教育、社区成人教育
职业教育	高等职业教育、高等师范教育、职工教育、职业技术教育、职业生涯规划、专科教育、综合技术教育、农民科技教育
社区教育	社区高等教育、社区教育、社区成人教育
老年教育	老年教育
继续教育	继续工程教育、继续医学教育、继续教育、大学后继续教育
回归教育	回归教育
远程教育	函授教育、远距离教育、电视教育

续表

教育类型	具体名称
社会教育	社会教育
网络教育	虚拟教育、网络教育、移动学习、移动教育、开放教育
家庭教育	家长教育、家庭教育
终身教育	终身教育、终身德育、终身学习、护理终身、终身体育、终身学习、终身美育
其他教育	泛在学习、非正规教育、非正规学习、非学历教育、妇女教育、干部教育、交互式电子教育、教育培训、就业教育、校外教育、媒介素养教育、民族教育、农民教育、企业教育、全民教育、全纳教育、全人教育、扫盲教育、生活教育、闲暇教育、微型学习、业余教育、幼儿早期教育、自我教育、个体适应性教育、个体健康性教育和群体协调性教育、"第二专科"学历教育、科技馆多媒体教育、就业教育与再就业教育、全程教育、视听教育、综合教育

通过上述内容可以发现，改革开放以来我国终身教育的发展取得了丰富多样的成果，这些成果都是通过多次的创新和多元化发展实现的。未来，终身教育的本土化发展将根据国家、社会、城市和个人的需求，坚定地走创新和多元化的发展道路。

三、个人学习成果积累与转换制度不断完善

当前，众多发达国家正在积极推动认证制度的确立，以激发受教育者的学习热情，不断提升其学业水平。这一认证制度的引入显著提高了终身教育的功能和价值。发达国家的终身教育毕业证书具备强大的认证效力，不仅可作为知识技能的认证依据，还成为各类专业发展和在岗培训中的重要依托条件。英国知名大学，如剑桥大学、牛津大学等，通过其继续教育学院向成年学生颁发相应的毕业文凭。美国、法国和德国等国的高等教育毕业证书制度同样如此，只要学生完成所需学分，就能够获得毕业证书。近年来，美国以及欧盟等国家和地区对非正规、非正式终身教育的评估与认证工作日益关注，欧盟的认证原则在一些国家的学习成果认证体系中得到广泛推广。这一趋势也在全球范围内的教育和培训系统中逐步扩大，为未来的正式实施作好试点准备。

为激励国民更积极地参与终身学习，各发达国家正在全面推行终身学习账户制度，为学习成果认证提供了高效而便捷的平台。早在 2000 年，英国就提出了个人学习账户的理念，美国则在 2007 年通过了《终身学习账户法案》。类似的法规在新加坡、瑞典等国也得到实施，积极推动了终身学习的开展。在亚洲，韩国的

终身学习账户制度则较为完善和领先。该制度包含了终身学习课程的评价认证和全面管理，与初中以上学校教育的学分认证、各类资质认证、学分银行、自学学位考试等实现互联互通。通过个人终身学习账户，韩国国民学习完成后可获得履历证明书，该证书具备较高的认可度，广泛用于学位获取、资质认证和工作应聘等领域，有效推动了韩国终身教育的蓬勃发展。

四、跨部门合作和国际交流网络逐步成形

为了促进终身教育的实践，许多国家普遍认识到单一的教育部门无法完成这一任务，因此政府需要提供强有力的支持，并促进广泛的社会共识和合作，建立跨部门合作的推进网络。欧盟通过建立组织机构和促进机构间的合作来促使其建立伙伴关系，在"2007—2013 终身学习计划"中投入了近 150 亿欧元。欧盟的达·芬奇计划和格龙维计划等也强调了跨部门合作的重要性。德国在学习型地区建设和区域学习项目方面积累了丰富的经验，建立了广泛联系的合作网络，包括正规教育部门、公司、商业组织、行业协会、社会文化机构、青少年活动机构、就业部门以及基金会等。此外，韩国在跨部门协作和资源整合方面积累了丰富的经验。[1]以韩国釜山市莲堤区（Yeonje）为例，20 个不同的政府部门在该地区联合开展了22 项各具特色的学习项目。其中，女性领导力培训项目对当地女性领导力的提升起到了重要的作用。这种跨部门合作机制有效提高了社会资源的利用率，改善了终身教育的效益和效能，并且深化了"终身学习社会化"的理念。[2]《建设学习型城市北京宣言——全民终身学习：城市的包容、繁荣与可持续发展》（以下简称《北京宣言》）是首届全球学习型城市大会通过的、呼吁联合国教科文组织建立学习型城市的全球网络，以支持、促进和认可世界各地城市社区的终身学习实践。此外，《北京宣言》还号召世界各地的城市及周边地区、国际和区域组织、基金会和私人企业等成为网络的活跃伙伴，以有力地动员利益相关方协同推进学习型城市建设。上述观点强调了跨部门合作推进终身教育机制的形成，以及调动和利用全社会资源推动终身教育发展和学习型城市建设的重要性。此外，由于全球金融危机持续蔓延及其所造成的负面影响，各国教育预算普遍吃紧。因此，在确保政府发挥应有的作用的前提下，应动员各种力量，包括企业行业和民间组织等，鼓励私人投资终身教育，这些措施尤为重要。

---

① 黄健. 2014. 国际终身教育发展的七大趋势. 上海教育科研，（4）：14-17, 22.
② 黄健. 2014. 国际终身教育发展的七大趋势. 上海教育科研，（4）：14-17, 22.

在国际上，未来终身教育合作交流的趋势可以概括为以下四个方面：第一，促进学生和教师之间的交流。伊拉斯谟计划是最成功的代表之一，为 300 万名接受高等教育的学生提供了交流学习的机会。[①]第二，积极参与国际组织召开的国际性会议，包括联合国教科文组织、经济合作与发展组织、欧盟等召开的会议和组织的相关活动，及时了解国际发展动态，发出中国的声音，并将所了解到的情况向国内学界反馈，以采取积极行动。第三，国内学者和研究人员出国考察，深入了解美国、日本、韩国、澳大利亚、瑞典等国家的终身教育现状和成就，借鉴国外成功经验，结合我国实际情况制定具体有效的措施，以推动我国终身教育的发展。[②]第四，国际合作的成效还表现在深化终身教育理念方面，以增进国际共识。例如，国际成人教育大会每隔 12 年举办一次，自 1949 年在丹麦举办的第一届国际成人教育大会起，与会代表人数不断增加，到 2009 年在巴西举办的第六届大会上，与会代表已达到 1500 人，代表了联合国 150 多个成员国，强调国际教育和发展项目中成人学习和终身教育的重要意义。[③]在我国，终身教育对于改革教育理念和推动各级各类教育实践创新的系统变革发挥了重要作用，因此它正成为各个部门和国际战略与行动的焦点。我国在《国家中长期教育改革和发展规划纲要（2010—2020 年）》中明确了构建终身教育体系的目标，即搭建终身学习的"立交桥"[④]，以促进各部门和国际合作。跨部门合作包括三个方面：第一，国家管理体制的调整，如专门成立职业教育与成人教育司，在承担职业教育统筹规划、综合协调和宏观管理工作等方面发挥了重要作用；第二，终身教育活动需要顶层设计与部门之间的协调统合，主体与外围协作机构应该加强联合，加强行业企业之间的联系，实现有效沟通；第三，加快建立终身教育"立交桥"，构建终身教育体系，打造学习型城市。建立个人学习档案和资格框架是当务之急，需要各部门支持配合，打破各部门之间的壁垒，实现有效衔接和沟通。

五、应对人口老龄化问题的老年教育备受重视

目前，全球众多国家普遍面临人口老龄化的问题。到 2050 年，我国老年人口

---

① 于伟，秦玉友. 2009. 本土问题意识与教育理论本土化. 教育研究，30（6）：27-31.

② 邓海丽. 2016. 改革开放以来终身教育中国本土化研究. 上海：华东师范大学.

③ 黄健. 2014. 国际终身教育发展的七大趋势. 上海教育科研，（4）：14-17，22.

④ 中华人民共和国教育部. 国家中长期教育改革和发展规划纲要（2010—2020 年）.（2010-07-29）[2024-01-17]. http://www.moe.gov.cn/jyb_xwfb/s6052/moe_838/201008/t20100802_93704.html?eqid=b41c3f02000030180000000464 34cc91.

预计将达到 4.4 亿①，老年人的教育问题成为社会关注的重要议题。全球范围内，多数国家面临劳动力供给不足的问题。为了有效解决这一问题，各国政府采取了多种措施，其中就包括积极鼓励和支持老年人参与终身学习。②

第一，面对人口老龄化的挑战，建设老年服务人才队伍迫在眉睫，其中对老年教育专业人才的培养显得尤为紧迫而重要。随着老年人口的增长，对于具备专业知识和实践经验的人才的需求日益迫切。培养一支精通老年教育的专业队伍，不仅可以提供高质量的老年教育服务，还能更好地满足老年人全面发展的需求，推动老年教育事业的全面发展。这意味着要加强老年教育专业人才的培训计划，促使更多有志于从事老年服务的人走上这一专业道路，以确保老年人能够获得专业、个性化的教育支持。在人才培养方面，不仅需要注重理论知识的传授，还要强调实践经验的积累，培养具备实际操作能力的老年服务专业人才，以更好地应对老年人的多样化需求。这将为构建更健康、更有活力的老年教育体系提供重要支持。

第二，老年教育的形式正逐渐朝着远程化、网络化、信息化的方向发展。随着科技的不断进步，老年教育日益借助先进的远程和网络技术，以及信息化工具，为老年学习者提供更灵活、便捷的学习方式。一些机构，如澳大利亚第三年龄网络大学等，致力于为老年人提供适合他们需求的在线课程。这包括利用在线教育平台、远程课程和数字化学习资源，使老年人能够在家或其他地方随时随地参与学习。这种趋势的发展使得老年教育更贴近个体需求，创造了更加开放和自主的学习环境，有助于满足老年学习者的多样化学习兴趣和学科需求。通过远程化、网络化和信息化的老年教育形式，我国可以更好地推动老年人的终身学习，促使他们更全面、持续地参与社会文化活动。

第三，推动老年教育发展的一个重要途径是整合并共享老年教育资源。通过整合各方面的教育资源，包括专业知识、课程内容、学习工具等，形成更为完善和丰富的老年学习体系，如在大学校园设立老年大学，与大学共享资源，包括行政、财务和人力等资源；通过学分认证，为老年教育机构提供正规课程，解决老年人非学分课程付费意愿低的问题。这种整合不仅可以避免资源的重复浪费，还能够提高老年人学习的效果和体验。共享资源的机制有助于构建一个更加互通有无的老年学习网络，使得不同地区和机构的老年人都能够受益于全球范围内的优

---

① 2050 年我国老年人口将达到 4.4 亿.（2013-09-04）[2024-02-28]. https://epaper.gmw.cn/gmrb/html/2013-09/04/nw.D110000gmrb_20130904_3-06.htm.

② 张晓昀. 2017. 终身教育实践的国际发展趋势与特点. 当代继续教育，35（1）：71-74.

质教育资源。这种协同合作的模式有助于建立更为健康、有活力的老年教育生态系统，为老年人提供更全面、多元的学习机会。

第四，老年人力资源的开发与利用日益成为多数国家关注的焦点。社会逐渐认识到老年人群体拥有丰富的经验、知识和技能，可以继续为社会作出积极贡献。因此，各方纷纷采取措施，促进老年人进入劳动力市场，如"银发教师"政策的推行使得"老有所用"成为老年教育的内在构成。此外，政府还鼓励企业提供适合老年人工作需求的岗位，进行灵活的工作安排，以及提供培训和技能更新机会，确保老年人在职场上保持竞争力。同时，一些地区还倡导创造适合老年创业的环境，鼓励他们发挥创造力和创新精神，为经济社会的发展注入新的活力。这一趋势不仅有助于更好地发挥老年人的潜力，也有助于构建更加包容和多元的劳动力市场。

六、各教育类型与形态间的交叉融合程度日益加深

改革开放以来，我国终身教育呈现出一个显著的特点，即各种教育类型与形态之间的交叉融合程度日益深化，这体现了终身教育本土化的发展趋势。这一趋势在多个方面得到了具体体现。

第一，学校系统外部的职业学校系统与学校系统内部的普通学校教育系统之间的互动与融合加强。过去，职业学校往往在专业技能培养上有着独特的地位，而现在，随着社会对人员综合素质的需求不断提升，职业学校与普通学校之间的边界逐渐模糊，各类学校之间实现了更加紧密的合作与互补。

第二，不同层次的教育机构之间建立了更为紧密的联系，形成了立体化的终身教育结构。高等教育、中等职业教育、成人教育等多层次的教育机构通过协同发展，为学习者提供更为全面和个性化的学习路径。这种立体化的结构使得个体能够根据自身需求在不同阶段选择合适的学习途径，促进了教育资源的优化配置。

第三，终身教育在不同领域形成了更加紧密的融合。学校教育与社会培训、企业培训等形式的终身学习相互交融，形成了一个多层次、多元化的学习体系。这有助于个体更好地适应社会发展的需要，使得终身学习成为一种更为自然和连续的生活方式。

七、终身教育研究得到逐步拓展和深化

社会的不断发展以及人们对终身教育的需求日益增加，推动了终身教育研究

的快速发展。

首先，终身教育的范围不断扩大，不再局限于传统的学历教育，还包括了职业培训、社会技能提升、兴趣爱好培养等多个方面。这使得终身教育研究需要更广泛地关注各个领域的需求和创新。

其次，随着科技的发展，数字化、在线教育等新兴教育形式开始兴起，终身教育研究也在不断关注这些创新教育技术的应用和效果。这涉及教育科技、远程学习、虚拟教室等方面的研究，以更好地满足学习者的多样化需求。

再次，终身教育研究还在深化对学习者群体的研究，关注不同年龄段、背景、职业的学习者，以更好地了解他们的学习需求和特点，为制定更有针对性的终身教育政策提供依据。

最后，终身教育研究也逐渐关注社会对于终身学习的认知和态度，以及对学习型社会构建的支持。这方面的研究涵盖教育观念的变迁、学习文化的培育等多个方向，为推动终身教育理念的深入人心提供理论和实践的支持。

总体而言，终身教育研究领域正在不断拓展和深化，以适应当代社会对于全面发展个体的需求。这一趋势为终身教育的发展奠定了坚实的理论基础，要求我们加强终身教育领域核心研究群体之间的交流与协作，促进合作共赢；发挥终身教育研究领域杰出学者的引领作用，推动学术研究的深入发展；激发终身教育研究者的科研潜力，促进终身教育理论与实践的有机交融；拓展并创新终身教育的研究视角，推动跨学科的交叉研究，促使理论更贴近实际；丰富终身教育的研究内容，使研究更全面、深入，满足终身学习的多元化需求。[①]

八、终身教育的学习需求从形式化向实质化转变

终身教育的学习需求正在经历从形式化向实质化的转变。形式化教育追求学习标签，注重个体在社会中的地位提升。相对而言，实质化教育更关注自我发展和兴趣探索，强调学习者在学习过程中的自主选择和主动探索。当前我国更偏向形式化教育[②]，即通过完成特定课程等方式来获取学历文凭。在这一阶段，教育活动由主体机关决定，个体的选择性较小。追求文凭和学历成为主要学习的动力。

---

① 邵剑耀，毛立伟. 2021. 国内外终身教育研究：主题透视、热点识别与趋势研判. 开放学习研究，26（2）：21-29.

② 形式化是指人们对教育的需求，主要限于对学历、文凭的需求，在这种情况下，人们只重视教育的外显价值而忽视它的内在价值，从而人们对教育的需求呈现一种从众趋势，而缺乏一种独立的主体精神。

然而，未来终身教育的趋势是更加凸显实质化。[①]这一变革将引发教育领域的巨大变化，强调剔除传统教育中的落后元素，使学习者真正成为学习的主人，确保其学习权利，赋予其更多的选择权。这种实质化转变旨在打破传统功利主义教育观，凸显教育对个体精神发展的价值，推动学习者从被动接受转变为主动参与。在这场教育变革中，注重个体需求和兴趣的实质化教育理念将取代过去单一追求学术标签的形式化教育。学习者将更加自主地选择学习的方向，参与感和满足感将成为教育活动的重要衡量标准之一。这种转变还将深刻影响教育组织形式，推动教育体系向更加灵活、开放、创新的方向发展。实质化转变旨在使学习者更好地适应未来社会发展的需求，培养终身学习的能力，从而更好地面对快速变化的社会和职业环境。通过打破传统功利主义教育观的桎梏，教育将更加注重个体全面发展，强调对思辨、创新、合作等核心素养的培养，为学习者提供更为丰富、有深度的学习体验。

九、终身教育的组织形式从固定化向弹性化转变

终身教育的组织形式正在经历由固定化向弹性化转变。在固定化教育中，教育机构按照层级和规定的标准进行组织，学习内容和进度都受到统一管理。这种形式通常较为刚性，学习者在学习过程中自主权较小，教育体系更注重规范性和标准性。而弹性化的教育组织形式更注重个体差异和学习者的需求。它允许学习者在时间、地点和学习速度上有更大的自由度。这种形式强调学习者作为主体的地位，倡导个性化学习路径，使学习者更容易根据自身兴趣和发展需求进行学习。

当前的终身教育普遍依赖于正规、正式的课程，要求学习者在特定的场域和地点完成学业。然而，未来的终身教育将呈现越来越弹性化的趋势。与传统模式相比，未来的终身教育将不再局限于规定的时间和特定的地点，而是更加灵活地融入个体的生命全程和全域。弹性化的终身教育将更加注重个体差异和学习者的需求。学习者将有更大的自主权，可以根据个人兴趣、职业需求和学习节奏自行安排学习计划。学习的方式也将更为多样，包括线上学习、实践经验、社交学习等多种形式，使终身学习真正贴近个体的生活和职业发展。未来的终身教育将克服时间和空间的限制，通过数字技术、在线学习平台以及先进的教育工具，将学习融入个体的日常生活。这种弹性化的教育模式将为学习者提供更为持续、渗透式的体验，为个体提供更灵活的多元化学习机会。总体而言，未来终身教育的弹

---

① 实质化是指人们根据工作变化需要和个人兴趣爱好选择适合自己的教育形式。

性化趋势将为学习者提供更广泛、更个性化的学习选择，使教育真正贴近个体的需求和发展路径。这种变革将推动终身教育更好地适应现代社会的需求，为个体的全面发展提供更为灵活和便捷的学习环境。

十、终身教育的机会供给从本土向国际转移

终身教育的机会供给正在经历从本土向国际的转移。传统的终身教育主要局限于国内范围，然而，当今世界教育正在呈现国际化的趋势，传统教育活动的边界正在被打破。随着全球化的快速推进，人们对跨国、跨文化学习的需求不断增加。据报道，"中国出国留学生人数已占全球总数的 14%，位居世界第一"[①]。国际信息交流和互联互通使得学习资源更容易获取，人们可以通过网络学习平台学习来自世界各地的课程。这种国际性的学习体验使得终身教育不再受限于特定地域，而是能够跨足全球。终身学习者现在可以通过参与国际性项目、课程或合作项目，获得来自不同文化、背景和专业领域的知识和技能。这种国际化的机会供给为个体提供了更广泛、更多样化的学习路径，促进了全球范围内的教育共享和合作。在这一趋势下，终身学习者有机会融入全球性学习网络，与国际上的教育机构、专家等建立联系。这不仅促进了知识的国际交流，还培养了个体的跨文化沟通和合作能力，为其在全球化时代更好地适应变化提供了支持。总体而言，终身教育的国际化趋势为学习者提供了更多学习机会，打破了传统教育的地域限制，使得个体能够更灵活地获取来自全球范围的教育资源，促使终身学习能够获得更好体验。

我国终身教育面临国际化趋势，既是机遇亦是挑战。这一趋势为我国提供了借鉴各国教育经验的机会，有助于提升终身教育水平，完善终身教育体系。然而，我国目前的终身教育仍受到一些条件的限制。我国要认识到，实现国际化教育的关键在于使多元化的教育观念深入人心，实现以学习者为中心的目标。当个体教育需求旨在提升自身能力时，就能超越体制化的限制。尽管技术已经跨越了这些限制，但人们的学习观念仍需适应国际化趋势。因此，观念的变革和自我学习能力的提升是适应这一趋势的前提。

十一、终身教育的实施载体从实体向虚拟转移

过去，终身教育主要依赖于具象载体，如学校。[②]随着信息技术的迅猛发展，

---

① 王洪才. 2013. 21 世纪中国终身教育发展的十大趋势. 河北广播电视大学学报，18（4）：21-27.
② 高书国. 2011. 中国开放大学战略研究. 天津电大学报，15（2）：3-9，13.

终身教育的实施载体正在经历从实体向虚拟的转变，这一趋势在当今发展迅猛的数字时代显得尤为明显。随着科技的不断进步和数字化工具的广泛应用，教育不再受限于传统的实体形式，而是更加强调虚拟化和在线化的方式，为学习者提供了更灵活、更便捷的学习方式。这不仅拓展了学习的边界，也为更广泛的人群提供了更平等的终身学习机会，具体表现在以下六个方面：

第一，在线学习平台的兴起。互联网的发展推动了在线学习平台的崛起，如Coursera、edX、Khan Academy等。这些平台为学习者提供了丰富的在线课程和学术资源，无论他们身处何地，都能方便地获取知识。这种虚拟的学习环境为终身学习提供了更广泛、更便捷的选择。

第二，虚拟现实和增强现实技术的整合。虚拟现实和增强现实技术正在被应用于教育领域，为学习者提供身临其境的学习体验。通过模拟实际场景，个体可以更深入地参与学习，促进更有效的知识吸收和技能培养。

第三，数字化学术资源的共享。数字化技术的普及使得大量学术资源数字化存储和共享成为可能。学者、研究机构以及各级教育机构能够通过在线平台共享研究成果、教材和其他学术资源，为终身学习者提供更广泛的学术支持。

第四，虚拟社交和协作平台。在线社交媒体和协作平台为学习者提供了与全球范围内其他学习者互动和合作的机会。这种虚拟的社交环境不仅扩大了学习者的交流范围，还促进了知识的共享和合作学习。

第五，个性化学习工具的发展。利用虚拟化技术，个性化学习工具的发展进一步提高了终身学习的效果。通过智能算法和数据分析，这些工具能够根据个体的学习风格、兴趣和需求提供定制化的学习体验。

第六，在线认证和数字化学历。虚拟化的终身教育还涉及在线认证和数字化学历的发展。学习者通过参与在线课程和培训，获得的认证和学历可以在虚拟平台上进行记录和验证，提高了学习者的灵活性和可信度。

第三节　终身教育学的展望

当今，终身教育已成为国际教育的一大主题，终身教育理论与实践也取得了较大进展。基于"学"的层面展望终身教育，既是新时代教育学学科建设的重要任务，又是推动终身教育理论与实践不断深化的必由之路。

一、明晰终身教育学学科建设的基本方向

在新时代的背景下，终身教育学学科建设需要明晰以下四个基本方向：首先，基于内在建制和外在建制协同并进。这表明要通过学科的外在建制来推进学科的内在建制，以进一步巩固学科的外在建制。为了服务终身教育的实践，终身教育学应该通过有组织的外在建制来促进其内在建制，以建立成熟的知识体系。其次，兼顾学科内在发展逻辑和社会发展逻辑。终身教育学学科建设不仅应该遵循学科内在发展逻辑，而且应该符合社会的需求逻辑，坚持客观性、开放性、融合性以及解释的深刻性。再次，积极推进教育学学科建设。新时代赋予教育学新的内涵，对终身教育进行学科层面的研究，将有助于丰富教育学学科体系和内涵，加快教育学学科建设与完善的进程。最后，基于中国教育实践。终身教育学的学科建设必须扎根中国教育实践，紧密结合当代中国教育发展的趋势，以满足学习型社会建设以及构建服务全民终身学习教育体系的迫切需求。

二、明确终身教育学学科建设的主要任务

终身教育学学科建设的主要任务是明确其是否能够成为一门独立学科。这不仅是为了获得生存空间、发展机会并增强生命力，也是构建终身教育学学科的前提，还能证明终身教育学学科存在的合理性。为了使终身教育学成为一门学科，需要进行以下几方面的研究工作。第一，梳理终身教育学学科的存在与发展机理，以证明其学科建设的学术合法性。这不仅是历史发展的结果，也是适应我国终身教育实践发展的现实需求。第二，针对知识生产和实践需求，系统探讨如何使终身教育学成为一门学科和一个独立的实践领域，寻求理论和实践的基础，并在此基础上完善终身教育学的理论体系，提高其对终身教育实践的指导作用和解释力，并增强其对终身教育实践的适用性。第三，阐明终身教育学被定位为教育学下设的二级学科的现实基础。终身教育学与传统的教育学在知识结构、研究对象、研究范畴和研究方法等方面存在较大差异。因此，在学科建设方面，应突破传统教育学的框架和范畴，形成自身研究特色的问题域；在学科建设过程中，应采取开放的态度，接纳多种话语，构建终身教育学学科，以应对终身教育的复杂性和多样性。

三、处理好终身教育学学科建设中的四对关系

第一，终身教育研究和终身教育学研究之间的关系。终身教育学研究是终身教育基础研究中必不可少的组成部分。终身教育学学科需要深入研究其研究对象的本质、特性和规律，以推动学科的发展。终身教育知识是终身教育研究的产物，而终身教育学则是将其进行学科化的结果。因此，终身教育学研究者应该专注于开展终身教育学研究，并致力于探究终身教育的本质和规律。为此，我们需要注重对终身教育研究的深入探索，以达到更好的研究成果。终身教育从"终身教育"到"终身教育学"只加了一个"学"字，却有实质性的变化，即终身教育自此进入"学"的建设阶段。

第二，终身教育学和终身教育实践之间的关系。从终身教育学的发展历程可以看出，终身教育学的"源头"在终身教育实践中，而终身教育实践是检验终身教育理论正确与否的标准。终身教育学的学科建设是终身教育实践的动力和依据。因此，终身教育学研究者需要在深入实践的基础上进行调研，不断推动终身教育学的学科建设。实践与理论的结合以及深度互动，是终身教育学学科建设的关键。总而言之，丰富的终身教育实践成果和经验总结是终身教育学学科建设的基础。

第三，终身教育学和相关学科之间的关系。任何学科的发展都需要经过从无到有、从有到优的过程。对于终身教育学学科的建设来说，学科发展史可以为我们提供宝贵的经验，包括建立时机、推进机制等，这些经验将有助于学科建设。具体来说，学科建设需要考虑以下两个方面：一是确立终身教育学在整个教育学学科体系中的地位，并处理好它与其一级学科（教育学）和教育学内其他二级学科的关系，同时充分利用其他学科的知识资源，扩大其发展空间，使其成为一个完整且独立的学科；二是突破教育学的学科界限，与其他学科加强交流和互动，以问题为核心，着眼于中国和世界面临的重大且急需解决的问题，通过项目合作等形式，建立良好的学术生态，构建终身教育学学科发展的共同体，并积极吸收哲学、历史学、心理学、经济学、政治学、管理学、法学、人类学等相关学科的研究成果。

第四，终身教育学研究的中西关系。终身教育学学科建设需处理中外关系，尤其是中西关系，规范建制、创新理论、塑造学科文化、借鉴国外终身教育领域成果是可行且必要的，我们应积极参与国际终身教育学术会议和论坛，以开放包容的态度加强与国外同行的交往互动，关注终身教育领域的前沿动态，翻译和引进国外终身教育研究成果。这既有助于营造良好的学术研究氛围，又对国内终身

教育学学科建设具有重要的补充和借鉴作用。同时，终身教育学学科建设应立足于国情，融合中国的文化和制度，吸收优秀传统文化和优良教育传统的精髓，汲取终身教育实践经验，推进终身教育学派的建设。

四、加强终身教育学学科建设的外部保障

费孝通认为，判断一个学科是否具有完善的外在建制，就要看它是否包括一个学会、专业研究机构、各大学的学系、图书资料中心以及学科的专门出版机构等。[①]然而，目前终身教育领域的学会和专业研究机构相对较少，人才培养体系还不健全，许多终身教育方向的研究生是在成人教育学、职业技术教育学或其他学科中培养的，研究队伍的建设有待进一步加强。此外，在图书资料和专刊出版方面，缺乏相关的专门性学术刊物，仅有的刊发终身教育类文章的期刊级别不高，影响力有限，社会认可度还有待提高。具体而言，我们应做好以下三重保障。

（一）研究平台保障

学会组织是相关领域研究人员进行学术交流的专门机构，由其举办的专业学术会议是学科成熟的标志和重要平台。在终身教育学学科建设中，需要相应的研究平台作为重要保障。高水平的终身教育研究平台可通过学校、文化场馆、家庭成长联盟等方式建设，以实现跨地区、跨省域的终身教育研究。此外，专门的学术期刊是终身教育学研究者进行学术传播和交流的重要平台，其水平和等级直接影响终身教育研究成果的影响力。因此，创办专门的学术期刊是终身教育学发展的必要措施。同时，扩大终身教育学问题域，整合优质的研究成果，创办终身教育学专业期刊或开设专栏，形成终身教育学的理论特色，也是扩展终身教育研究平台的必要举措。自终身教育被引入中国起，我国建立了多个终身教育研究机构、团体和学术平台，如中国教育发展战略学会终身学习专业委员会、中国成人教育协会终身教育与学习研究中心、终身教育促进委员会、高等院校终身教育研究院等，这为终身教育学学科建设工作提供了有力的平台支撑。在新时代背景下，为建设终身教育学学科，我们还需以"终身教育问题"为中心，构建更为专业化和多元化的研究平台。

---

① 费孝通. 1993. 略谈中国的社会学. 高等教育研究，（4）: 1-7.

（二）研究队伍保障

专业化研究人才的培养是影响终身教育学学科发展的关键因素。为此，我们需要采取以下措施：第一，建立终身教育学院（系），提供制度化教育场所，为人才培养、科学研究和社会服务提供刚性支持。其中，高等学校应尽快设置终身教育院系，以培养终身教育专业人才，为终身教育事业的发展提供智力支持。第二，增设终身教育学学位点，培养优秀的青年人才和领军人物，建设高质量的终身教育研究队伍，并形成"学派"等学术共同体。第三，增设终身教育学专业和课程，将学科建设和课程建设相结合，构建"教-研-用"一体化的学科架构，并提供必要的政策和资源支持。第四，完善终身教育学的学科组织建设和制度设计，以实现终身教育学学科组织的有序发展。

（三）法律、政策与制度保障

法律、政策和制度既是终身教育学研究的重要概念和范畴，又是终身教育学学科建设的重要保障。为推进终身教育的健康有序发展，需要制定"终身教育法"，建立专门的管理机构、实验基地，出台相关政策，加强政府和高校对终身教育学学科的支持，多主体、全方位合作，协同推进终身教育学的学科建设。除此之外，作为一个重要的研究领域，终身教育学还需要该领域的学者承担学术使命，积极推进学科建设，使其逐渐成为教育研究和教育学研究的重要组成部分。

后　记

　　《终身教育学新论》是"终身教育与学习型社会研究"丛书中的一部，本书旨在更新终身教育学的内涵，深化终身教育理论研究，推动终身教育实践发展，完善教育学学科体系。

　　基于"终身教育与学习型社会研究"丛书的总要求，笔者试图以"多学科、宽领域、广视角"为总体思路研究终身教育学，尝试构建终身教育学独特的学科体系，揭示其学科发展的特点和规律，进行新时代的终身教育学学科建设，并使终身教育学更好地服务于终身教育实践。

　　正是基于上述想法，我们撰写了本书，试图实现以下四个目标。

　　第一，创新终身教育学的学科体系。本书在借鉴吸收已有研究成果的基础上，从终身教育学概述、终身教育的目标、终身教育的形态、终身教育的功能及体系、终身教育制度及立法、终身教育机构、终身教育改革、终身教育研究、终身教育未来展望九个方面，构建了终身教育学学科新体系。

　　第二，厘清终身教育学的基本理论问题。本书以"人类命运共同体""全民终身学习""大教育""社会治理创新"等理念，遵循历史与逻辑相统一的原则，从理论和实践、历史和现实的多维视角，不仅阐述了终身教育学的概念、特征、研究对象、学科定位、学科性质、学科基础、学科体系和研究方法，而且论述了终身教育的目标、形态、功能、体系、制度、立法、机构、改革等终身教育学的基本理论问题，进而探讨了终身教育研究的基本理论和操作程序，并对终身教育的未来发展趋势进行了展望。

　　第三，总结和提炼终身教育实践的经验。本书放眼美国、英国、法国、日本、中国等国家，对其终身教育制度及立法、终身教育机构的设置、终身教育的改革等方面展开研究，特别是对这些国家在学分银行建设、国家资历框架建设、终身教育师资队伍建设等方面的经验进行了总结。

第四，描绘全球终身教育的现状和未来。本书试图全面剖析全球终身教育对政治、经济、文化、科技、人口等方面所产生的影响，揭示终身教育在应对经济全球化、促进国际交流与合作等多个方面所发挥的作用，预测终身教育在组织形式、机会供给和实施载体等方面可能发生的变化，以更好地清晰认识和理性把握未来终身教育的发展，也使终身教育更好地面向未来。

在本书的撰写过程中，我们特别注重文献资料的收集、整理、选取。在写作过程中参考了不少相关研究成果和文献资料，部分文献已以脚注形式标明。由于时间仓促，阅读量大，有的文献可能未注出，请鉴谅，在此我们表示感谢！同时，我们感谢科学出版社教育与心理分社付艳分社长的大力支持以及朱丽娜、崔文燕、张春贺编辑的辛勤工作。由于我们水平有限，本书难免有疏漏之处，恳请专家和读者批评指正。

2023 年 11 月 26 日